R. HILMAR / ALBAN BERG

D1670744

Musikwissenschaftliches Institut der Universität Wien und
Gesellschaft zur Herausgabe von Denkmälern der Tonkunst in Österreich

WIENER MUSIKWISSENSCHAFTLICHE BEITRÄGE

Unter Leitung von Othmar Wessely

Band 10

ROSEMARY HILMAR

ALBAN BERG

*Leben und Wirken in Wien bis zu seinen ersten Erfolgen
als Komponist*

1978

VERLAG HERMANN BÖHLAUS NACHF. / WIEN-KÖLN-GRAZ

Gedruckt mit Unterstützung des Fonds zur Förderung der wissenschaftlichen Forschung

ISBN 3-205-08238-9

Inhaltsverzeichnis

Verzeichnis der im Text abgekürzten Literatur

Briefe an seine Frau	Alban Berg. Briefe an seine Frau. München-Wien 1965
Redlich	H. F. Redlich, Alban Berg. Versuch einer Würdigung. Wien-Zürich-London 1957
Reich	W. Reich, Alban Berg. Leben und Werk. Zürich 1963
Reich, Schönberg	W. Reich, Arnold Schönberg oder der konservative Revolutionär. Wien-Frankfurt-Zürich 1968
Schönberg, Briefe	Arnold Schönberg. Briefe. Ausgewählt und herausgegeben von E. Stein. Mainz 1958

Vorwort

Die vorliegende Arbeit konnte nur dank der beispielhaften Bereitwilligkeit verschiedener noch gesondert zu erwähnender Institutionen und Privatsammler zustande kommen. Das Quellenmaterial zur Lebensgeschichte Alban Bergs ist heute weit verstreut. Reiches Material ist vor allem in amerikanische Sammlungen gelangt und ruht dort heute teilweise unaufgearbeitet. Zum größten Teil war es jedoch möglich, auch diese Quellen einzusehen. Nennenswerte Ergebnisse brachten zudem die Nachforschungen auf Wiener Boden, wodurch viele Lücken in der bisherigen Berg-Literatur geschlossen werden konnten. Der im August 1976 verstorbenen Witwe Alban Bergs, Frau Helene Berg, gebührt ein posthumer Dank, da sie über die Bereitstellung des Quellenmaterials hinaus auch beratend und mit Auskünften geholfen hat. Zu danken ist ferner Nuria Nono-Schönberg für Mitteilungen, die den Nachlaß Schönbergs — heute im Besitz der University of California, Los Angeles — bezüglich Berg betrafen, und Edward N. Waters vom Music Department der Library of Congress in Washington, der in großzügiger Weise die Einsichtnahme in die Korrespondenz Bergs mit Schönberg gestattete. Überaus behilflich war auch Herbert Cahoon von der Pierpont Morgan Library in New York. Die Universal Edition hat freundlicherweise den Zugang zum Verlagsarchiv ermöglicht und damit die Arbeit wesentlich gefördert. Von den öffentlichen Sammlungen ist namentlich die Wiener Stadtbibliothek hervorzuheben, wo der überwiegende Teil der Sekundärliteratur erarbeitet wurde und anderes Quellenmaterial ausgewertet werden konnte. Den Herren Direktoren Hofrat Dr. Albert Mitringer und seinem Nachfolger Hofrat Dr. Franz Patzer soll an dieser Stelle für ihr Entgegenkommen ausdrücklich gedankt werden. Vielseitige Hilfe fand ich auch in der Österreichischen Nationalbibliothek, und dort vor allem bei a. o. Univ.-Prof. Hofrat Dr. Franz Grasberger, sowie im Niederösterreichischen Landesarchiv, im Kriegsarchiv und im Archiv des Landes und der Stadt Wien. Ferner gaben mehrere Privatsammler Hinweise auf noch unveröffentlichte Dokumente und stellten diese großzügigerweise für die Publikation zur Verfügung. — Herr Univ.-Prof. Dr. Othmar Wessely hat für diese Arbeit von Anfang großes Interesse gezeigt, und so möchte ich mir erlauben, hier meinen besonderen Dank an meinen Lehrer anzuschließen.

Wien, im Herbst 1977   *Rosemary Hilmar*

Einführung

Über Alban Berg ist viel geschrieben worden. Von den Einzeluntersuchungen abgesehen, die sich vor allem mit seinem Schaffen beschäftigen[1]), haben Willi Reich und Hans Ferdinand Redlich die wichtigsten größeren Arbeiten über Berg vorgelegt. Reich wurde von seinem Lehrer Berg zum Biographen bestimmt und hat vieles aus dem unmittelbaren Umgang bzw. aus der Erinnerung daran niedergeschrieben. Seine Arbeit gewinnt zweifellos dort, wo der persönliche Kontakt mit Berg fühlbar wird. Aber selbst diese Aussagen haben nicht immer den Wert eines stichhältigen Dokuments. So verdienstvoll sich seine Beschäftigung mit Berg erwiesen hat, an Kritik kann es bei einer „ersten" Monographie über einen Großmeister der Musik nicht fehlen. Das Material über Berg ist tatsächlich umfangreich und bedarf einer sehr sorgfältigen Prüfung. Selbst die eigenen Aussagen Bergs sind nicht frei von Irrtümern, desgleichen auch jene seiner Freunde.

Redlich stützt sich hinsichtlich der von ihm zum Leben und Wirken Bergs benutzten Quellen auf Reich. In erster Linie setzte er sich jedoch mit dem Schaffen Bergs auf wissenschaftlicher Basis auseinander. Da jedes Werk eines Komponisten eine Betrachtung und Untersuchung von mehreren Seiten, wie historisch, ästhetisch, rein analytisch u. a. zuläßt, wird auch diese Arbeit sich durch weitere Forschungen nicht nur Ergänzungen, sondern auch inhaltliche Änderungen gefallen lassen müssen. Als umfassende Darstellung des Werkes von Berg kommt ihr aber doch beachtlicher Wert zu.

Der Gedanke, Bergs Lebensweg bis zum Durchbruch als Komponist kritisch zu beleuchten, ließ nun eine Arbeit entstehen, zu der in erster Linie primäre Quellen herangezogen wurden. Hat Reich auch die erste große Veröffentlichung über Berg vorgelegt, so mußte doch wieder von vorne begonnen werden. Reich und Redlich wurden im Rahmen dieser Arbeit nur dann als Quelle herangezogen, wenn sich keine anderen und unbezweifelbare Vorlagen finden ließen.

Die Abhandlung, die in erster Linie historisch orientiert ist, schließt bewußt Bergs Arbeit an der Oper *Wozzeck* aus. In der ersten Konzeption

---

[1]) Neben den im folgenden besprochenen Arbeiten von W. Reich und H. F. Redlich sind aus neuerer Zeit vor allem die Berg-Monographien von V. Scherliess (Alban Berg in Selbstzeugnissen und Bilddokumenten, Hamburg 1975 Rowohlt-Monographie) und M. Carner (Alban Berg, London 1975) sowie der von E. A. Berg redigierte Bildband (Alban Berg. Leben und Werk in Daten und Bildern, Frankfurt 1976, Insel-Taschenbuchausgabe) zu erwähnen.

war wohl auch dieses Thema inbegriffen, doch hat sich nach Abschluß der Studie für die Entstehungsgeschichte der Oper so wichtiges Material gefunden, daß darüber vor kurzem eine eigene Publikation vorgelegt werden konnte[2]). Um Überschneidungen zu vermeiden, wurde der Komplex *Wozzeck* daraufhin hier ganz ausgeklammert.

Grundlage für die Arbeit war bisher nicht beachtetes Archivmaterial zu Bergs Familiengeschichte, zur Schulzeit, zu seiner Tätigkeit im Amt der niederösterreichischen Statthalterei, zur Militärdienstzeit u. a. Erstmals konnten auch aufgrund unveröffentlichten Materials Bergs Arbeiten für Schönberg, für die Universal Edition, seine schriftstellerische Tätigkeit, seine Arbeitsleistung im *Verein für musikalische Privataufführungen* und auch seine Mitarbeit am *Akademischen Verband für Literatur und Musik*, der bisher überhaupt noch nicht erforscht worden ist, ausführlich behandelt werden.

Als wesentliche primäre Quelle diente die noch nicht veröffentlichte Korrespondenz zwischen Berg, Schönberg und Webern, im besonderen der Briefwechsel zwischen Schönberg und Berg. Bergs schriftliche Zeugnisse seiner Bindung an Schönberg und seiner Arbeitsleistung für Schönberg erwiesen sich als Dokumente von unschätzbarem Wert. Dagegen sind die an Webern gerichteten Briefe weitaus persönlicher gehalten und verlieren sich in Details, die für eine Veröffentlichung nicht unbedingt geeignet erscheinen. Die einzelnen Kapitel werden den Eindruck erwecken, daß Schönberg stark in den Vordergrund gerückt ist. Das war nötig, um aus der Sicht größerer Zusammenhänge deutlich vor Augen zu führen, daß die Begegnung mit Schönberg wohl das größte Ereignis in Bergs Leben darstellte. Und Schönberg nahm nicht nur auf Bergs musikalische Entwicklung Einfluß, sondern wurde zu einer Art künstlerischer und menschlicher Vaterfigur. Berg legte gleichsam für alles, was er tat und dachte, Rechenschaft vor Schönberg ab. Schönberg erkannte Bergs Begabung, aber auch seine Schwächen, und bestimmte ihn in der Entwicklung seines Charakters. Das ging so weit, daß Berg sich sogar in Äußerlichkeiten wie Kleidung nach Schönbergs Wünschen richtete. Oder: Als Schönberg etwa seine unleserliche Schrift bemängelte, bemühte er sich, eine leserliche Form zu finden. Ferner veranlaßte ihn Schönberg immer wieder, sich präziser auszudrücken, Umständlichkeiten zu vermeiden, sich von der Vorstellung loszusagen, etwas *„besonders schön"* zu sagen. Sicherlich gab es auf Seite Bergs Momente einer inneren Auflehnung, aber sie waren von kurzer Dauer, denn Berg konnte sich der Persönlichkeit Schönbergs nicht entziehen und wußte, was er ihm im Grunde verdankte. Berg lernte daraus, und viele seiner Arbeiten, die im Auftrag Schönbergs entstanden, lassen dessen führende Hand erkennen. Andererseits verzehrte sich Berg mit dem Gedanken, in welcher Weise er seinem Lehrer, der fortwährend mit materiellen Sorgen zu kämpfen hatte, helfen könnte. Über-

---

[2]) E. Hilmar, Wozzeck von Alban Berg. Entstehung — erste Erfolge — Repressionen, Wien 1975.

blickt man vor allem die Jahre 1911 bis 1915, nimmt man mit Erstaunen
zur Kenntnis, wieviel Zeit er für die Angelegenheiten Schönbergs verbracht
hat.

Daß auf Bergs eigene Aussagen besonderes Gewicht gelegt wurde, muß
nicht weiter begründet werden[3]). Zusammenfassend soll hier nur noch jene
Korrespondenz angeführt werden, der allein aufgrund ihres Umfanges
Bedeutung zukommt. Allen voran sind es — wie erwähnt — die Briefe an
Schönberg und Webern. Nicht geringer ist die Verlagskorrespondenz mit
der Universal Edition[4]), die gleichfalls eingearbeitet wurde. Vieles und bisher kaum Beachtetes enthält der Briefwechsel mit Gottfried Kassowitz,
Erhard Buschbeck, mit dem Jugendfreund Hermann Watznauer und jener
mit Josef Polnauer und Ernst Krenek.

Zu diesen primären Quellen, die noch durch Aufzeichnungen im Nachlaß
Bergs ergänzt werden, kommen Aussagen aus dem Freundes- und Schülerkreis und auch solche dritter Personen. Ferner wurden Programme, Zei-
tungsnotizen, Zeitungs- und Zeitschriftenartikel, Ankündigungen, Rezensionen u. dgl. kritisch nach ihrer Bedeutung und Verläßlichkeit ausgewertet.
Jedes Detail konnte nicht immer Berücksichtigung finden, und Lücken wird
es wohl wie in jeder derartigen Arbeit geben müssen.

---

[3]) Die Zitate werden im Text selbstverständlich im originalen Wortlaut wiedergegeben.
[4]) Auch die Verlagskorrespondenz Schönberg—Universal Edition war im Hinblick auf
Berg recht ergiebig.

I. Vorfahren und Jugend

Bergs Vorfahren

Konrad Vogelsang hat in seiner Arbeit über Alban Berg[1]) erstmals das Ergebnis genealogischer Studien und eine Ahnentafel vorgelegt, die bis zur dritten Generation zurückreicht. Seine Ermittlungen in Nürnberg blieben erfolglos. Heinz Schöny[2]) hat sich dann in den sechziger Jahren gemeinsam mit Adolf Roth, München, und Ida Drechsler, Nürnberg, bemüht, diese Ahnentafel zu ergänzen. Mütterlicherseits gelang es ihm, die Vorfahren Bergs bis in die zehnte Generation nachzuweisen. Väterlicherseits kam er nur bis zum Ururgroßvater, der Kaufmann und Ratsherr in „Mannheim" gewesen sein soll und in der zweiten Hälfte des 18. Jahrhunderts gelebt hat. Schöny hätte es allerdings auffallen müssen, daß der Urgroßvater Bergs, der bayrische Hof- und Leiblakai, in Monheim bei Donauwörth geboren wurde und daher seine Nachforschungen in Mannheim verständlicherweise erfolglos bleiben mußten. Seine Forschungen bezüglich der Familie Bergs väterlicherseits scheiterten im Grunde an einem schlichten Lesefehler: an der Verwechslung von Monheim und Mannheim. In Monheim konnte es nun gelingen, die Familie Bergs väterlicherseits bis in die fünfte Ahnengeneration nachzuweisen[3]).

Abgesehen von gelegentlich fehlerhaften Daten, die aufgrund nochmaliger Einsicht in die Tauf-, Trau- und Sterbezeugnisse der einzelnen Pfarrgemeinden korrigiert wurden, ist Schöny noch ein weiterer Vorwurf zu machen. Wie Dieter Kerner nachwies[4]), dürfte Berg seine musikalische Begabung von seiner Mutter geerbt haben, die eine nennenswerte zeichnerische und musikalische Begabung besaß. Diese läßt sich über Wien nach Böhmen zurückverfolgen, wogegen Schöny den bayrischen und fränkischen Vorfahren mehr Beachtung schenkte und dabei die musische Leitlinie mit Recht vermißte. Völlig irreführend und wohl haltlos ist Schönys Hypothese, daß für Bergs Hinwendung zur musikalischen Moderne — worunter Schöny eigentlich die „Zwölftonmusik" versteht — gewisse erbmäßige

---

[1]) K. Vogelsang, Alban Berg. Leben und Werk, Berlin 1959.

[2]) H. Schöny, Die Vorfahren des Komponisten Alban Berg, in: *Genealogie*, 15. Jg. (1966), Bd. 8, H. 1, S. 1—10.

[3]) Das Archiv wird von Neuburg/Donau aus betreut. Vom Oberarchivar Nebinger, Verantwortlicher des Archivs und zugleich im Volksbildungswerk in Neuburg tätig, konnten keine verläßlichen Angaben gemacht werden.

[4]) D. Kerner, Alban Bergs Ende, in: *Hessische Ärzteblätter*, 21. Jg. (1960), S. 610 ff.

Voraussetzungen gegeben wären, die sich bei ihm wie bei Schönberg — über dessen Vorfahren es überdies wenig Verläßliches gibt[5]) — durch ein Überwiegen eines intellektuell-mathematischen Elements näher definieren ließen. Schöny hat dies auch an anderer Stelle nachzuweisen versucht[6]). Er mußte dabei scheitern, ohne es selbst zu erkennen, da ihm die Kenntnis der musikhistorischen Zusammenhänge fehlte und er die Entwicklung der Musik des 20. Jahrhunderts von einer Sicht aus bewertete, die nur von sekundärer Bedeutung sein kann. Denn ähnlich wie Schönberg auch Berg aufgrund einer Familientradition, die mehr dem Kommerziellen und Kaufmännischen verbunden ist, als *intellektuell-mathematisches Hirn"* hinzustellen und ihm musisch-musikantisches Erbgut abzusprechen, ist mehr als fragwürdig. Nicht nur der kritische Blick auf die musikalische Entwicklung, sondern die Werke selbst klären diesen Irrtum auf und lassen sehr wohl bei Berg *"musisch-musikantische"* Elemente erkennen. Dies gilt überdies auch für die anderen Vertreter der Wiener Schule.

In teilweiser Anlehnung an die Studien von Vogelsang, Schöny, Roth und Drechsler sieht derzeit die Ahnenliste Bergs bis zur einschließlich fünften Ahnengeneration wie folgt aus:

1 B e r g , Albano Maria Johannes, geb. 9. 2. 1885 Wien I, Tuchlauben 8[7]); r.k., gest. 23. 12. 1935[7a]) Wien III, Boerhaavegasse 8; verh. 3. 5. 1911 Wien I (evang. H. B.) und 30. 9. 1915 Wien XIII (Hietzing, r.k.) Helene Karoline Nahowski, geb. 29. 7. 1885 Wien XIII, Hetzendorfer Straße 46 (evang. H. B.); gest. 30. 8. 1976 Wien XIII, Trauttmansdorffgasse 27

ELTERN. I. Ahnengeneration

2 B e r g , Conrad (Buchhändler, Prokurist), geb. 30. 8. 1846[8]) Wöhrd b. Nürnberg (evang. A. B.); gest. 30. 3. 1900 Wien VII, Breitegasse 8; verh. 5. 11. 1871 Wien I (St. Michael, r.k.)

3 B r a u n , Johanna Maria Anna, geb. 28. 2. 1851 Wien VI, Barnabitengasse 3 (r.k. Pfarre Mariahilf); gest. 19. 12. 1926 Wien VI, Linke Wienzeile 118

GROSSELTERN. II. Ahnengeneration

4 B e r g , Josef Sebastian (Bierwirt, Brunnenbohrer), geb. 20. 1. 1791 München (Hofpfarrei, r.k.); gest. 17. 10. 1867 Nürnberg (Pf. Marienvorstadt); verh. I. 21. 6. 1816

---

[5]) Vgl. H. Schöny, Schönberg genealogisch betrachtet, in: *Schönberg-Gedenkausstellung*, S. 17—19. Diese Arbeit scheint eher ein Versuch als ein wissenschaftlich fundierter Beitrag zu sein.

[6]) H. Schöny, Dodekaphonik in genealogischer Sicht, in: *Genealogie*, 18. Jg. (1969), H. 4, S. 136 f.

[7]) Die Taufe erfolgte in der Pfarre St. Peter (Taufbuch 1885, S. 135; Pate war Maria v. Bareis, Oberstwitwe in Baden, Pfarrgasse 8. Baptizans Xaver Metzker, Beneficiat bei St. Peter).

[7a])Bergs Sterbedatum galt bisher allgemein als 24. Dezember 1935. Erich Alban Berg, a. a. O., S. 50, hat aufgrund kaum anfechtbarer Aussagen der Familienangehörigen Bergs den Nachweis erbracht, daß das Sterbedatum recte 23. Dezember 1935 lauten muß.

[8]) Schöny, a. a. O., gibt 31. 8. 1846 an. Lt. Taufbuch Wöhrd, S. 308, ist das Geburtsdatum 30. August.

Nürnberg (St. Lorenz, r.k.) Margarete Johanna Wilhelmine Sturm, geb. 1788 Nürnberg, gest. 1835?; II. 25. 10. 1835 (evang. A. B.)

5 K ö r p e r, Kunigunde, geb. 6. 2. 1910 Wöhrd (evang. A. B.); gest. 21. 1. 1866 Nürnberg (Pf. Marienvorstadt)

6 B r a u n, Franz Xaver Melchior (k. k. Hofjuwelier, Prokurist), geb. 21. 9. 1820 Wien, St. Ulrich 59 (Pf. St. Ulrich, r.k.); gest. 17. 7. 1896 Wien XIII, Hietzinger Hauptstraße 82; verh. 16. 11. 1844 (Maria Treu, Josefstadt, r.k.)

7 S t ö g e r, Maria Isabelle, geb. 4. 1. 1825[9]) Wien, Neubau 204 (Pf. St. Ulrich, r.k.)[10]); gest. 3. 12. 1897 Wien I, Tuchlauben 8

URGROSSELTERN. III. Ahnengeneration

8 B e r g, Josef (Bayr. Hof- und Leiblakai, Hauptlotterie-Offiziant, Kgl. Centurial-Hauptkassa-Offizial), geb. vor 1764 Monheim b. Donauwörth; gest. ? in München; verh. 4. 2. 1782 München (St. Peter)

9 G i l g e n r a i n e r, Maria Theresia Katharina, geb. 11. 4. 1761 München (St. Peter); gest. ?

10 K ö r p e r, Johann Georg (Dachdeckermeister), geb. 3. 1. 1782 (evang. Pf. A.); gest. 17. 3. 1836 Nürnberg; verh. 21. 6. 1802 Nürnberg (St. Lorenz)

11 K i ß k a l t, Katharina Elisabeth Margaretha[11]), geb. 11. 11. 1781 Wöhrd (evang. Pf. A.); gest. 26. 7. 1845 Nürnberg[12])

12 B r a u n, Melchior August (bürgerl. Hutmachermeister und Hausbesitzer), geb. 13. 10. 1775 Mergentheim; gest. 1. 6. 1822 Wien, St. Ulrich 59; verh. I. 10. 1. 1802 Wien (St. Ulrich) Franziska Schotl, geb. 1770 Wien, gest. 6. 7. 1816 Wien, Altlerchenfeld; II. 23. 9. 1816 Wien (St. Ulrich)

13 B o h m a n n, Anna Maria, geb. 2. 4. 1792[13]) in Mysliv in Böhmen; gest. ?

14 S t ö g e r, Martin (Sperrkommissär beim Stift Schotten in Wien), geb. 9. 11. 1782 Osternberg b. Braunau (Pf. Ranshofen); gest. 16. 5. 1852 Wien; verh. 24. 1. 1821

15 S p i e ß, Anna Maria, geb. 6. 6. 1801 Wien, Neustift 6; gest. 27. 11. 1876 Wien I, Herrengasse 4 (b. Franz Braun)

IV. Ahnengeneration

16 B e r g, Nikolaus (Kaufmann und Ratsherr), geb. ?; gest. ?

17 . . ., Anna Maria

18 G i l g e n r a i n e r, Johann Georg (kurfürstl. Hofsesselträger), geb. ? Bad Tölz; gest. ? München; verh. 12. 2. 1760 München (St. Peter)

19 K o b l e r, Maria Katharina, geb. 3. 4. 1730 München (Unsere liebe Frau); gest. ? München

20 K ö r p e r, Johann Kaspar (Dachdeckermeister), geb. ? Nürnberg; gest. 24.(?) 12. 1799 Nürnberg; verh.

21 . . ., Anna Magdalena Dorothea[14]) (Daten unbekannt)

---

[9]) Bei Schöny, irrtümlich 1824. Lt. Eintragung St. Ulrich T. 43, f. 202, 1825. Vgl. auch Trauungsschein v. 1844 Fo. 109/E.

[10]) Vgl. Anm. 9. Taufbuch St. Ulrich f. 202. Schöny, a. a. O., gibt irrtümlicherweise Pf. Schottenfeld an.

[11]) Im Totenbuch St. Egidien und Wöhrd jeweils mit Margaretha eingetragen; Schöny, a. a. O., gibt Magdalena an.

[12]) Der Sterbetag ist ungewiß: Im Totenbuch St. Egidien, Jg. 1845, S. 38, Nr. 132, ist der 26. Juli angegeben (Begräbnis am 29. Juli) und im Totenbuch Wöhrd, Jg. 1845, S. 302, der Todestag mit 24. Juli (Begräbnis 27. Juli).

[13]) Bei Schöny, a. a. O., scheint eine Verwechslung vorzuliegen: Am 20. März 1788 ist eine Barbara Bohmann geboren, die offensichtlich mit Anna Bohmann nicht in engem verwandtschaftlichem Verhältnis steht (Statni Archiv V Plzni, ONV Domazlice 1785 bis 1846 [c. 4, Fol. 2]).

[14]) Im Taufbuch der Pf. St. Lorenz in Nürnberg (1782, S. 227) ist der Familienname nicht angegeben.

22 K i ß k a l t, Johann (Bleiweißschneider, Bleistiftmacher), geb. 9. 7. 1758 Wöhrd (evang. Pf. A.); gest. ?; verh. 21. 7. 1781 (evang. Pf. A.)

23 L a n g f r i t z, Dorothea, geb. 7. 5. 1759 Nürnberg (Pf. St. Johannis); gest. ?

24 B r a u n, Johann Augustin[15]) (bürgerl. Hutmachermeister), geb. 22. 8. 1743 Ellingen b. Weißenburg; gest. ?; verh. 21. 8. 1770 Mergentheim

25 H a i n, Maria Anna, geb. ? Igersheim b. Mergentheim; gest. ?

26 B o h m a n n, Stefan, geb. ?; gest. ?; verh. [16])

27 W e l l n e r, Katharina (Daten unbekannt)[17])

28 S t ö g e r, Joseph (Müllermeister), geb. um 1755 Osternberg (Pf. Ranshofen); gest. ?; verh. 1781 ?

29 R o t h e n b u c h n e r, Anna Maria (Daten unbekannt)

30 S p i e ß, Aloys (Apotheker, Kaffeehausinhaber), geb. 11. 2. 1767 Wien (Pf. St. Stefan); gest. 8. 4. 1822 Wien (St. Ulrich); verh. 9. 2. 1797 Wien (St. Ulrich)

31 G r ü n h o l d, Maria Anna, geb. 27. 1. 1773 Wien, Josefstadt 79; gest. 17. 9. 1812 Wien, Neustift 7, Rofranogasse

V. Ahnengeneration

32 B e r g, Johann (Geburts- und Sterbedatum unbekannt; wohnte von 1727 bis 1746 in Monheim b. Donauwörth[18]))

33—35 unbekannt

36 G i l g e n r a i n e r, Georg (Taglöhner) (Daten unbekannt)

37 . . ., Agathe (Daten unbekannt)

38 K o b l e r, Vinzenz (Hofsänftenträger), geb. ?; gest. 23.(?) 5. 1761; verh. I. 21. 11. 1704 München (Unsere liebe Frau) Maria Katharina Stockmayr; II. 17. 11. 1721 München (Unsere liebe Frau)

39 L e r c h (l), Maria Anna (Lebensdaten unbekannt)

40—43 unbekannt

44 K i ß k a l t, Andreas Jakob (Taglöhner) (Daten unbekannt); verh. 6. 11. 1747 Wöhrd (evang. Pf. A.)

45 D o r n a u e r, Anna Katharina Barbara, geb. 5. 6. 1727 Wöhrd (evang. Pf. A.); gest. 9. 11. 1801

46 L a n g f r i t z, Michael (Maurergeselle), geb. ?; gest. ?; verh. 4. 6. 1755 Nürnberg (St. Johannis)

47 B o h r e r, Margarete (Lebensdaten unbekannt)

48 B r a u n, Johann Michael (Hutmacher), geb. ?; gest. ?; verh. 7. 2. 1741 Ellingen

49 A l l e r t h a l e r, Anna Maria, geb. Thannhausen b. Ellingen; gest. ?

50 H a i n, Martin (Daten unbekannt)

51 . . ., Klara (Daten unbekannt)

52—55 unbekannt (Bohmann, Wellner)

56 S t ö g e r, Simon Judas (Müllermeister), geb. 27. 10. 1729 Osternberg (Pf. Ranshofen); gest. 10. 2. 1782 Osternberg; verh. 5. 10. 1751 Ranshofen

57 L e c h n e r, Maria Anna, geb. 29. 8. 1733 Plankenbach (Pf. Ranshofen); gest. 25. 7. 1808 Osternberg 10

58—59 unbekannt (Rothenbucher)

60 S p i e ß, Jakob Ignaz (Steuerbeamter), geb. ? Wien; gest. ? Wien; verh. 17. 2. 1754 Wien (St. Stefan)

61 N i k i s c h e r (Nigitscher), Barbara (Daten unbekannt)

62 G r ü n h o l d (Grienhold, Grinhold), Ignaz Lorenz Michael (bürgerl. Nadlermeister),

---

[15]) Schöny, a. a. O., nennt August Braun; lt. Trauungsbuch St. Ulrich 1816, F. 96: Augustin.

[16]) Vgl. Anm. 13. Bei Schöny daraufhin Georg Baumann, verh. mit Kunigunde Seidl.

[17]) Vgl. Anm. 16.

[18]) Auskunft des Bürgermeisters von Monheim, Landkreis Donauwörth.

geb. 10. 8. 1747 Wien, Josefstadt (Zum Hl. Jakob); gest. 24. 7. 1793 Wien, Josefstadt (Zum Goldenen Stern); verh. 20. 10. 1771 Wien (St. Michael)
63 M i e l e, Maria Anna (Daten unbekannt)

Bei den Angaben zur sechsten bis neunten Ahnengeneration muß man den von Schöny vorgelegten Ergebnissen folgen. Ein Abdruck erübrigt sich daher an dieser Stelle.

Bergs Eltern

Conrad Berg, der Vater Alban Bergs, kam vermutlich 1868 nach Wien. Im Wiener Adressenverzeichnis begegnet er erstmals im Doppelband 1869/70. Da die Redaktion dieses Bandes Ende 1868 abgeschlossen wurde, ist das Jahr 1868 wohl mit einiger Sicherheit anzunehmen[1]). Er bezog eine Wohnung in der Himmelpfortgasse Nr. 11 und gab als Berufsbezeichnung „Kaufmann" an. Schon 1870 übersiedelte er in die Milchgasse 2 und nannte sich nun Buchhändler. Am 25. Oktober schloß er die Ehe mit Johanna Braun, Tochter des Hof-Goldarbeiters Franz Braun, der sein Geschäft in der Herrengasse 6 hatte[2]). Mit demselben Datum wurde ein Ehevertrag zwischen den Brautleuten geschlossen, worin Conrad Berg seine Einwilligung gab, daß „gegenwärtige Ehepakten zu Gunsten seiner Braut und künftigen Gattin auf seine Kosten in das Handelsregister eingetragen werden und die diesbezügliche Verlautbarung erfolge"[3]). 1872 bezog das Ehepaar die Wohnung in den Tuchlauben Nr. 8. Das Geschäft lag in Wien I, Kühfußgasse 1. Der Buchhandel florierte offensichtlich, denn bereits im Jahre 1875 eröffnete er eine Filiale in Wien VI, Mariahilfer Straße 37. Im selben Jahr ist auch eine Fabrikniederlassung in Wien VII, Dreilaufergasse 3, angegeben. 1876 übernahm er L. Wallner's Verlagsbuchhandlung und wurde von nun ab als protokollierte Firma im Handelsregister geführt: „Conrad Berg, vorm. L. Wallner's Verlagsbuchhandlung". 1890 wandte Berg sich auch dem Kunsthandel zu und offerierte „Oelbilder von ersten Meistern und Copien nach alten und modernen Meistern", daneben aber handelte er auch mit Devotionalien, mit Gebet- und Heiligenbildern. Seit diesem Jahr führte wohl Johanna Berg das Geschäft, da Conrad als Prokurist in die Firma Ed. Kanitz & Comp, eine Export-Großhandlung in der Walfischgasse 12, eintrat. Er hatte dort gemeinsam mit Karl Friedrich Weiß die Prokura zu versehen[4]). Bis 1894 war er Prokurist dieser Firma, dann jedoch übernahm er ein Commissions- und Exportgeschäft in Wien VII, Breitegasse 17. Der Verlassenschaftsabhandlung — Bericht der Nachlaßinventur — vom Mai 1900 ist zu entnehmen, daß Berg unter der Firma „Conrad Berg zwei verschiedene von einander vollkommen unabhängige

---

[1]) Lehmanns Adressenverzeichnis, Wien, ab 1859. Die folgenden Daten sind diesem Verzeichnis entnommen.
[2]) Daten lt. Ehevertrag, vgl. Anm. 3.
[3]) Abschrift des Ehevertrages siehe Anhang 1, S. 166 f.
[4]) Lehmann, a. a. O., vgl. Anm. 1.

Geschäfte betrieben hat: in Wien VII, Breitegasse 8 ein Export- und Importgeschäft und in Wien I, Petersplatz No. 8 ein Kunst- und Buchhandlungsgeschäft"[5]). Bei der erwähnten Abhandlung konnte geklärt werden, daß das Geschäft in der Breitegasse *„sammt allen Activen und Passiven, insbesondere sammt der Einrichtung und dem Warenlager Eigenthum der Firma Geo. Borgfeldt & Co. in New York sei"*, daß Berg *„nur ein Beamter dieser New Yorker Firma gewesen sei, und daß letztere nur aus Zweckmäßigkeitsgründen ihre Geschäfte am Wiener Platze nicht unter der eigenen Firma, sondern unter dem Namen Conrad Berg betrieben habe"*[6]). Berg war folglich Kommissionär der Firma G. Borgfeldt & Co., einer Firma, die *„gangbare Artikel vom europ. Kontinent nach Amerika"* exportierte und Zweigniederlassungen in Deutschland, Frankreich und England hatte. Er bezog als Geschäftsleiter ein jährliches Salär in Monatsraten und hatte den Einkauf und Versand bzw. den Verkauf der Waren über. Ein Großteil der Waren ging direkt an die Firma Borgfeldt, andere indirekt an andere Firmen. In beiden Fällen bekam Berg einen Nutzanteil, eine Kommissionsgebühr. Eigenes Vermögen hatte er nicht in dieser Firma. Das Kapital gab das New Yorker Haus. Die Abmachungen zwischen ihm und der Firma waren rein privater Natur und nicht in einem Gesellschaftsvertrag festgelegt[7]).

Conrad Berg starb am 30. März 1900 an Herzversagen. Er hinterließ den großjährigen Sohn Hermann, geb. am 16. September 1872, und die minderjährigen Carl, geb. am 5. Mai 1881, Alban, geb. am 9. Februar 1885, und Smaragda, geb. am 5. September 1886. Als nächste Verwandte wurden in der Verlassenschaftsabhandlung der erbliche Bruder Veit Berg, Fabrikant in Nürnberg, und seine erbliche Schwester Babette verh. Schröder, Kaufmannsgattin in München, genannt[8]). Hermann Berg, der in der New Yorker Firma Borgfeldt & Co. beschäftigt war, traf auf die Nachricht des Todes des Vaters hin am 15. Mai 1900 in Wien ein.

Julius Wagner, der Erbensvertreter, stellte *„namens der erblaßerischen Witwe Frau Johanna Berg den Antrag, daß dieselbe zur Vormünderin ihrer genannten mj. Kinder und der großjährige Sohn Herr Hermann Berg zum Curator ad actum derselben während der Dauer der Verlassenschafts-Abhandlung bestellt, und daß, nachdem hiedurch für das persönliche und materielle Wohl der Kinder Vorsorge getroffen erscheint, vorläufig von der Bestellung eines Mitvormundes Umgang genommen werde"*[9]).

Die materielle Lage der Familie Berg war durch den Tod des Vaters überaus kritisch geworden. Es stellte sich im Zuge der Abhandlung heraus, daß der Nachlaß mit 7047 Kronen 40 Heller passiv war. Die

---

[5]) Verlassenschaftsabhandlung Conrad Berg beim K. K. Handelsgericht Abtl. VII A 42/00, 8 (Archiv der Stadt Wien).
[6]) Ebenda.
[7]) Verlassenschaftsabhandlung, A 42/00, 10.
[8]) Ebenda, A 42/00.
[9]) Ebenda, A 42/00, 3.

Passiven bestanden zum größeren Teil aus der Heiratsgutforderung[10]) von
Johanna Berg, den Leichenkosten und einigen Schulden des Verstorbenen.
*„Hiebei ist die Niederlagsforderung der Frau Johanna Berg per 16.000 Th.
noch gar nicht berücksichtigt ... Frau Johanna Berg hat nun, um das An-
denken ihres Gatten rein zu erhalten, die sämmtlichen Nachlaßschulden ...
berichtigt ... und hat somit an den Nachlaß eine Forderung in der Höhe
von 38.348 K 20 h zu stellen ... Bei der Berichtigung ... hat Frau Johanna
Berg die Unterstützung ihres großjährigen Sohnes ... und der Firma Geo
Borgfeldt & Co. genossen und die Mittel zur Zahlung im Wesentlichen sich
durch Zuhilfenahme der Versicherungssumme aus der von ihrem Gatten zu
ihren Gunsten eingegangenen Lebens-Versicherung verschafft.“*[11])

Da der Nachlaß passiv war, fiel den minderjährigen Erben keinerlei
Vermögen zu. Das einzige Vermögen war die Versicherungssumme von
3000 Gulden. Von diesem Betrage entfielen auf jeden der vier Erben nur
soviel, daß für den Lebensunterhalt und die Erziehungskosten der Kinder
mit Hilfe einer Zuwendung des großjährigen Hermann Berg gesorgt werden
konnte[12]).

Für die Dauer der Verlassenschaftsabhandlung stellte Frau Berg den
Antrag, ihr *„die abhandlungsbehördliche Ermächtigung zur Fortführung
des von dem Erblaßer unter der Firma Berg in Wien VII, Breitegasse Nr. 8
betriebenen Export- und Importgeschäftes und des von ihm unter derselben
Firma in Wien I. Bezirk, Petersplatz No. 8 betriebenen Kunst- und Buch-
handlungsgeschäftes ... für Rechnung der Verlassenschaft, sowie zur Firma-
zeichnung zu erteilen.“* In dem Antrag hieß es ferner: *„Frau Johanna Berg
eignet sich zur Führung des Geschäftes insbesondere deshalb, weil sie schon
zu Lebzeiten ihres Gatten in den Geschäftsbetriebe Einsicht hatte ...“*[13])

Am 5. August wurde der Antrag auf Löschung der Firma Berg im Handelsregister gestellt, *„was das in Wien VII Breitegasse No. 8 betriebene
Commissions & Exportgeschäft betrifft“.* Die Erben hatten an einer Fortführung des Geschäftes kein Interesse[14]). Konvokationen erschienen auch im
Amtsblatt der Wiener Zeitung vom 21. und 22. August 1900. Die Kunst-
und Buchhandlung sollte jedoch bestehen bleiben[15]).

Mit 3. November 1900 wurde die Verlassenschaftsabhandlung abgeschlossen: *„Es soll der Nachlaß des am 30. März 1900 verstorbenen Herrn Conrad Berg den Erben Hermann Berg, Carl Berg, Alban Berg und Smaragda
Berg gebührenfrei eingeantwortet werden und vormundschaftbehördliche
Genehmigung zur Übernahme des von dem Verstorbenen unter der Firma
Conrad Berg betriebenen Verlagsbuchhandlung des Verschleisses von Ge-
betbüchern, Schulbüchern, Heiligenbildern und Gebeten und des Buch-
bindergeschäftes durch die erblaßerische Witwe Frau Johanna Berg gegen*

---

[10]) Vgl. Ehevertrag, Anhang 1, S. 166 f.
[11]) Verlassenschaftsabhandlung, a. a. O., A 42/00, 16.
[12]) Ebenda, A 42/00, 18.
[13]) Ebenda, A 42/00, 3.
[14]) Verlassenschaftsabhandlung, A 42/00, 13.   [15]) Ebenda.

*die Übernahme sämmtlicher Passiven in ihre ausschließliche Zahlungsfrist
erteilt werden.*"[16]) Im Adressenverzeichnis von 1901 wird Frau Johanna
Berg bereits als Inhaberin der Kunst- und Buchhandlung geführt[17]). In
ihren Händen lag nun nicht nur die erzieherische Verantwortung, sondern
auch die geschäftliche Führung. Die materielle Lage gab in diesen Jahren
zweifellos Anlaß zur Sorge — man bedenke, daß Berg 1904 den Unterricht bei Schönberg nicht honorieren konnte[18]) — und besserte sich erst 1905
mit der Übersiedlung der Familie nach Hietzing zu Julie Weidman geb.
Braun, der Schwester Johanna Bergs, die allein in vermögenden Verhältnissen lebte und der Pflege bedurfte.

Der Vater von Johanna Berg, Franz Braun, war von Beruf Goldarbeiter.
Schon 1859 läßt er sich in Wien in der Kleinen Kirchengasse 29 als Gold-
arbeiter nachweisen[19]). Seit 1863 nannte er sich Hof-Goldarbeiter[20]). Er
wechselte im übrigen in Wien häufig die Wohnungen. Von der Kleinen
Kirchengasse in Mariahilf zog er 1863 in die Barnabitengasse 3, von dort
1865 in die Rahlgasse 3, gleichfalls in Wien VI, und eröffnete 1868 ein
Geschäft in der Herrengasse 6 (zu diesem Zeitpunkt wohnte er überdies im
Haus Herrengasse 4)[21]). 1878 gab er seinen Beruf als Hofjuwelier auf — die
Gründe dafür sind unbekannt — und trat als Prokurist in die Firma Weidman ein, die zu diesem Zeitpunkt ihren Sitz in der Mariahilferstr. 49 hatte.
Josef Weidman war *„k. k. öster. u. k. griech. Hof-Lieferant für Galanterie-
waren".* Er kam später zu hohen Ehren und war Besitzer des Franz-Josephs-
Ordens und des goldenen Verdienstkreuzes mit der Krone[22]). Am 26. Februar 1869 nahm er die erst 16jährige Tochter von Franz Braun[23]) zur Frau
und lebte mit ihr in der geräumigen Villa in Hietzing. Auch als Schwiegervater seines Dienstgebers blieb Braun der Firma treu und arbeitete dort bis
zu seinem Tod im Juli 1896 als Prokurist.

Der Ehe Julie und Josef Weidman entsprangen keine Kinder. Als Weidman im 60. Lebensjahr am 11. Jänner 1905 starb, war Julie Weidman
Alleinerbin mit einem ansehnlichen Vermögen[24]).

---

[16]) Ebenda, A 42/00, 19.
[17]) Lehmann, a. a. O., vgl. Anm. 1.
[18]) A. a. O., siehe Kapitel „Lehrzeit bei Schönberg".
[19]) Lehmann, a. a. O.
[20]) Ebenda.
[21]) Ebenda.
[22]) Verlassenschaftsabhandlung J. Weidman beim Handelsgericht in Wien, Abtl. VII,
A 6/5, 4.
[23]) Erbvertrag und wechselseitiges Testament, Verlassenschaftsabhandlung vgl. Anm. 22,
A 6/5, 4.
[24]) Weidmans Testament vom 30. März 1900 lautet: *„Meine Frau Julie Weidman ge-
borene Braun, ist nach meinem Tode Erbin meines ganzen wo immer befindlichen
Reall & Geldbesitzes. Ich empfehle ihr alles zu verkaufen, eventuell licitando & Dieses verleumderische Nest zu verlassen. Doch hat sie vollen freien Willen ... Ich wünsche in Bologna verbrannt & beigesetzt zu werden. Ich wünsche kein Staubkorn von
mir hier zu wissen. Todesnachrichten sind nicht auszugeben..."* (vgl. Anm. 22,
A 6/5, 1).

Das Gesamtvermögen, das Weidman hinterließ, belief sich nach Abzug aller Passiva auf 745.069,13 Kronen. Darunter war wertmäßig eine größere Zahl von Realitäten.

Julie Weidmann konnte dieses Vermögen nur kurze Zeit verwalten. Sie starb am 15. November 1905, ohne ein Testament zu hinterlassen. Zur Alleinerbin wurde von gerichtlicher Seite ihre Schwester Johanna Berg eingesetzt. Die Einantwortungsurkunde ist mit 13. August 1907 datiert und hat den Wortlaut: „*Vom k. k. Bezirksgericht Hietzing wird der Nachlaß der am 15. 11. 1905 ohne Hinterlassung einer letztwilligen Anordnung verstorbenen Frau Julie Weidman, Hausbesitzerin . . . der erbl. Schwester, Frau Johanna Berg, Realitätenbesitzerin Wien XIII, Hietzinger Hauptstr. 6*[25]*), deren unbedingte Erberklärung vom Gerichte am 9. 1. 1906 angenommen wurde, auf Grund des Gesetzes zur Gänze eingeantwortet und die Verlassenschaftsabhandlung für beendet erklärt.*"[26])

Johanna Berg war damit nicht nur in den Besitz von Pretiosen und Einrichtungsgegenständen gekommen, sondern von mehreren Realitäten in verschiedenen Bezirken von Wien. Da die Verlassenschaftsakte der Julie Weidman unvollständig ist und gerade jenes Blatt skartiert wurde, auf dem die Angaben über die Realitäten verzeichnet waren, kann man nur auf die Verlassenschaftsakte von Josef Weidman zurückgreifen. Es ist auch anzunehmen, daß sich in dem halben Jahr nach dem Tod von Josef Weidman in den Besitzverhältnissen nichts geändert hat.

In der Erbschaft, die Johanna Berg zufiel, waren demnach folgende Realitäten enthalten[27]):

Blockhaus C. No. 286. E. Z. 574, Ober St. Veit in der Ried, „Stock im Weg".

Hausscheuer ebda. aus Holz. E. Z. 571.

300 Ar Grundstücke ebda. E. Z. 568—570, 572—574, 1174. Acker, Wiese und junge Obstgärten

Die Hälfte des Wohnhauses C. No. u. E. Z. 7
Hietzinger Hauptstraße 6 (einstöckig).

Haus C. No. u. E. Z. 2595
Strohgasse 43 im III. Bezirk

Haus C. No. u. E. Z. 2762
Kleistgasse 25 im III. Bezirk

Haus C. No. u. E. Z. 2984
Salmgasse 5 im III. Bezirk

Hälfte des Hauses C. No. E. Z. 696
Myrthengasse 15 im VII. Bezirk

---

[25]) In dem Haus wohnte dann 1906 und 1907 Alban Berg mit seiner Mutter. Vgl. Lehmann, a. a. O.

[26]) Archiv der Stadt Wien sign. A II 1359/5, 3. Von der Verlassenschaftsakte sind nur Todfallaufnahme und Einantwortungsurkunde erhalten.

[27]) Verlassenschaftsabhandlung J. Weidman, a. a. O., A 6/5, 18.

Hälfte des Hauses C. No. E. Z. 592
Nußdorferstraße 19 im IX. Bezirk

Haus C. No. u. E. Z. 4118
Rauscherstraße 6 im XX. Bezirk

Haus No. u. E. Z. 4119
Rauschergasse 8 im XX. Bezirk

Haus C. No. E. Z. 4120
Rauschergasse 10 im XX. Bezirk

Die materielle Lage der Familie hatte sich mit dieser Erbschaft — von der Reich ohne nähere Angaben spricht[28]) — gebessert. Johanna Berg war nun Realitätenbesitzerin geworden. Dazu kam auch noch der Besitz des Berghofs in Kärnten[29]), den Conrad Berg bereits 1894 aufgrund eines Verkaufsvertrages mit Datum vom 28. August von einem gewissen Josef Müller erworben hatte.

Die Administration der Häuser übergab Johanna Berg im September 1908 ihrem Sohn Alban[30]). In den darauffolgenden Jahren führte Berg immer wieder Klage über diese administrative Tätigkeit, die ihm damit aufgebürdet wurde. Da die Erhaltung ständig Kosten verursachte, wurden die Realitäten im Laufe der Jahre verkauft. Ein Jahr vor ihrem Tod — sie starb am 19. Dezember 1926 — nannte Johanna Berg sich nicht mehr Realitätenbesitzerin, sondern nur noch *„Private"*[31]). Auch der Berghof war im Frühjahr 1920 dem Verkauf zum Opfer gefallen[32]). Wann im einzelnen die Wiener Häuser veräußert wurden, läßt sich heute nicht mehr feststellen, da die diesbezüglichen Akten und Eintragungen in den Flammen des Justizpalastbrandes im Juli 1927 vernichtet wurden.

Die Schuljahre

Im Herbst 1890 kam Berg in die Volksschule, wo er fünf Klassen absolvierte[1]). Im Schuljahr 1895/96 trat er nach Ablegung einer Aufnahmsprüfung[2]) in die Wiener K. K. Comunal-Oberrealschule in Wien I, Schottenbastei, ein. Er wurde der Klasse B zugewiesen, in der sich rund sechzig

---

[28]) Reich, S. 18.

[29]) Berghof Hs. Nr. 1 zu Heil. Gestade am Ossiachersee, Liegenschaft EZ 59 KG Gratschach. Der Name „Berghof" scheint erstmals im Grundbuch im Jahre 1896 auf (Bezirksgericht Villach, Grundbuch).

[30]) Briefe an seine Frau, Nr. 47.

[31]) Lehmann, a. a. O.

[32]) Die Liegenschaft wurde im Jahre 1920 an Domenico Caregnato, Antonia Caregnato, Antonio Puppi del fù Giuseppe und an Antonio del fù Luigi verkauft (Bezirksgericht Villach). — Viele Details darüber sind auch in Bergs „Briefe an seine Frau" (Jänner/Februar 1920) nachzulesen.

[1]) Nachforschungen bezüglich der Volksschule blieben auch beim Landesschulrat von Wien erfolglos.

[2]) Die folgenden Daten und Benotungen sind den Hauptkatalogen entnommen (Bundesrealgymnasium, Wien I, Schottenbastei).

Schüler befanden[3]). Der Unterricht begann im ersten Semester am 10. September und endete am 15. Februar, woran sich ab 19. Februar bis 2. Juli das zweite Semester schloß. Die Hauptfächer waren Deutsch, Französisch, Mathematik, Erdkunde und Naturgeschichte. Gesang und Musikunterricht waren im Lehrplan nicht vorgesehen. Die Schule hatte folglich auf Bergs musikalische Entwicklung keinen Einfluß. Dagegen wurde im familiären Kreis Musik betrieben. Bergs ältere Schwester Smaragda war eine Schülerin von Theodor Leschetitzky[4]) und eine hervorragende Pianistin, die sich später als Korrepetitorin einen Namen machte. Durch das Klavierspiel seiner Schwester wurde sein Interesse am Instrument geweckt, und überdies unterrichtete ihn die im Haus beschäftigte Gouvernante namens Ernestine Götzlick am Klavier[5]).

In der Schule machte Berg anfangs große Fortschritte und zählte im ersten Schuljahr sogar zu den Vorzugsschülern. Seine Lehrer waren Direktor Franz Wallenstein, Leopold Metzger (Religion), Rudolf Dittes (Deutsch, Französisch), Leopold Petrik (Mathematik), Julius Hoffmann (Erdkunde, Naturgeschichte), N. Korber (Freihandzeichnen), Emil Urban (Schönschreiben). Die Lehrziele der einzelnen Gegenstände lassen sich den gedruckten Jahresberichten entnehmen[6]). So heißt es beispielsweise im Falle der Deutschen Sprache: *„Fertigkeit in zweckmäßig geordneter und stilistisch correcter Darstellung eines im Unterrichts- und Erfahrungskreise der Schüler gelegenen Gedankeninhaltes; durch eigene Lektüre gewonnene Bekanntschaft einer Auswahl ... aus der deutschen Literatur; aus Beispielen abgeleitete Charakteristik der Hauptarten der poetischen und prosaischen Kunstformen; Kenntnis des Wichtigsten aus den Biographien der deutschen Classiker.“*[7])

Die besten Benotungen erhielt Berg in der Unterstufe in den Fächern Geschichte und Physik. In der dritten Klasse mußte er zu einer Wiederholungsprüfung in Geometrisch-Zeichnen antreten[8]). Interessanterweise wechselten häufig die Lehrer. Vielleicht erklärt sich auch daraus, daß seine Leistungen in den einzelnen Gegenständen von Jahr zu Jahr sehr schwankten. Überdies versäumte er in jedem Schuljahr eine relativ hohe Zahl von Schulstunden.

Die Schwierigkeiten begannen mit dem Eintritt in die fünfte Klasse im Schuljahr 1899/1900. Die einzige vorzügliche Note erhielt er in beiden Semestern nur in Praktischen Übungen im Labor. In Geschichte schwankte er zwischen *„vorzüglich“* und *„genügend“* und in Deutsch zwischen *„nicht genügend“ und „genügend“.* Im Gegenstand Deutsch wurden insgesamt

---

[3]) *Jahresbericht der k. k. Staats-Realschule ...* für das Schuljahr 1895/96, Wien 1896, S. 68.
[4]) Lt. Mitteilung von E. A. Berg, Wien.
[5]) Ebenso. Vgl. dazu auch die handschriftliche (unveröffentlichte) Berg-Biographie von H. Watznauer im Besitz der Wiener Stadtbibliothek.
[6]) Vgl. Anm. 3. Die *Jahresberichte* sind im Besitz der Wiener Stadtbibliothek.
[7]) *Jahresbericht 1895/96,* a. a. O., S. 30.
[8]) Zeugnisse siehe im Anhang 2.

zehn Arbeiten geschrieben. Vorgetragen wurde die epische, lyrische und didaktische Dichtung[9]). In diesem Schuljahr hatte Berg überdies wiederum eine Wiederholungsprüfung in Geometrisch-Zeichnen zu leisten. Das schlechte Ergebnis stand wohl mit dem Tod des Vaters, der am 30. März 1900 gestorben war, in Zusammenhang[10]).

Zur Katastrophe kam es erstmals im Schuljahr 1900/01. Berg absolvierte nur das erste Semester, das am 14. Februar endete, und trat laut einer Eintragung im Hauptkatalog noch vor Schluß des zweiten Semesters aus. Über die Gründe ist nichts bekannt. Möglicherweise waren sie familiärer und finanzieller Natur und weniger in seinen unbefriedigenden Leistungen zu suchen, die auch daraus resultierten, daß sein Interesse sich mehr und mehr der Musik zuwandte. 1901 entstand ja auch das erste Lied *Der heilige Himmel* über einen Text von Franz Evers, und bald darauf folgten *Herbstgefühl* von Siegfried Fleischer, *Spielleute* von Ibsen und *Unter den Linden* nach einem Text von Walther von der Vogelweide[11]). Das letztgenannte Lied ist insofern beachtenswert, als auf dem Lehrplan der Schule im ersten Semester 1900/01 die Dichtungen von Walther von der Vogelweide standen[12]).

Berg repetierte die sechste Klasse, aber auch in diesem Schuljahr ergaben sich Schwierigkeiten, die durch eine Erkrankung ausgelöst wurden. Die Erkrankung war wohl — wie später so häufig — psychischer Natur. Berg konnte das zweite Semester nicht im Sommer abschließen. Die Eintragung im Hauptkatalog lautet: *„Krankheitshalber nicht abgeschlossen vor den Ferien 1. 7. 1902. Nach den Ferien abgeschlossen, 20. 9. 1902."* Die Sommermonate auf dem Berghof mußten folglich zum Studium verwendet werden. Im August berichtete Berg seinem Schulfreund Paul Hohenberg über die gemachten Fortschritte: *„Ich habe nun fast alles gelernt — und kann es auch. Meiner Berechnung nach bin ich mit dem 30. d. M. g a n z fertig — dann wäre es mir eben angenehm, wenn Du zu mir kämest. Vielleicht am 1. od. 2. September. Wir hätten dann gerade genügend Zeit zum Wiederholen. Meiner Meinung nach hab ich in 10 Tagen alles nachgeholt, und dann könnten wir miteinander nach Wien reisen und in Wien die Prüfung machen und b e s t e h e n. Du siehst, welche Zuversicht ich habe — und ich glaube, dass ich dieselbe auch haben kann, denn ich habe genug gethan und wüßte nicht, was ich noch thun sollte."*[13])

An eigenen Werken waren noch vor den Sommermonaten zwei Lieder entstanden: *Wo der Goldregen steht* und *Lied des Fischermädels.* Auf dem

---

[9]) *Jahresbericht 1899/1900,* Wien 1900, S. 38 f.

[10]) Vgl. S. 16. Im ersten Semester wurden 103 versäumte Schulstunden eingetragen.

[11]) Fragebogen H. Watznauers an Berg mit eigenhändigen Ergänzungen Bergs (Staatsbibliothek Preußischer Kulturbesitz, Berlin). — Zu den frühesten Kompositionen zählt auch ein Klavierstück mit dem Titel *Mein erster Walzer* op. 1, *„meiner l[ieben] Mama gewidmet".* Das Original (leider nur ein Fragment) befindet sich in der Musiksammlung der Österreichischen Nationalbibliothek.

[12]) *Jahresbericht 1900/01,* a. a. O., S. 43.

[13]) Berg an Paul Hohenberg, Brief v. 23. 8. 1902 (Kopie in Wiener Stadtbibliothek).

Berghof kam es dann zur Niederschrift der Lieder *Abschied*, *Liebeslied* von Korg Towska, *Über meinen Nächten* und *Dolorosa*[14]).

Im Herbst 1902 trat er in die VII. Klasse ein. Im Hauptkatalog ist als sein Vormund sein Bruder Hermann Berg angegeben, der als Kaufmann in New York lebte und nach des Vaters Tod die Absicht geäußert hatte, Alban zu sich nach New York zu nehmen[15]). Alban blieb jedoch auf Betreiben von Marie Edle v. Bareis, eine Tante der Familie, in Wien, und die Mutter führte die Aufsicht. Die Absolvierung der VII. Klasse ging nicht klaglos: in Deutsch und Mathematik waren die Ergebnisse „*Nicht genügend*", und so sah er sich gezwungen, die Klasse zu wiederholen[16]). Neiderfüllt blickte er auf seinen Freund Hohenberg, der mit Bestehen des Abiturs von der Schule abging. Berg gratulierte ihm zur „*Vollendung dieser - - - Schule*" und schrieb: „*Nun bist Du frei - - - ganz frei von dem elenden Schulzwange ... Wenn ich an mein nächstes Jahr denke - - - doch ich schweige lieber - - - Du glaubst nicht, wie es mich hernimmt, wenn ich daran denke - - - es ist gräßlich!!!*"[17])

Das Jahr 1903 war mit schmerzlichen Erlebnissen verbunden. Im Februar 1903 starb Hugo Wolf, und Berg nahm am 24. Februar am Leichenbegängnis teil[18]). Im September brachte ihn ein unglückliches Liebeserlebnis mit der Tochter des Baumeisters Stiasny an den Rand des Selbstmordes[19]). Das Thema Liebe begegnet nun auch in Liedern, die er in dieser Zeit schrieb: *Ich liebe dich* nach Grabbe, *Viele Träume*, *Geliebte Schöne* (Heine). Diesen bereits im Frühjahr 1903 in Wien komponierten Liedern folgten Vertonungen, die auf ein gespanntes seelisches Verhältnis deuten. Auf dem Berghof komponierte er *Schattenleben*, *Am Abend*, *Wenn Gespenster auferstehen*, und im Herbst entstanden in Wien die bei der Textwahl zweifellos auf obiges Ereignis bezugnehmenden Lieder wie *Vom Ende*, *Vorüber*, *Scheidelied*, *Schlummerlose Nächte*, *Nachtgesang*[20]).

Auf den Mißerfolg in der Schule kam er in einem 28 Seiten umfassenden Schreiben an seinen Freund Hermann Watznauer zu sprechen: „*S c h i c k - s a l s posses nennst Du mein Fiasko in der Schule. - - - Ich finde so wenig Possenhaftes daran, daß ich weinen möchte, wenn ich daran denke —, es ist ein Drama mit traurigstem Ausgang ... trauriger als viele Trauerspiele - - -!!! Der Ausblick in meine Zukunft ist äußerst trübe ... wenn ich nur fort sein könnte - - -! Selbst die Musik macht mir nicht mehr die Freude wie sonst - - -*

---

[14]) Vgl. Anm. 11.

[15]) Reich, S. 14.

[16]) Reichs Irrtum, Berg wäre bei der Maturitätsprüfung gescheitert, wurde von der gesamten biographisch ausgerichteten Berg-Literatur übernommen (vgl. Reich, S. 15).

[17]) Berg an P. Hohenberg, Brief (Sommer 1903) (Kopie in Wiener Stadtbibliothek).

[18]) Wolf wurde auf dem Zentralfriedhof im Ehrengrab beigesetzt. Reich, S. 15, irrt sich in der Jahreszahl.

[19]) Näheres war trotz Durchsicht mehrerer Tagesblätter mit größerem Lokalteil wie z. B. *Neuigkeits-Weltblatt* nicht zu finden.

[20]) Fragebogen, vgl. S. 32, Anm. 5.

Ich bringe nichts zustande - - - das Lied, das ich hier schrieb, ist miserabel[21]*) - - - wieder so ein trauriges Gebrumm!!!! ... Der 13. Juni [19]03*[22]*) hat mir meine ganze Lust abgeschnitten — ich bin ein öder Mensch - - - es liegt wie eine große Schuld auf mir ...*"[23])

Im Spätherbst desselben Jahres sprach er Watznauer gegenüber von einem *„alten Lebensschmerz, der an mir wie ein altes Erbübel klebt"*. Dieses Schreiben ist ein aufschlußreiches Dokument einer fast krankhaften Depression: *„Dann zog's mich zum Clavier. Ich wollte den Eindruck festhalten, den das Gedicht von Hofmannsthal in mir wachrief*[24]*) ... ich las dann in ‚Dichtung und Wahrheit' — doch es bereitete mir wenig Vergnügen —! Endlich wurde es Abend. — Zu meinem seelischen Leid fügte sich noch ein physisches - - - dann noch ein wenig Musik: Griegs herrliche Herbstouvertüre — So recht für meine Stimmung passend - - - dann viel Schönes aus Dalibor*[25]*) - - - ... Griff zu irgendeinem Buch - - - Es war ‚Starke Frauen' von Prévost — doch das machte mich nur noch unglücklicher - - - Ich hielt mich für ideal, fand aber wie unideal — wie fleischlich sinnlich ich bin! ... Nach dem Nachtmahl spielte Smaragda Lyrische Stücke von Grieg und das tat mir himmlisch wohl ...*"[26])

In Bergs Aussagen aus diesen Jahren, die auch Einblick in sein musikalisches Repertoire geben, findet sich häufig der Name Edvard Grieg. Stand er dessen Schaffen wohl besonders nahe, fühlte er sich doch grundsätzlich von nationalen Elementen in der Musik angesprochen, und so war es nicht nur skandinavische, sondern auch französische, slawische und russische Musik, der er den Vorzug gab. Einer seiner Lieblingskomponisten war neben Grieg beispielsweise der aus Riga stammende und der russischen Volksmusik sehr verbundene Nicolai v. Wilm, dessen Suite *Eine Nordlandschaft* er als *„wunderschön, das schönste, was ich bis jetzt in Suitenform gehört"* beschrieb. Zu den Meistern der deutschen und österreichischen Klassik hatte er hingegen ein eher gestörtes Verhältnis. Mozart hielt er in der Regel für *„geistlos"*, Haydn, für den er sich nur wenig interessierte, war für ihn *„sehr liebe, nette, flüssige Musik"*, Schubert *„enttäuschte"* ihn, und einzig allein Beethovens Kammermusik rang ihm Hochachtung ab. In der deutschen Romantik hatten Schumann, Brahms und Wagner für ihn einen festen Platz, aber er verschloß sich auch nicht den spätromantischen Ausflüssen, wie sie sich beispielsweise in Wilhelm Kienzls *Don Quichote* manifestierten. Beeindruckt zeigte er sich von den sinfonischen Dichtungen von Richard

---

[21]) *Schattenleben* über einen Text von Graf.
[22]) Datum der Schlußklassifikation.
[23]) Brief v. 16. 7. 1903 (Pierpont Morgan Library, New York).
[24]) *Ballade des äußeren Lebens* (?).
[25]) *Dalibor* von L. Delibes.
[26]) Der Brief ist am Todestag von Borgfeldt, eines Geschäftsfreundes des Hauses Berg (a. a. O.), am 20. November 1903 geschrieben (Original Pierpont Morgan Library, New York). Bei Reich, S. 14, ist irrtümlicherweise das Jahr 1902 angegeben (zum Tod Borgfeldts siehe auch *Neue Freie Presse*, Wien, 26. 11. 1903).

Strauss, und Mahler fand er *„sehr dankbar".* In dessen *Klagendes Lied* sah er zwar *„keine enorme Technik",* hielt es aber *„für 20 Jahre ein Kunstwerk".*

Berg hat über sein sich selbst — und oft gemeinsam mit seiner Schwester Smaragda — erarbeitetes musikalisches Repertoire genau Buch geführt. Ein dreibändiges Verzeichnis von seiner Hand liegt vor (Abdruck in alphabetischer Reihenfolge nach Komponisten im Anhang 3), worin die Orchester- und Kammermusikwerke angeführt sind, die er am Klavier durchgespielt und zu denen er persönlich Stellung bezogen hat. (Gleichwertiges über seine Kenntnis der Opern-Literatur ist leider nicht bekannt. Nur einige wenige Opern-Titel wurden in das erwähnte dreibändige Verzeichnis aufgenommen [siehe dort]. Sein älterer Bruder Charly hatte zwar eine Art Tagebuch über die mit ihm gemeinsam besuchten Opernaufführungen angelegt, doch ist dieses verlorengegangen.)[26a]

Die Wiederholung der VII. Klasse bereitete keine weiteren Schwierigkeiten. Um einem weiteren Fiasko in Deutsch aus dem Wege zu gehen, ließ Berg sich bei Hausarbeiten und Aufsätzen von seinem Freund Hohenberg helfen. In der Korrespondenz mit diesem wird mehrmals dieses Thema angeschnitten. So heißt es in einem Schreiben vom 14. Oktober 1903: *„Es betrifft ... den Aufsatz für die Schule ... Ich habe ihn gar nicht angeschaut — indem ich meine Faulheit mit Deinem freundlichen — resp. freundschaftlichen Anerbieten rechtfertigte."*[27] Als Hohenberg diese Arbeit dann bei Berg abliefern wollte, traf er ihn nicht an, worauf Berg wieder sichtlich nervös drängte: *„Ich muß ihn wirklich recht recht bald haben!! Samstag ist ja der Abgeb'-Tag."*[28] Der Erfolg blieb nicht aus, denn Hohenbergs Aufsatz — wohl einer von mehreren — trug ihm ein *„lobenswert"* ein: *„So ein „l o b e n s w e r t"* — schrieb Berg im Dezember seinem Freund — *„ist zu verlockend in einer Hausarbeit - - - Und darum schreib' ich Dir! Ich hab' nähmlich auf Deinen Aufsatz lobenswert bekommen und habe jetzt rechte Angst bei der nächsten, wenn ich sie a l l e i n machte — nicht genügend zu bekommen. So bitt ich Dich denn: willst Du mir wieder helfen??!?!! — Das Thema ist D e r r i c h t i g e W e g z u r S e l b s t e r k e n n t n i s."*[29] Berg selbst begnügte sich mit Anhaltspunkten für seinen Freund, hielt diese aber *„natürlich für Professorengeschwätz"* und gab ihm den Rat: *„Mach es — wie Du willst!"* Auch im zweiten Semester des letzten Schuljahres mußte Hohenberg wieder helfend einspringen. Bergs Briefe zeigen dies in aller Deutlichkeit. *„Wieder ein Aufsatz!"* heißt es im Frühjahr 1904, *„Und wieder das alte Bettellied: Hilf mir! Bitte!!!! Der vorige Aufsatz, den ich ohne Dich gemacht habe ist nicht classificiert, da er überflüssig war. — Aber der n e u e ist wieder von größter Wichtigkeit: ,Welche sind die Ziele des Menschen', das ist das Grund-Thema und als M o t t o (nicht Thema) ,den*

[26a] Das Original befand sich ehemals im Besitz von E. A. Berg, Wien.
[27] Berg an Hohenberg, Brief v. 14. 10. 1903 (Kopie in Wiener Stadtbibliothek).
[28] Ebenda.
[29] Berg an Hohenberg, Brief v. 4. 12. 1903 (Kopie in Wiener Stadtbibliothek).

*schlechten Mann muß man verachten, der nie bedachte, was er vollbracht'.
Somit ist der Titel ganz überflüssig und unpassend zum Thema, aber er
will's so.*"[30])

Im Mai 1904 trat Berg zur Maturitätsprüfung an. Die schriftliche Prüfung begann am 2. Mai im gefürchteten Unterrichtsfach Deutsch. Im Maturi-
tätsprotokoll ist zu lesen: *„Zur Prüfung sind um 8 Uhr folgende Kandi-
daten erschienen: Baum, Berg, Boyer . . . Der Direktor macht die Kandida-
ten nochmals auf die Folgen des Unterschleifs aufmerksam und er öffnet dann
in Gegenwart der Professoren . . . das unverletzt befundene Fragenkuvert
und diktiert die gewählte Aufgabe . . .*"[31]) Das Thema in Deutsch lautete:
Wissenschaft ist Macht. Die weiteren schriftlichen Prüfungstermine waren:
Französisch am 3. Mai, Mathematik am 4. Mai, Englisch am 5. Mai, Darstellende Geometrie am 6. Mai und Französisch-Deutsch am 7. Mai. Bergs
Arbeiten wurden in Französisch-Deutsch, Englisch und Mathematik mit
„befriedigend" klassifiziert, die übrigen Fächer bestand er mit *„genügend"*.
Am 8. Juli fand die mündliche Prüfung statt, worüber gleichfalls ein Protokoll vorliegt[32]). Er wurde in Französisch, Geschichte, Mathematik und Physik geprüft und bestand insbesondere in Mathematik und Physik mit *„knapp
genügend"*. Am 10. Juli wurde ihm das Zeugnis der Reife ausgefolgt[33]). Als
Berufsziel gab er *„Technik"* an.

Nach bestandenem Abitur reiste er gleich auf den Berghof, wo er den
Sommer endlich ohne Gedanken an die Schule verbringen konnte. An
Watznauer berichtete er über die vielen kleinen Ereignisse in seinem Leben
auf dem Berghof, vieles, was in den familiären und nachbarlichen Kreis
hineinspielt. Dann aber finden sich wieder Stellen in seinen Briefen, die
einer Beachtung wert sind. Am 1. August 1904 gab er Watznauer beispielsweise eine Schilderung seines Zimmers und kam dann — wie so häufig —
auf literarische Interessen zu sprechen. *„Ich sitze allein auf meinem Zimmer — vor mir im Eck ist Papas Büste — weiter vorn mein Lieblingslied
von Beethoven, dann Brahms Statue - - links und rechts davon Bildnisse
von Mahler und Ibsen, meine lebenden Ideale. Auf meinem Nachtkästchen
steht noch Beethovens Statue und darüber hängt mein Lieblingsgemälde:
Correggio's Jupiter und Jo . . .*"[34])

Einzelnes komponierte er, wie beispielsweise *Grabschrift* über einen Text
von Jakobowski[35]). Ein Goethe-Lied blieb unvollendet[36]).

---

[30]) Berg an Hohenberg, Brief (Frühjahr 1904) (Kopie in Wiener Stadtbibliothek).
[31]) Protokoll im Besitz des Bundesrealgymnasiums, Wien I, Schottenbastei 7.
[32]) Vgl. Anm. 31.   [33]) Siehe Anhang 2.
[34]) Pierpont Morgan Library, New York.
[35]) Fragebogen, a. a. O. — In diese Zeit fällt im übrigen auch die Komposition einer
Klaviersonate — nicht identisch mit der späteren *Sonate op. 1!* —, die im Fragment
erhalten geblieben ist (Original in der Musiksammlung der Österreichischen Nationalbibliothek). Auf Watznauers Fragebogen scheint dieses Werk nicht auf. Watznauer
wußte offensichtlich nichts davon, und wahrscheinlich hat auch Berg später dieses
frühe Instrumentalwerk einer Erwähnung nicht für wert gehalten.
[36]) Vgl. Anm. 34.

Im Herbst begann ein neuer Abschnitt in seinem Leben: er trat in das Amt der niederösterreichischen Statthalterei ein und kam als Schüler zu Arnold Schönberg[37]).

Das Kapitel Schulzeit ist mit einem kurzen Anhang abzuschließen, in dem Bergs ungewöhnliches Interesse an der Literatur — er besaß übrigens eine Zitatensammlung[38]) — aufgezeigt werden soll. Bevor Berg den Weg zur Musik bzw. Komposition fand, *„wollte er Dichter werden"*[39]). Er schrieb Epen, zu denen ihn die jeweilige Schulliteratur anregte, darunter befand sich auch ein vollständiges Bergwerk-Drama, das unter dem Einfluß der Lektüre Ibsenscher Dramen entstand[40]). Überdies ist in diesem Zusammenhang der Hinweis von Interesse, daß er als Kind auch zeichnete und malte. Porträts von seiner Hand, die noch aus späterer Zeit stammen, haben sich erhalten[41]). Seine besondere Liebe galt *„seit den ersten Tagen der Secession"* übrigens dem Werk Gustav Klimts[42]). In der Literatur waren seine Lieblingsdichter — während seiner Schulzeit — Shakespeare, Goethe und Ibsen[43]). Ibsen zählte er, wie bereits erwähnt, zu seinen großen Vorbildern[44]).

Die Benotung seiner Leistungen in der Deutschen Sprache von seiten der Schule steht in krassem Gegensatz zu seinen tatsächlichen Kenntnissen, denn Berg war sehr belesen. Mit seinem älteren Freund Watznauer führte er Gespräche über die Literatur und äußerte sich darüber in seitenlangen Briefen[45]). Seine Empfänglichkeit für ein Kunstwerk war dieselbe, ob es sich nun um Musik, Malerei oder Literatur handelte: *„Hör ich nur den Namen ‚Neunte'*[46]) — *welch' herrlich Gemisch von Empfindungen regen sich in meiner Brust - - - oder gar die ‚letzten Quartette' - - - wie Marmorquader fühl' ich da in meiner Brust. Und so ist es auch im 1. Moment des Erinnerns an irgend ein Kunstwerk der Poesie - - - ‚Werthers Leiden' ... ‚Iphigenie', ‚Tasso', ‚Wallenstein' ... Ibsens Meisterdramen."*[47]) Und dann begründete er dieses Ergriffensein noch mit Worten, die das kennzeichnen, worum er sich später bei seinen eigenen Kompositionen so sehr bemühte: *„Die Vermeidung alles Überflüssigen - - - der feste, unerschütterliche Aufbau"* zeichne diese Kunstwerke aus.

Seine Begeisterung vor allem für Ibsens Dramen teilte sich auch seinem Freundeskreis mit. In den Sommermonaten, die er meistens auf dem Berg-

---

[37]) Vgl. S. 32 f.
[38]) Berg an Watznauer, Brief v. 16. 7. 1903 (Pierpont Morgan Library, New York).
[39]) Berg an Webern, Brief v. 18. 7. 1914 (Wiener Stadtbibliothek).
[40]) Ebenda.
[41]) Originale vormals im Besitz von E. A. Berg, Wien.
[42]) Berg an Webern, Brief v. 14. 8. 1910 (Wiener Stadtbibliothek).
[43]) Vgl. Anm. 38.
[44]) Vgl. Anm. 34.
[45]) Originale in Pierpont Morgan Library, New York.
[46]) IX. *Symphonie* von L. v. Beethoven.
[47]) Vgl. Anm. 38.

hof verbrachte, wohin auch die mit dem Geschäftspartner Borgfeldt[48]) befreundete Familie Semler kam, las er mit den Töchtern dieser Familie mehrmals Stücke von Ibsen in verteilten Rollen. An Watznauer schrieb er darüber: *„Wir: Frieda, Nora, Smara u. (Alba) ich[49]) lasen gestern Nachmittag auf einem Satz Ibsens Rosmersholm mit verteilten Rollen ... Es war herrlich ... Du kannst nicht glauben, wie es mich wieder entzückt hat."*[50]) Die *„Spannung"* wäre immer so groß gewesen, daß das jeweilige Stück *„ganz fertig gelesen werden mußte"*[51]).

Wenig sorgfältig wählte er dagegen die Texte aus, die er zu vertonen gedachte. Redlich hat in seinem Verzeichnis der frühen Lieder die Textdichter angegeben[52]). Neben hervorragenden Dichtern wie Peter Altenberg, den er verehrte und mit dem er später auch persönlichen Umgang pflegte, Mörike und Hofmannsthal befinden sich auch Namen wie Monsterberg, Paul Hohenberg, Wilhelm Busse u. a.

Studium an der Universität in Wien und Rechnungspraktikant im Amt der Niederösterreichischen Statthalterei

Am 18. Oktober 1904 begann Berg seine Tätigkeit im Amt der Niederösterreichischen Statthalterei, zu der er sich auf Wunsch seiner Mutter entschlossen hatte[1]). Mit dem Dienst eines Landesbeamten verband sich der Gedanke an ein geregeltes Einkommen, das die Familie Berg nach dem Tod des Vaters dringend benötigte. Berg bezog dort jedoch erst nach *„einer einjährigen vollkommenen befriedigenden Probepraxis"*[2]) ein jährliches Adjutum von 600 Kronen. Zugleich hatte er sich zu verpflichten, nach diesem Probejahr eine Prüfung über Staatsverrechnungswissenschaft nachzuweisen. Dies war der Grund, warum er am 18. Oktober 1904 an der Wiener Universität *Staatsverrechnungswissenschaft* bei Professor Gustav Seidler inskribierte[3]). In den Akten der Universität begegnet sein Name letztmalig im Sommer-Semester 1905 mit Datum vom 2. Mai, wo er sich wiederum für den Besuch der Vorlesungen von Seidler eintragen ließ. Mit Ende des Sommer-Semesters 1905 wird er die Prüfung abgelegt haben, da diese Voraussetzung für eine besoldete Stelle als Praktikant im Amt der Statthalterei war.

---

[48]) Vgl. S. 16.
[49]) Die Verkürzung von Alban und Smaragda ist kennzeichnend für seine Begeisterungsfähigkeit.
[50]) Vgl. Anm. 38.
[51]) Vgl. Anm. 34.
[52]) Über Bergs frühe Liedkompositionen gibt es wichtige Arbeiten von N. Chadwick: A Survey of the Early Songs of Alban Berg, Diss. Oxford 1971 (unveröffentlicht); Berg's unpublished Songs in the Österreichische Nationalbibliothek, in: *Music and Letters*, April 1971.

[1]) Dafür waren finanzielle Gründe maßgebend; vgl. S. 16.
[2]) Die Unterlagen über Bergs Tätigkeit im Amt der Nö. Statthalterei befinden sich unter der Protokollzahl 2464/1—4 im Niederösterreichischen Landesarchiv in Wien.
[3]) Nationale (Immatrikulierungsakte) Juristen 1904/05 (Universitätsarchiv, Wien).

Bergs Aufgabenbereich in der Niederösterreichischen Statthalterei war nicht näher zu klären. Da er die unterste Stufe bekleidete, findet sich sein Name verständlicherweise nicht in den Aktenaufzeichnungen aus diesen Jahren. Hingegen haben sich Schriftstücke erhalten, die seine Bewerbung, seine *„Beeidigung"* und schließlich seine Dienstresignation beinhalten. Aus diesen wird nun im folgenden zitiert[4]).

Berg hat sich am 28. September 1904 beim k. k. Statthalterei-Präsidium um die Aufnahme als Praktikant im Rechnungs-Departement der k. k. Niederösterreichischen Statthalterei beworben. In dem eingeholten Bericht der Polizeidirektion wurde mit Datum vom 8. Oktober 1904 vermerkt, daß *„gegen den absolvierten Realschüler Alban Berg ... nach Wien zuständig, katholisch, ledig, VII, Breitegasse 8 bei der Mutter Johanna Berg, Inhaberin der protokollierten Firma Konrad Berg, Kunst- und Buchhandlung I, Milchgasse 2 wohnhaft, in moralischer und politischer Beziehung Nachteiliges hierorts nicht vorgemerkt sei und die Familie in guten Verhältnissen lebe: Johanna Berg hat ungefähr 100.000 Kronen Vermögen"*.

Dieser Sachverhalt wurde an den Vorstand des Präsidialbüros, den Hilfsämterdirektor und den Rechnungsdirektor zugleich mit der Dienstzuweisung Bergs an die Abteilung VI mitgeteilt: *„Derselbe hat im Schuljahr 1895/6 sein Studium an der Staatsrealschule im I. Bezirk begonnen und nach Wiederholung der VI und VII mit Ende des Schuljahres 1903/4 am 8. Juli 1904 das Zeugnis der Reife zum Besuche einer technischen Hochschule erlangt. Nach dem Berichte der Wiener Polizeidirektion ist gegen ihn in moralischer und politischer Beziehung Nachteiliges nicht vorgemerkt. Laut des polizeibezirksämtlichen Zeugnisses ist Berg vollkommen gesund. Dessen Mutter Johanna Berg ist nach dem ordnungsgemäßig ausgestellten Revers in der Lage und gewillt, den Genannten standesgemäß zu erhalten. Alban Berg hat sonach alle zur Aufnahme als Rechnungspraktikant erforderlichen Bedingungen erfüllt. Derselbe wäre für den zur Ableistung des Freiwilligenjahres mit 1. Oktober einberufenen Rechnungspraktikanten Gustav Schindler aufzunehmen ..."* Berg hatte ein mit 27. September 1904 ausgestelltes Gesundheitszeugnis vorlegen müssen, worin bestätigt wurde, daß er *„vollkommen gesund und zur Aufnahme in den Staatsdienst physisch geeignet"* wäre. Der oben zitierte Revers, den Johanna Berg vorzulegen hatte, beinhaltete ihre Verpflichtung, im Falle von Bergs Anstellung im Staatsdienste *„insolange die zu seinem standesgemäßen Unterhalte erforderlichen Mittel zu geben, bis er eine besoldete, zu seinem Lebensunterhalte ausreichende staatliche Anstellung erhalten wird"* (Wien, 28. September 1904). Das Magistratische Bezirksamt in Wien VII hatte dazu den Nachweis erbracht, daß Frau Berg tatsächlich in der Lage war, die im Revers übernommene Verpflichtung vollinhaltlich zu erfüllen.

Am 17. Oktober wurde Berg das Dekret der Ernennung übergeben und am 18. Oktober trat er als Rechnungspraktikant in die Niederösterreichische

---

[4]) Vgl. Anm. 2.

Statthalterei ein. Ein Nachweis über seine Verwendung bei den *Hilfsämtern der k. k. n.ö. Statthalterei* ist bereits mit 7. November 1904 datiert, worin es im weiteren heißt, daß er *„hiebei die Gestion des Einreichungsprotokolles, des Expedits, der Registratur und der Kanzleiabteilungen genau kennengelernt hat"*. Willi Reich beruft sich bei der Erwähnung von Bergs weiterer Amtstätigkeit auf Hermann Watznauer. Nach dessen Aussage hatte Berg sich auch mit der Statistik der Ein- und Ausfuhr von Schweinen und später mit den Alkohol- und Kesselsteuern zu befassen[5]).

Am 2. November 1905 wurde er in die Hände Sr. Excellenz, des Herrn Statthalters Graf v. Kielmansegg, vereidigt. In der Darstellung des Sachverhaltes, der mit 28. Oktober 1905 datiert ist, heißt es: *„Alban Berg wurde mit dem Statthalterdekrete vom 17. Oktober 1904 Pr. Z. 2464/1 zum Rechnungspraktikanten der n.ö. Statthalterei ernannt und hat am 18. Oktober 1904 als solcher die Angelobung der Verschwiegenheit in Amtssachen geleistet. Er hat sonach das erste Dienstjahr vollendet. Seine Leistungen waren bisher sehr zufriedenstellend, sein Verhalten vollkommen korrekt . . ."* Nach dem zweiten Jahr nahm er jedoch seinen Abschied. Offiziell gab er folgenden Grund für sein Ausscheiden an: *„Da ich infolge Kränklichkeit mich jeder anstrengenden Arbeit enthalten muß, sehe ich mich gezwungen, aus dem Staatsdienste auszutreten und bitte daher, das k. k. Statthalterei-Präsidium wolle meine Dienstesresignation zur Kenntnis nehmen . . . Wien, 7. Oktober 1906."*

In Wirklichkeit aber bestimmten andere Gründe diesen Entschluß. Einerseits hatte sich seine finanzielle Aufbesserung durch die Erbschaft der Mutter gebessert, so daß ein geregeltes Einkommen nicht dringend erforderlich war, zum anderen hatte er künstlerische Gründe, die er später seinem Schüler Kassowitz geradezu beispielhaft erläuterte: *„Es gibt nur eines: Ausdauerndster Fleiß und Ernst . . . daß Sie am rechten Weg sind und daß diese Tätigkeit in der Sie ganz aufgehen und in der Sie gleichmäßig, eifrig und strebsam sind, eben Ihr Beruf ist — wir haben das alle durchgemacht und machen es noch mehr oder weniger durch — das, was man tut: so gut als möglich tun, selbst auf die Gefahr hin, daß man davon keinen materiellen Erfolg erzielt. Der ideelle kann nicht ausbleiben und das ist wohl auch der Grund, wenn man die etwas unsichere Laufbahn, in der man Gutes zu tun glaubt, einer sicheren, wo man von jedem Diurnisten oder Commis ersetzt werden könnte, vorzieht. Ich habe nach 2-jähriger Dienstzeit in der Statthalterei ja auch das Komponieren vorgezogen . . ."*[6])

Am 11. Oktober erhielt Berg den Bescheid, daß man seinen Antrag auf Dienstresignation zur Kenntnis genommen hätte und sein Name aus dem Stammbuch gelöscht würde:

---

[5]) Reich, S. 17. Vgl. dazu die im Manuskript vorhandene Berg-Biographie von der Hand Hermann Watznauers aus dem Jahre 1929 (Original in Wiener Stadtbibliothek).
[6]) Brief v. 7. 9. 1914 an G. Kassowitz (Original vormals Antiquar Hassfurther, Wien. Abschrift in Wiener Stadtbibliothek).

„Ich nehme die von Ihnen erklärte, unbedingte Dienstresignation an und enthebe Sie unter Anerkennung des von Ihnen während Ihrer seit 18. Oktober 1904 versehenden Dienstzeit an den Tag gelegten regen Fleißes und Ihrer tadellosen Haltung mit dem heutigen Tage Ihrer Verwendung bei der k. k. n.ö. Statthalterei. Die k. k. n.ö. Landeshauptkasse wird angewiesen, das Ihnen zukommende Adjutum jährlicher 600 k mit 31. Oktober 1906 einzustellen . . .“ Das Schreiben trägt die Unterschrift von Graf Kielmansegg.

II. Alban Berg und Arnold Schönberg

Die Jahre 1904 bis 1911: Bergs Lehrzeit bei Schönberg

Im Herbst 1904 kam Berg als Schüler zu Schönberg. Den Tag des Unterrichtsbeginns genau zu fixieren, konnte bisher nicht gelingen. Berg fand in der *Neuen musikalischen Presse* vom 8. Oktober 1904 eine Anzeige über musiktheoretische Kurse: *„In den Räumen des Mädchengymnasiums in Wien (I. Wallnerstraße 2¹)) werden in der Zeit vom 15. Oktober bis 15. Mai in den Abendstunden (von 5 bis 9 Uhr) Musiktheoretische Kurse abgehalten werden, die Musiker von Beruf und ernsthafte Dilettanten über die Wandlungen und Bereicherungen auf musiktheoretischem Gebiete unterrichten sollen. Vortragende Arnold Schönberg (Harmonielehre und Kontrapunkt), Alexander v. Zemlinsky (Formenlehre und Instrumentation), Dr. Elsa Bienenfeld (Musikgeschichte). Die Zahl der Teilnehmer ist sehr beschränkt. Anmeldungen bis 15. Oktober.“²)* Auf dieses Inserat hin soll angeblich Charly Berg mit Kompositionen seines Bruders zu Schönberg gegangen sein, worauf Schönberg Alban Berg zu sich bestellte³). Bei den Schönberg vorgelegten Kompositionen handelte es sich um Liedkompositionen, und dank einer von Hermann Watznauer verfaßten handschriftlichen Biographie über Berg sind wir unterrichtet, in welche Lieder Schönberg Einsicht genommen hat⁴). Watznauer sandte Berg nämlich im Zusammenhang mit seiner Arbeit an der Biographie eine Art Fragebogen, und auf diesem findet sich in Bergs Handschrift zu den nachstehend angeführten Liedern folgender Vermerk: *„Mit diesen Liedern zu Schönberg gegangen“*. Es handelt sich um folgende Werke: *Es wandelt, was wir schauen* (Eichendorff), *Liebe* (Rilke), *Wandert ihr Wolken* (Avenarius), *Im Morgengrauen* (Stieler), *Grabschrift* (Jakobowski), *Traum* (Semler)⁵).

Die Begegnung Bergs mit Schönberg wird Mitte Oktober 1904 stattgefunden haben. Auf dem erwähnten Fragebogen hat Berg noch zur Frage nach dem Beginn der Studien bei Schönberg angegeben: *„Herbst 1904. Gleichzeitig mit Eintritt in die Statthalterei. Eintritt als Rechnungsprakti-*

¹) Recte: Wallnerstraße 9.
²) Ein Exemplar der Zeitschrift besitzt die Wiener Stadtbibliothek.
³) Reich, S. 17.
⁴) Biographie von der Hand Watznauers (Manuskript) im Besitz der Wiener Stadtbibliothek.
⁵) Handschriftlicher Fragebogen im Besitz der Staatsbibliothek (Preußischer Kulturbesitz), Berlin.

kant Statthalterei 17. 10. 1904."[6]) Eine weitere Quelle ist das Schönberg anläßlich seines 50. Geburtstages (1924) überreichte Album der Schüler mit dem Titel *Dem Lehrer Arnold Schönberg*[7]). Darin sind die Schüler in der zeitlichen Folge nach ihrem Studienbeginn bei Schönberg verzeichnet. In Bergs Handschrift heißt es dort: *„Herbst 1904 Beginn des Unterrichts und von da ab bis zu meiner Verheiratung Mai 1911 und darüber hinaus bis an mein Lebensende Schüler Arnold Schönbergs"*. Berg hatte bis zu diesem Zeitpunkt noch keinen Kompositionsunterricht gehabt und galt als reiner Autodidakt. Für Schönberg war dies kein Hindernis, Berg als Schüler anzunehmen: *„Als Alban Berg im Jahre 1904 zu mir kam, war er ein hochaufgeschossener und äußerst schüchterner Junge. Aber als ich seine Kompositionen durchsah, die er mir vorlegte — Lieder in einem zwischen Hugo Wolf und Brahms schwankenden Stil — erkannte ich sofort, daß er eine echte Begabung hatte. Darum nahm ich ihn als Schüler an, obwohl er damals außerstande war, das Stundenhonorar zu zahlen."*[8]) Schönberg unterrichtete ihn anfangs unentgeltlich, und auch später, als Berg in der Lage war, den Unterricht zu honorieren, richtete er sich nach dessen Vorschlägen: *„Mit Ihren Propositionen über das Honorar bin ich einverstanden. Denn ich verlange von d e n Schülern, die mich irgendwie interessieren, stets nur, daß sie das bezahlen, was ihnen möglich ist, also eventuell auch gar nichts."*[9])

Das erste Lied, das Berg in die Stunde brachte — was gelegentlich neben dem theoretischen Unterricht geschah — war *Furcht* nach einem Gedicht von Palma. In dem erwähnten Fragebogen schrieb Berg dazu: *„Ab hier bereits bei Schönberg und ihm jeweils die privat komponierten Lieder in die Theoriestunden gebracht."* Ferner läßt sich aus seinen Bemerkungen entnehmen, welche der während der Lehrzeit entstandenen Kompositionen Schönberg vorgelegt wurden. Es waren dies die Lieder *Augenblicke* (Hamerling), *Die Näherin* (Rilke), dann ab 1905 *Erster Verlust* (Goethe), *Im Zimmer* (J. Schlaf)[10]), *Aus Pfingsten* (Evers), *Regen* (C. Flaischlein?), *Über den Berg* (Busse), *Über Tag und Nacht* (?), *Vom Ende* (M. Madeleine), *Kleine Blumen* (?), *Ich und du* (Busse), *Fromm* (G. Falke), *Tiefe Sehnsucht* (D. v. Liliencron), *Frau, du Süße* (?), *Süß sind mir die Schollen des Tales* (Knodt), *Er klagt, daß der Frühling so kortz blüht* (A. Holz), *Ballade des äußeren Lebens* (H. v. Hofmannsthal)[11]), die *Sonate op. 1*, *Schlafen, schlafen* aus *op. 2 (Nr. 1)*, *Der Glühende* (Mombert)[12]) und als letztes bei Schönberg komponiertes Werk das *I. Streichquartett op. 3*. Zu *Sahst du*

---

[6]) Vgl. S. 28. Bergs Eintritt in das Amt der nö. Statthalterei ist mit 18. Oktober bekannt.
[7]) Original im Schönberg-Nachlaß, Los Angeles.
[8]) Original (englisch) im Schönberg-Nachlaß, Los Angeles; Redlich, S. 329.
[9]) Schönberg an Berg, Brief v. 15. 9. 1906 (Nachlaß Berg, Wien). Schönberg-Gedenkausstellung, S. 188.
[10]) Aufgenommen in die *Sieben frühen Lieder* (Nr. 1).
[11]) Vgl. Redlich, S. 330 f.
[12]) Das Originalmanuskript besaß der im Juli 1977 verstorbene Fritz Heinrich Klein, Linz.

nach dem Gewitterregen aus *op. 4* vermerkte Berg: *„Ab hier selbständig"*.

Es ist auffallend, daß Berg in den Jahren vor der Lehrzeit bei Schönberg fast nur Lieder komponierte und sich anfangs auch bei Schönberg der Gattung der Liedkomposition nicht verschließen konnte. Schönberg sprach einmal Hertzka gegenüber von diesem *„Zustand"* Bergs: *„... In dem Zustande, in dem er zu mir gekommen ist, war es seiner Phantasie scheinbar versagt, was anderes als L i e d e r zu komponieren. Ja selbst die Klavierbegleitungen zu diesen hatten etwas vom Gesangstil. Einen Instrumentalsatz zu schreiben, ein Instrumentalthema zu erfinden, war ihm absolut unmöglich. Sie können sich vorstellen, welche Mittel ich aufgewendet habe, um diesen Mangel im Talent zu beheben. Gewöhnlich gelingt das Lehrern absolut nicht, weil sie gar nicht erkennen, wo das Problem steckt, und da entstehen dann Komponisten, die nur für ein einziges Instrument denken können ... Ich habe diesen Mangel behoben und bin überzeugt, daß Berg sogar später sehr gut instrumentieren wird ..."*[13]) In welcher Weise dieser Mangel behoben wurde, beweist ein umfangreiches Konvolut mit Instrumentalkompositionen, das sich im Berg-Nachlaß gefunden hat. Schönberg ließ ihn demnach vorwiegend kleine Klavierstücke schreiben, die auf rein instrumental entworfenen Themen basieren.

Berg hatte bei Schönberg den ganzen musiktheoretischen Kurs zu absolvieren. In den erhaltenen Aufgabenheften[14]) finden sich Kontrapunkt- und Harmonielehre-Übungen und zu diesen namentlich eine Reihe von Modulationsbeispielen. Nur an wenigen Stellen ist Schönbergs korrigierende Hand zu sehen, was auf die glänzende Arbeitsweise Bergs hindeutet. Schönberg hat in diesen Jahren besonderen Wert auf die Harmonielehre gelegt, und so reifte auch sein Plan eines eigenen Lehrbuchs.

In diesem Lehrbuch folgte er dann sogar im Detail dem Aufbau seines Kurses, wie den handschriftlichen Aufzeichnungen Bergs zum Harmonielehre-Unterricht zu entnehmen ist. Im einzelnen sieht dies in Form einer tabellarischen Darstellung wie folgt aus:

BERGS *Harmonielehre-Hefte* (3 Hefte)   SCHÖNBERGS *Harmonielehre*
(Ausgabe Universal Edition, Wien 1911)

[Heft I]

Unterrichts-stunde	Paginierung von Berg	Seite der *Harmonielehre*
1		9
2		20
3		36
4		34—36
5		35

[13]) Brief v. 5. 1. 1910 an Hertzka (Universal Edition, Wien); Schönberg, Briefe, Nr. 1.
[14]) Nachlaß Berg, Wien.

Unterrichts-stunde	Paginierung von Berg	Seite der *Harmonielehre*
	6	36—37, 40
	7	
	[8]	44
	9	44
	10 [Aufgabe]	
	11	45
	12	44
	13	44
	[14]	45
	15	
	[16]	
	17	49
	[18]	51
	19	52
	[20]	52
	21	53
	[22]	52
	23	53
6te	24	59 f.
	25	61
	26	
	27—31	64—67
7te	32—39	66
	40	64
	41	
8te	42—49 [Oktavenparallelen]	
9te	50—53 [Oktavenparallelen]	
	54	83
10te	55—56	84 f.
11te	„nur am Klavier probiert"	
12te	57—60	84 f.
	61	88
	62—63 „Aufgabe-Sätze damit"	
13te	64—69	
	70	85
14te	71—73	111
[15te ?]	74	
	75—78	115
16te	79—81	115
17te	82	115
	83—87	121—125

[Heft II]

Unterrichts-stunde	Paginierung von fremder Hand	Seite der *Harmonielehre*
18te	5—8	124
19te	9—10	124
20te	11—14	125—127
21te	15—19	128
[22te ?]	20—22	128

Unterrichts-stunde	Paginierung von fremder Hand	Seite der *Harmonielehre*
23te	23	128
24te („*erste nach den großen Ferien*")		
	24—25	128 f.
25te	26—34	129—136
[Zählung der Unter-richtsstunden entfällt im folgenden]		
	35—41	142—162
	43—47 [am Ende: „*fehlend*"]	
	47—55	143—148
„Stunde"	56—65	147—153
„Stunde"	66—75	153—160
„Stunde"	77—84	164—168
„Stunde"	84—85	165—168
	86—89	169, 176—178
	90	180
	92	183—185
	98—102	185—191

[Heft II schließt mit dem Quintenzirkel; vgl. Kapitel *Modulation* in der *Harmonielehre*]

[Heft III]

Paginierung von fremder Hand	Seite der *Harmonielehre*
3—5	190—192
6—30	192—212
32—35	214—222
36—38	229—230
39—40	231—237
41—47	238—242
48—50	318—341
51—52	342—343
53	243
66—70	296 ff.
71—72	342 f.

Was Schönberg einen Schüler lehrte, war das Gefühl für gute Akkord-folgen. Er hat seine Schüler nie angehalten, nach der Generalbaßmethode Stimmen auszusetzen. Von vornherein ließ er sie die Akkordfolge selbst bestimmen, ließ sie einfachste Sätze schreiben und so von Anfang an selbst komponieren. Mit Hilfe seiner Anleitungen entwickelten sie das harmonische Formgefühl und das Verstehen der richtigen Anwendung der Mittel. Zuerst hatte der Schüler die Tonart zu finden und zu festigen, was in der Kadenz erfolgte. Daraufhin wurde das Verlassen der Tonart, die Modulation, geübt. Dieser Bereich nahm einen großen Raum ein. Schönberg wendete der

Modulation die größte Aufmerksamkeit zu, denn darin sah er das Wesentliche des Architektonischen und Konstruktiven des Harmonisierens. Er ließ dem Schüler Zeit, sich vorzubereiten und langsam in diese Aufgabe hineinzuwachsen. Er zeigte möglichst viele Modulationsmittel und nicht nur den Weg über den Dominantseptakkord oder verminderten Septakkord auf. Harmonielehre war für ihn ein Teil der Kompositionslehre, sie war Anregung zum Weiterschaffen und nicht fruchtlose Analyse bestehender Gesetzmäßigkeiten. Schönbergs Unterricht gab unentwegt Anregungen, wies auf Zusammenhänge hin und vermittelte Eindrücke, die über den Gegenstand hinaus auch persönlich von Bedeutung wurden[15]). Man darf hier Reichs Aussage bekräftigen, daß *„Bergs ganzes Künstlertum durch Schönberg die wichtigste Prägung erfuhr ... Unter der Leitung Schönbergs machte Berg rasche Fortschritte — nicht nur im Musikalischen, auch in seiner ganzen geistigen Entwicklung.“*[16])

In der Kontrapunktlehre folgte Schönberg dem Lehrbuch von Bellermann[17]), und die erhaltenen Übungsbeispiele sind Zeugnisse dafür, daß Berg sich allmählich alle Gattungen des mehrstimmigen kontrapunktischen Satzes aneignete.

Berg nahm in diesen Jahren auch regen Anteil am Wiener Kunst- und Konzertleben. Nicht nur, daß er in seiner Verehrung für Gustav Mahler häufig Aufführungen der Wiener Oper unter Mahler und Aufführungen Mahlerscher Werke beiwohnte — ein kleiner Beweis dieser Verehrung ist der von ihm verfaßte Klavierauszug zu Mahlers Lied *Erinnerung*[17a]) —, auch an literarischen Veranstaltungen zeigte er sich interessiert. Vermutlich kam er über Schönberg zu Karl Kraus. Wie Schönberg wurde er ein begeisterter und wohl noch leidenschaftlicherer Leser der *Fackel.* Am 29. Mai 1905 wohnte er im Alten Trianon-Theater einer Veranstaltung bei, die Kraus initiiert hatte und die für Berg in späteren Jahren von Bedeutung wurde. Vor geladenem Publikum fand eine Vorstellung der *Büchse der Pandora* von Wedekind statt. Auf dem Sitzplan für die Gäste dieser Veranstaltung, der sich im Nachlaß von Karl Kraus gefunden hat, sind Alban Berg und sein Bruder Hermann eingetragen[18]). Wedekind wirkte selbst mit — er spielte den Jack —, und die Lulu wurde von Tilly Newes dargestellt. *„Zur Einleitung des Abends hielt Kraus (der die Rolle des Kemper Pote verkörperte) eine einleitende Rede, in der er über Wedekinds Dichtung sprach ... Zweifellos mußten den Musiker Berg zutiefst einige Sätze dieser Rede berührt haben, die ... auf opernhafte Elemente der Wedekindschen Dramatik hinwiesen ...“*[19])

---

[15]) Vgl. dazu auch die Aussage von Ernst Kraus, Schönberg-Gedenkausstellung, S. 224.
[16]) Reich, S. 18.
[17]) Heinrich Bellermann, Der Contrapunkt, Berlin 1862.
[17a])Bisher ungedruckt. Original im Berg-Nachlaß.
[18]) Original in Wiener Stadtbibliothek.
[19]) A. Rosenzweig, Lulu von A. Berg, in: *Der Wiener Tag*, Wien, 5. 6. 1937.

Im Mai 1906 war es dann die österreichische Erstaufführung der *Salome* von Richard Strauss in Graz, bei der er anwesend war[20]). Aber auch Schönberg, Zemlinsky und Mahler waren aus diesem Anlaß nach Graz gereist.

Im Oktober 1905 war die Familie Berg nach Hietzing in das Haus der Julia Weidman (Hietzinger Hauptstraße 6) gezogen. *„Der Geisteszustand meiner Tante war ein so bedenklicher, daß sich Mama gezwungen sah, ihre Schwester in ihre Obhut zu nehmen, weshalb wir also nach Hietzing zogen"*, berichtet Berg seinem Freund Hohenberg[21]). Zu dieser Villa gehörte ein Gartenhäuschen, das für ihn gleichsam zu einem *„Komponierhäuschen"* wurde, wo er laut Mitteilungen von Reich und Mitgliedern der Familie Berg[22]) tagsüber bei geschlossenen Läden mit Übereifer komponierte. Es waren Monate höchster künstlerischer Exaltation, die auch im Briefwechsel mit Watznauer zum Ausdruck kam. Seine Briefe sind affektbeladen, weitschweifig und befassen sich immer wieder mit seinen Lieblingsthemen: Literatur, Musik und Natur. So heißt es 1906 in einem Schreiben an seinen Freund, mit dem er in eine Kontroverse über seine Einstellung zur Natur geraten war: *„... Ich verehre die Natur fanatisch und betrachte sie in vielem als Lehrmeisterin ... So gehöre ich eben zu der Kategorie von Menschen, die den umgekehrten Weg zur Naturerkenntnis gehen. Diese finden als Exempel, daß seitdem die Maler die Erdschollen violett, die fernen Berge blau malen, die Natur tatsächlich so geworden ist ... (er wäre) schon lang ... der Naturschönheit verwachsen. Sie ist die Basis meiner Existenz ... Viele von mir gelesene Bücher (haben) in mir jene Naturverehrung hervorgerufen — besser gesagt — erweckt, und dafür danke ich ihnen und verehre sie — von Goethe abwärts bis Altenberg ..."*[23])

Ein künstlerisches Ereignis, das ihn gewaltig aufrührte, war die Uraufführung der *Kammersymphonie op. 9* und des *Streichquartetts op. 7* von Schönberg im Februar 1907 unter Arnold Rosé. Aufgebracht durch die Skandalszenen, die sich dabei abspielten und längere Zeit die Presse beschäftigten[24]), schloß er sich noch enger an seinen Lehrer an. *„Ich bin wahnsinnig beschäftigt, da zu meinem gewöhnlichen Pensum die letzten Wochen noch unzählige Proben dazukamen zu Aufführungen verschiedener Werke meines Lehrers (Lieder Abend, Quartett bei Rosé, Kammersymphonie von Opernmitgliedern)"*, schreibt er im Februar 1907 an Hohenberg, und weiter heißt es dort: *„J e t z t hab ich fast täglich Chorproben, da Sonntag den 24. unser Konzert ist (Eschenbachgasse, Saal des Architektenvereins). So siehst Du, daß meine Zeit überfüllt ist mit Arbeit und Musik ..."*[25])

---

[20]) Postkarte v. 16. 5. 1906 an H. Watznauer mit Unterschrift Bergs (Pierpont Morgan Library, New York).

[21]) Berg an P. Hohenberg, Brief v. 27. 10. 1905 (Kopie in Wiener Stadtbibliothek).

[22]) Reich, S. 19; ferner Mitteilung von E. A. Berg, Wien.

[23]) Berg an Watznauer, Brief v. 18. 10. 1906 (Pierpont Morgan Library, New York).

[24]) Vgl. u. a. *Illustriertes Wiener Extrablatt*, 7. 3. 1907.

[25]) Berg an P. Hohenberg, Brief v. 17(?). 2. 1907 (Kopie in Wiener Stadtbibliothek).

Schönberg leitete in der Saison 1906/07 für kurze Zeit den *Chormusikverein*, und Berg wirkte dort als Bassist mit[26]). Am 24. Februar 1907 fand ein Chorkonzert dieses Vereins unter Schönbergs Leitung statt[27]). Berg war unter den Mitwirkenden. Das Programm umfaßte vornehmlich ältere Werke, wie J. Haydn *(Du bist's, dem Ruhm und Ehre gebühret)*, H. L. Haßler *(Jungfrau dein schön gestalt)*, L. Senfl *(Dich meiden, zwingt)*, F. Mendelssohn-Bartholdy *(Auf dem See, Die Nachtigall)*, C. H. Graun (Doppelfuge aus *Tod Jesu*), J. S. Bach *(Komm, Jesu, komm)*, J. Brahms *(Sehnsucht, Nächtens, Zigeunerlied)* u. a. Mit diesem Konzert war Bergs Mitwirkung im *Chormusikverein* noch nicht beendet. In einem Schreiben vom März 1907 heißt es: *„Donnerstag 7 Uhr hab ich wieder Chorprobe, bei der ich unmöglich fehlen kann; denn wir geben demnächst im Ansorge-Verein-Eichendorf[f]-Abend einige Chöre ‚zum B e s t e n‘, die studiert werden müssen!"*[28])

Im Sommer 1907 beendete Berg bei Schönberg die Kontrapunktstudien, die von einfachen zweistimmigen Sätzen bis zu komplizierten Beispielen reichten. Schönberg hat bestätigt, daß er mit Berg schwierige Beispiele gearbeitet hat[29]).

Im Juli 1907 berichtete Berg an Frida Semler, Tochter eines amerikanischen Geschäftsfreundes, die in den Sommermonaten 1903 und 1904 auf dem Berghof als Gast geweilt hatte: *„ . . . Heuer beendigte ich bei Schönberg die Kontrapunktstudien und freue mich sehr, seine Zufriedenheit — wie ich durch Zufall erfuhr — erlangt zu haben. Nun geht's im folgenden Herbst auf die ‚Komposition‘. Über Sommer soll ich fleißig arbeiten, teils drauf los komponieren (ich mach' jetzt so für mich eine Klaviersonate), teils Kontrapunkt wiederholen (sechs- bis achtstimmige Chöre und eine Fuge mit zwei Themen für Streichquintett und Klavierbegleitung). — Es macht mir natürlich viel Freude . . . Freilich gewinnt man durch Schönbergs enormes Können einen grandiosen Überblick über die ganze Musikliteratur und ein gesundes und richtiges Urteilsvermögen. Und das ist gut! Denn bei dem Vielen, was jetzt zusammenkomponiert wird und auch von Zeitung und Publikum gepriesen wird, wird der Geschmack nur zu leicht korrumpiert. Das wirklich Gute erringt ja doch nur spät Anerkennung . . ."*[30])

Den Sommer 1907 verbrachte Berg auf dem Berghof und arbeitete an der *Sonate* und an der Komposition von *Das war der Tag der weißen Chrysanthemen* nach einem Gedicht von Rilke[31]). Die Arbeit an der *Sonate* ging

---

[26]) Im Berg-Nachlaß befindet sich ein Vordruck einer Beitrittserklärung für den Chormusikverein; vgl. ferner Reich, S. 20.

[27]) Programmzettel im Berg-Nachlaß.

[28]) Berg an P. Hohenberg, Brief v. 5. 3. 1907 (Kopie in Wiener Stadtbibliothek). Ein Programmzettel, dem Datum und Programmfolge zu entnehmen wäre, hat sich bis jetzt noch nicht gefunden.

[29]) Siehe weiter unten, S. 40.

[30]) Zit. nach Reich, S. 20 f. (Original heute in Library of Congress).

[31]) Briefe an seine Frau, Nr. 6.

ihm nicht so rasch von der Hand und machte ihm auch noch im kommenden Jahr zu schaffen. Hier ist der Platz, das von Reich als *Zeugnis des Lehrers* bezeichnete Schriftstück zu zitieren, das Schönberg rückblickend für die Berg-Monographie von Reich zu schreiben beabsichtigte und das nur Fragment blieb[32]).

Darin erläutert und analysiert der Lehrer mit wenigen prägnanten Worten die Entwicklung seines Schülers:

„Schon aus Bergs frühesten Kompositionen, so ungeschickt sie auch gewesen sein mögen, konnte man zweierlei entnehmen. Erstens, dass Musik ihm eine Sprache war und dass er sich in dieser Sprache tatsächlich ausdrückte; und zweitens: Überströmende Wärme des Fühlens. Er war damals etwa achtzehn Jahre alt, das ist lange her und ich kann nicht sagen, ob ich auch damals schon Originalität erkannte. Es war ein Vergnügen, ihn zu unterrichten. Er war fleissig, eifrig und machte alles aufs Beste. Und war, wie alle begabten jungen Menschen aus dieser Zeit, durchtränkt mit Musik, lebte in Musik. Besuchte und kannte alle Opern und Konzerte, spielte zu Hause Klavier vierhändig, las bald Partituren, war begeisterungsfähig, unkritisch, aber empfänglich für altes und neues Schöne, sei es Musik, Litteratur [sic], Malerei, bildende Kunst, Theater oder Oper. Mit ihm konnte ich Kontrapunkt arbeiten, wie mit nicht vielen meiner Schüler. Und davon möchte ich eine fünfstimmige Doppelfuge für Streichquintett erwähnen, welche übervoll an Kunststücken war. Aber ich sah bereits damals, was ich ihm zutrauen konnte: als die Fuge fertig war, beauftragte ich ihn, noch eine begleitende Klavierstimme in der Art eines Continuo hinzuzufügen, was er nicht nur ausgezeichnet löste, sondern verstand, noch zahlreiche kleinere Teufeleien anzubringen. — Der folgende Compositions-Unterricht verlief mühelos und glatt bis einschließlich zur Sonate [op. 1]. Dann aber entstanden Probleme, die wir beide damals nicht verstanden. Ich weiss es heute: selbstverständlicherweise hatte Alban, der sich in ausserordentlich intensiverweise [sic] mit zeitgenössischer Musik beschäftigte, mit Mahler, Strauss, vielleicht sogar mit Debussy, den ich nicht kannte, zweifellos aber mit meiner Musik, sicherlich hatte er den heissen Wunsch, nicht mehr in klassischen Formen, Harmonien, Melodiebildungen und den zugehörigen Begleitungsschemen zu komponieren, sondern sich seiner inzwischen entwickelnden Persönlichkeit entsprechend, in zeitgemässer Weise zu äussern. Damals trat eine Stockung in seinem Schaffen ein. Ich kann mich nicht mehr erinnern, was er seither bei mir gearbeitet hat ... Eines ist sicher, dass sein Streichquartett mich in unglaublichster Weise überraschte durch die Fülle und Ungezwungenheit seiner Tonsprache, die Kraft und Sicherheit der Darstellung, die sorgfältige Durcharbeitung und die bestechende Originalität."[33])

---

[32]) Zit. nach Original im Schönberg-Nachlaß, Los Angeles. Abdruck bei Reich, S. 27 ff., unkorrekt.

[33]) Das Schriftstück wurde hier nur auszugsweise zitiert. Fragment ist es übrigens nur geblieben, weil Reich nach Schönbergs Aussage versäumt hatte, ihn an die Fertigstellung zu erinnern! (Schreiben v. 8. 6. 1940, Schönberg-Nachlaß.)

Die in diesem Schriftstück genannte *Doppelfuge für Streichquintett mit Klavierbegleitung* war eines jener Werke von Berg, die erstmals öffentlich im Rahmen eines Konzertes der Schüler Schönbergs gespielt wurde. Das Konzert fand am 7. November 1907 im Kaufmännischen Festsaal in der Johannesgasse 4 in Wien statt und brachte von Berg noch als fünfte Programmnummer die Lieder *Liebesode*, *Die Nachtigall* und *Traumgekrönt*, gesungen von Elsa Paceller, begleitet von Karl Horwitz. In der Doppelfuge, deren offizieller Titel auf dem Programmzettel *Fuge mit zwei Themen für Streich-Quintett mit Klavierbegleitung in der Art eines ausgeführten Continuo* lautete, spielte Berg selbst den Klavierpart[34]). Mitwirkende waren ein Streichquartett und ein Herr J. Loyda. In einem Schreiben vom 18. November 1907 berichtete Berg an Frida Semler, daß er sich lieber von der Öffentlichkeit abgesondert hätte: *„Darum war mir auch das vor kurzem stattgefundene Konzert … für mein Empfinden mehr peinlich als erfreulich, obwohl ich recht schönen Erfolg errang. Ich kann ruhig sagen, daß meine Fuge den größten Erfolg an diesem Abend erzielte, obwohl Dinge aufgeführt wurden, die auf einer viel höheren Stufe standen. Aber so ist das Publikum!! Ich sah das am besten bei meinen drei Liedern. Das zweifellos beste (aus ‚Traumgekrönt‘) gefiel gar nicht — das schwächste (‚Nachtigall‘) begeisterte die Menge …“*[35])

Die aufgeführten *„Dinge“*, von denen Berg sprach, waren Werke von Karl Horwitz, O. v. Ivanow, Heinrich Jalowetz, Anton Webern, Rudolf Weirich, Erwin Stein und Wilma von Webenau. Elsa Bienenfeld berichtete am 16. November 1907 im *Neuen Wiener Journal* über das Konzert und beschloß die Kritik mit den Worten: *„Hochachtung vor der Kunst, Reinheit der Empfindung, Stilsicherheit, ist das wertvolle Ergebnis einer guten Erziehung; es ist wunderbar, wie die kraftvolle und originelle Persönlichkeit Schönbergs die Talente der Schüler in diesem Sinne stark und sicher lenkt“*[36]).

Berg fand auch gesellschaftlichen Anschluß an den Freundeskreis Schönbergs. So verkehrte er mit Adolf Loos, mit Gustav Klimt u. a.[37]). 1906 hatte er zudem die Bekanntschaft mit Peter Altenberg gemacht[38]). Auch zu Kammermusikabenden, die teils bei Schönberg in der Liechtensteinstraße 68—70, teils in der Wohnung des Schönberg-Freundes Oskar Adler stattfanden, wurde er eingeladen. Erstmals wird er im Dezember 1907 bei einem solchen Abend anwesend gewesen sein. Schönberg schrieb ihm am 13. Dezember: *„Wir sind ungefähr alle 14 Tage ein bischen zusammen, musizierend, plaudernd etc.“*[39]) Mehrere solcher Einladungen haben sich erhalten. Vermutlich

[34]) Programmzettel im Archiv der Universal Edition, Wien.
[35]) Zit. nach Reich, S. 22 (Original in Library of Congress).
[36]) Zit. nach dem Exemplar in der Wiener Stadtbibliothek.
[37]) Briefe an seine Frau, Nr. 13.
[38]) H. Watznauer, Berg-Biographie, vgl. S. 32, Anm. 4.
[39]) Original Berg-Nachlaß, Wien.

hat Berg sich daran auch musizierend beteiligt, denn es wurde Kammermusik in verschiedener Besetzung gespielt[40]).

Erwähnenswert sind vor allem die Kammermusikabende im Spätherbst 1908, wo Schönbergs neues *Quartett op. 10* noch vor der öffentlichen Aufführung am 21. Dezember 1908, bei der es zu skandalösen Ausschreitungen kam[41]), im privaten Kreis mit Marie Gutheil-Schoder vorgeprobt wurde. Berg war zu diesen Proben zugezogen worden[42]).

Ein schmerzliches Erlebnis war noch Ende 1907 der Weggang Gustav Mahlers von Wien gewesen. Man darf den Aussagen Paul Stefans[43]) und Helene Bergs Glauben schenken — Helene Berg war überdies selbst anwesend —, daß bei der Verabschiedung Mahlers von Wien, zu der sich die Freunde und Verehrer Mahlers am Bahnhof eingefunden hatten, Berg erstmals persönlich das Wort an Mahler richten konnte[44]).

Im Frühjahr 1908 erhielt er Anregungen vom Wiener Theater- und Kunstleben[45]). Namentlich die große Kunstschau, in der auch Oskar Kokoschka ausstellte, fesselte ihn, und so besichtigte er sie mehrmals, Ende Juni auch im Beisein von Klimt und Altenberg[46]). Am 1. Juli 1908 hatte er sich — übrigens gemeinsam mit Max Oppenheimer — der Militärdienstbehörde zur Untersuchung zu stellen. Er wurde für nicht tauglich befunden, was ihn veranlaßte, Helene Nahowski in folgender Weise Mitteilung davon zu machen: *„Dein erster Geliebter [?] ist ein Ehekrüppel, Dein zweiter ein Staatskrüppel ..."*[47])

Am 23. Juli erlitt Berg einen heftigen Asthma-Anfall[48]). Die Ursache war nicht rein physischer, sondern auch psychischer Natur. Derartige Anfälle traten später häufig bei Ereignissen auf, die ihn seelisch belasteten, so beispielsweise kurz nach seiner Assentierung 1915 oder im Herbst 1920, als er sich im Grunde nicht gewachsen fühlte, die verantwortungsvolle Tätigkeit der Redaktion des *Anbruch* zu übernehmen[49]). Schönberg, der an ähnlichen, wenn auch nicht so heftigen Anfällen litt, sah gleichfalls darin psychische Zusammenhänge und bestärkte Berg in der Überzeugung, daß es sich um kein organisches Leiden handle[50]). Berg litt aber vor allem in den Sommermonaten, in denen er sich nicht in Wien aufhielt, an derartigen

---

[40]) Beispielsweise auch in Septett-Besetzung (Schönberg an Berg, Brief v. 27. 4. 1908, Berg-Nachlaß, Wien).

[41]) *Arbeiter-Zeitung*, Wien, 2. 1. 1909.

[42]) Schönberg an Berg, Brief v. 17. 11. 1908 (Berg-Nachlaß, Wien); Berg an P. Hohenberg, Brief v. 6. 11. 1908 (Kopie in Wiener Stadtbibliothek).

[43]) P. Stefan, Das Grab in Wien, Berlin 1913, S. 92.

[44]) Vgl. auch Briefe an seine Frau, Nr. 21.

[45]) Briefe an seine Frau, Nr. 24.

[46]) Ebenda.

[47]) Ebenda.

[48]) Von diesem Tag an datiert auch Bergs merkwürdiges Verhältnis zur Zahl „23". Vgl. A. Pernye, Alban Berg und die Zahlen, in: *Studia Musicologica* IX/1, 2, 1967.

[49]) Vgl. S. 154.

[50]) Vgl. Redlich, S. 289.

Beschwerden. Er konsultierte verschiedene Ärzte, die der Meinung waren, daß *„es eine nervöse Überreiztheit oder Überempfindlichkeit der Schleimhäute sei. Die Schleimhäute der Nase werden von den in der Luft schwebenden Pollen auf's äußerste irritiert . . ."*[51])

In seelische Konflikte hatte ihn in dieser Zeit vor allem die Begegnung mit Helene Nahowski gebracht. Seit 1907 stand er mit ihr in brieflichem Kontakt, aber ihre Eltern wollten eine Verbindung nicht zur Kenntnis nehmen[52]). Interessanterweise hatte er kurz vor der Begegnung mit Helene eine Auseinandersetzung mit seinem Freunde Watznauer über das Thema „Frau". Er ließ sich dabei ganz von der Ibsenschen Vorstellung des „Weibes" leiten, und gleichsam mit dessen Worten gab er Watznauer seiner Hoffnung Ausdruck: *„Ich hoffe, wenn ich hinaustrete in die große weite Welt, dann kommt mir eine edle herrliche Jungfrau entgegen, die mir zuwinkt, die mir den Weg zum Ruhm zeigt . . ."*[53])

Zudem belastete ihn auch noch familiärer Ärger auf dem Berghof, der ihn am Komponieren hinderte. Anfang August erlitt er dort einen Unfall. *„Ein Gaul schmiß mich hoch im Bogen auf die Erde und nun habe ich die linke Hand derartig verrenkt, daß ich vor Schmerz kaum mit der rechten schreiben kann."*[54]) Er hatte sich die Handwurzel gesprengt, und die Hand mußte geschient werden. Dennoch reiste er in der zweiten Hälfte August, einer Einladung des Wiener Galeriebesitzers Miethke folgend, nach Venedig[55]), wo er u. a. Wagners Sterbehaus besichtigte[56]).

Zu diesem Zeitpunkt war auch eine Reise nach München geplant, die er jedoch absagen mußte. *„Du mußt nämlich wissen"* — schrieb er an Paul Hohenberg —, *„daß ich vor kurzem von Schönberg Nachricht erhalten habe, daß Anfangs November ein Schülerkonzert ist und ob ich etwas gearbeitet habe dafür!! Und denke nur: außer einem Lied von Paul Hohenberg kam hier in dieser Geist- und Seelentötenden Gegend nichts zustande und nun heißt's schnell nach Wien und mit Riesenschritten an die Arbeit gehn, so daß ich keinen Tag verlieren kann! Ich reise auch schon zirka den 7. oder 8. und hoffe zuversichtlich auf das Entgegenkommen meiner Muse, die ich hier schier verloren (habe)!!"*[56a]) Am 7. September kehrte er nach Wien zurück und nahm den Unterricht bei Schönberg wieder auf[57]). Er zeigte diesem die *Sonate op. 1*[57a]), an die er im Sommer letzte Hand ange-

---

[51]) Berg an Schönberg, Brief v. 25. 7. 1912 (Library of Congress). Beim ersten Anfall soll zufälligerweise Sigmund Freud anwesend gewesen sein, der ihn behandelte. Lt. Mitteilung von E. A. Berg, Wien.

[52]) Vgl. Briefe an seine Frau, aus den Jahren 1908 bis 1911.

[53]) Brief v. 18. 10. 1906 an H. Watznauer (Pierpont Morgan Library, New York).

[54]) Berg an Watznauer, Brief v. 13. 8. 1908 (Pierpont Morgan Library, New York).

[55]) Berg an Watznauer, Brief v. 22. 8. 1908 (Pierpont Morgan Library, New York).

[56]) Briefe an seine Frau, Nr. 35.

[56a])Berg an P. Hohenberg, Brief v. 5. 8. 1908 (Kopie in Wiener Stadtbibliothek).

[57]) Briefe an seine Frau, Nr. 49.

[57a])Das Autograph befindet sich in der Musiksammlung der Österreichischen Nationalbibliothek. — Eine Skizze besitzt Fritz Streuli, Schönenwerd (Schweiz).

legt hatte. In den folgenden Wochen arbeitete er mit großer Hast, da ihm bis zum Schülerkonzert nicht viel Zeit blieb.

Die Vorbereitungen für das Konzert, das die Schüler Schönbergs veranstalteten und zu dem sie gedruckte Einladungen mit beiliegendem Programm verschickten[58]), liefen bereits seit Oktober 1908. Am 3. Oktober berichtete Berg an Helene: *„Ich komme direkt von allerhand Klavierspielerinnen- und Spielern, die ich anhören mußte, daß mir jemand die Variationen spiele, da sie nämlich der ersten zu schwer waren ... Es ist nur ein Glück, daß die Menge nicht tiefer schaut und hört.“*[59]) Die Proben wurden von Schönberg überwacht. Nicht ganz zu klären ist, daß Berg einmal Helene gegenüber von seinen *Streicher-Variationen* spricht, die bei Schönberg probiert wurden und von denen er die Stimmen herausschreiben mußte[60]). Möglicherweise handelt es sich hiebei um die Vorbereitungsarbeiten zur Uraufführung des Schönbergschen *Quartetts op. 10*. Berg wäre dann mit Kopierarbeiten betraut worden und insbesondere zum 3. Satz des Quartetts. Schönbergs *op. 10* war ihm jedenfalls sehr vertraut[61]). Schließlich hat er an der ersten größeren Analyse darüber mitgearbeitet, und sei es nur, daß er hiebei redaktionell tätig war. Es ging um eine *„technische Analyse“*, von der Schönberg sich ein besseres Verständnis des Werkes erhoffte. Daß Schönberg die Sache nicht allein Richard Specht überließ, der die einführenden Worte verfaßte, ist plausibel, da er von dessen Arbeiten nicht allzu viel hielt[62]). Die Analyse kam aus seinem Schülerkreis und kann eigentlich nur gemeinsam von Berg, Webern, Jalowetz, Stein oder sogar unter Mitwirkung von Zemlinsky verfaßt worden sein[63]). Darin wird mit sachlichen Worten der motivische und formale Aufbau des Werkes erklärt. Der Abdruck in der Zeitschrift *Erdgeist*[64]) sollte wohl verhindern, daß es bei der ins Auge gefaßten Wiederholung des Quartetts am 25. Februar 1909 zu ähnlichen Ausschreitungen wie bei der Uraufführung kommen könnte[65]).

Daß Berg an den Vorbereitungen für die Uraufführung von Schönbergs *op. 10* mitbeteiligt war, läßt sich demselben Schreiben an Helene Nahowski entnehmen, in dem auch die Analyse zur Sprache kommt. Es ist auszuschließen, daß es sich bei dem hier genannten Konzert um das geplante Schülerkonzert handelt: *„Wieder eine Angelegenheit, das Konzert betreffend, nahm mir den ganzen Vormittag weg. Da das ganze fast in [Erwin] Steins und meinen Händen ruhte, habe ich die letzte Zeit wahnsinnig viele*

---

[58]) Original in Wiener Stadtbibliothek; vgl. Schönberg-Gedenkausstellung, S. 199.
[59]) Briefe an seine Frau, Nr. 53.
[60]) Ebenda, Nr. 58.
[61]) Vgl. Anm. 41.
[62]) Vgl. S. 65.
[63]) E. Hilmar, Katalog der Schönberg-Gedenkausstellung, a. a. O., gibt als Verfasser Berg an. Solange das Manuskript nicht auffindbar ist, muß diese Zuordnung in Zweifel gezogen werden.
[64]) *Erdgeist*, 4. Jg. (1909), H. 7.
[65]) Vgl. Anm. 41.

*Laufereien und Schreibereien: Kartenverkauf, Kartenversendungen, Plaka-
tierungen, Zeitungsannoncen, Analyse im ,Erdgeist' etc. etc. . . .*"[66])

Das Schüler-Konzert fand am 4. November 1908 im Großen Musik-
vereinssaal statt[67]). Auf dem Programm standen die *„letzten Arbeiten"* der
Schüler Schönbergs, darunter die *Passacaglia* von Webern, ein *Scherzo für
Streichquartett* von Erwin Stein, der 1. Satz einer *Sinfonie* von Karl
Horwitz und die *Zwölf Variationen und Finale über ein eigenes Thema* von
Berg, gespielt von Irene Bien, einer Schülerin Schönbergs und Guido Adlers.
Die Kritik reagierte unterschiedlich. Man billigte Schönberg die große Begabung als Lehrer zu: *„Es macht wenigstens den Eindruck, als dürften die,
die bei ihm lernen, gelegentlich auch ihre eigene Sprache sprechen. Trotzdem
überwiegt der Schönberg-Jargon . . .*"[68]) Von der Bergschen Komposition
— in einer Rezension wurde die Interpretin Irene Bien als Komponistin
genannt[69]) — berichtete nur Elsa Bienenfeld im *Neuen Wiener Journal*
wohlwollend[70]). Die Rezension ist von der Schönberg-, Berg- und Webern-
Forschung noch nicht richtig gewürdigt worden, obgleich sie dokumentari-
schen Wert hat. Sie soll hier vollständig wiedergegeben werden:

*„Eines der interessantesten Ereignisse in dieser an neuen Begebenheiten so
wenig ergiebigen Saison war das Konzert der Schüler Arnold Schönbergs.
Zur Aufführung kamen Klavier-, Kammermusik- und Orchesterwerke. Die
Begabungen der jungen Komponisten sind in Stärke und Art verschieden.
Allen gemeinsam ist eine ganz außerordentliche Sicherheit in der kompositorischen Technik. Als der Bedeutendste und Reifste erscheint Anton
v. Webern, von dem eine Passacaglia für Orchester aufgeführt wurde. Das
Werk besteht aus einer Reihe von Variationen über ein achttaktiges Thema,
die ähnlich gebaut wie der vierte Satz der E-moll-Symphonie von Brahms,
eine ununterbrochene, zum Schluß in eine Durchführung mündende Form
hat. Die Technik Weberns ist infolge der eigenartigen melodischen Erfindung, der freien Harmonik, der vielfach verschlungenen Kontrapunktik
ungemein kompliziert. Die Komposition, durch Merkwürdigkeiten der Zu-
sammenklänge und deren Fortführung überraschend überzeugt aber dennoch durch die Tiefe der Stimmungen. Es erscheint nichts zufällig, nichts aus
Originalitätssucht herbeigezerrt, am allerwenigsten etwas konventionell
nachgeahmt. Die Stimmungen sind empfunden, die Klänge gehört. Besonders
charakteristisch ist die Instrumentierung, deren originelle Färbungen, neu-
artige Mischungen von im wesentlichen solistisch verwendeten Instrumenten
darauf hinweisen, daß alles orchestral erfunden, nicht eine Klavierskizze
zur Partitur instrumentiert ist. — Eine andere Individualität zeigt ein*

---

[66]) Briefe an seine Frau, Nr. 54.
[67]) Bei Reich, S. 25, ist das Datum fälschlicherweise mit 8. November angegeben (und
    wurde daraufhin auch von der übrigen Berg-Literatur falsch übernommen).
[68]) *Ill. Wiener Extrablatt*, Wien, 5. 11. 1908.
[69]) Ebenda.
[70]) *Neues Wiener Journal*, Wien, 17. 11. 1909, S. 8.

Symphoniesatz von Karl Horwitz, nach dem Modell der Sonatenform ge-
baut, mit gewichtiger Durchführung, verkürzter Reprise und weit ausge-
dehnten, düster verklingendem Schluß. Was von der Technik Weberns
gesagt ist, bezieht sich auch auf diese Arbeit. Die Verwendung der Mittel ist
der einfacheren Anlage gemäß eine andere, die Melodik leichter verständ-
lich; der Satz hat symphonischen Schwung. — Ein Marsch von O. de
Iwanow zeigt Sicherheit in der Orchesterbehandlung, seine Suite für Kla-
vier zu vier Händen ein schätzenswertes Talent für pikante Erfindung und
geistreiche Formgliederung. Zwei Klavierstücke nach Gedichten von Ver-
laine von Wilma v. Webenau, zwölf Klaviervariationen von Alban Berg
über ein eigenes Thema, ein Streichquartett-Scherzo von Erwin Stein zeigen,
daß Schönberg seine Schüler nicht von Haus aus ‚modern' komponieren
lehrt. Bergs Variationen, fein und reich in der melodischen Erfindung,
famos im Klaviersatz, deuten auf starkes kompositorisches Talent. In der
Technik hat er offenbar viel von Brahms gelernt. Die Variationen wurden
von Fräulein Irene Beier [sic] mit musikalischem Verständnis vorgetragen.
Eher an Schubert als an Schönberg erinnert das frische Scherzo von Erwin
Stein, gutklingender Quartettsatz, der vom Tonkünstlerquartett nicht eben
reinlich gespielt wurde. Viktor Krüger hat einen norwegischen Tanz von
Grieg (Original zu vier Händen) äußerst geschickt und effektvoll instrumen-
tiert. Die Orchesterstücke wurden vom Tonkünstlerorchester gespielt und
von den Komponisten selbst dirigiert, die mit Überzeugung und Begeiste-
rung für ihre Sache eintraten. Außergewöhnlich befähigt zum Dirigenten
schien Erwin Stein, der mit großer Bestimmtheit und Wärme den Marsch
Iwanows leitete. — Hier ist nicht der Ort, über den Komponisten Schön-
berg zu sprechen, der als solcher Gegenstand begeisterter Bewunderung und
wütender Anfeindung geworden ist. Als Lehrer hat er eine Fähigkeit für
sich, die nur große Persönlichkeiten besitzen: seinen eigenen künstlerischen
Ernst zu übertragen, Schule zu machen. Er lehrt Musik nicht als trockener
Harmonie-, Kontrapunkt- oder Kompositionsprofessor, sondern als schöpfe-
rischer Meister, der seine Schüler in den Geist der Werke aller großen
Künstler einführt — seine ungeheure Literaturkenntnis ist imponierend —
und sie an der Hand klassischer Vorbilder anleitet, ihre eigene Entwicklung
zu suchen. Und kühne Versuche, die dieses Kompositionskonzert, sind zum
mindestens interessanter als faule Wiederholungen."

Der Unterricht bei Schönberg nahm weiterhin seinen Fortgang. Berg
brachte gelegentlich wieder Liedkompositionen in die Stunde mit: *„Ich war*
in der Schönberg-Stunde, wo ich ... Dein herrliches Gedicht Läuterung"
— der Brief ist an seinen Freund und Dichter Hohenberg gerichtet — *„als*
Lied komponiert, dem Schönberg vorspielte und vorsang. Schönberg gefiel
das G e d i c h t sehr gut und ich glaube auch, daß die Komposition
— d e s G e d i c h t e s w ü r d i g — ausgefallen ist, was v i e l heißen
will!"[70a])

[70a])Berg an P. Hohenberg, Brief v. 6. 11. 1908 (Kopie in Wiener Stadtbibliothek).

In den folgenden Monaten kam es in seinem Schaffen offensichtlich zu der von Schönberg erwähnten Stockung[71]). Auf die Klärung seiner Beziehung zu Helene Nahowski waren seine Gedanken in erster Linie gerichtet. Der Sommer 1909 brachte insofern eine Abwechslung, als ihm dank seines Bruders Hermann ermöglicht wurde, zu einer Aufführung von Wagners *Parsifal* nach Bayreuth zu reisen. Am 8. August war er bei der Aufführung anwesend und zeigte sich von der Musik überwältigt[72]). Tags darauf besichtigte er Wagners Grab und Liszts Sterbehaus und reiste anschließend wieder auf den Berghof zurück. Am Reisen selbst hatte er nach Aussagen, die er in seinen Briefen an Helene hinterließ, keine besondere Freude[73]). Rückblickend war er dann von Bayreuth eher ernüchtert und fand auch die Aufführung nicht hervorragend[74]). Anfang September reiste er auf Einladung von Miethke auf wenige Tage nach Venedig[75]). Zur selben Zeit scheint es zwischen ihm und Schönberg kurzfristig zu einer Verstimmung gekommen zu sein. Ähnliches ereignete sich später im Sommer 1911[76]). Berg reagierte auf Anfragen oder Briefe nicht. Helene gegenüber suchte er selbst nach einer Erklärung: *„Mein sonderbares Benehmen gegen Schönberg erregt beim ersten Anblick unbedingt Ärgernis... Aber ich kann's nicht ändern! Ich weiß kaum, wie es kam, ich freute mich aufrichtig auf einen Briefwechsel mit Schönberg; aber wie ich den ersten Brief begann, merkte ich, daß ich ihm, an dem ich m e h r als in ‚großer und inniger Verehrung‘ hänge, nicht auf die konventionelle Art schreiben konnte. Ich merkte, es müssen Briefe werden, wie die, die ich an Dich schreibe, nicht so oft, aber inhaltsschwer tief in meine Seele blicken lassend! Und dazu langte es nicht... Ich leide darunter, mehr noch als unter der Unmöglichkeit, hier etwas zu komponieren..."*[77])

An Kompositionen entstanden in dieser Zeit tatsächlich nur die *Lieder op. 2*. Redlich setzt den Beginn der Komposition mit 1909 und die Fertigstellung mit Frühjahr 1910 an[78]). Berg selbst gab auf Watznauers Anfrage die Entstehungszeit mit 1908 bis 1909 an[79]).

Das Jahr 1910 begann mit einem auch für Berg wichtigen Ereignis. Am 14. Jänner 1910 fand die Uraufführung der ersten beiden Teile der *Gurrelieder* von Schönberg in der Klavierfassung und der *George-Lieder op. 15* statt. Berg war anwesend und freute sich über den Erfolg seines Lehrers[80]).

---

[71]) Vgl. Anm. 33.
[72]) Briefe an seine Frau, Nr. 87.
[73]) Ebenda, Nr. 85.
[74]) Ebenda, Nr. 93.
[75]) Ebenda, Nr. 110.
[76]) Siehe weiter unten, S. 52 f.; ferner auch Berg an P. Hohenberg, Brief (Sommer 1910) (Kopie in Wiener Stadtbibliothek).
[77]) Briefe an seine Frau, Nr. 108.
[78]) Redlich, S. 333.
[79]) Fragebogen, vgl. S. 32, Anm. 4.
[80]) Programmzettel im Berg-Nachlaß, Wien.

Ferner liefen Bemühungen, seine *Sonate op. 1* im Tonkünstler-Verein zur Aufführung zu bringen. Am 8. Februar wandte sich Schönberg diesbezüglich an Hertzka: *„Frau Dr. [Etta] Werndorf kann mir erst Freitag sagen, ob sie am Montag (14.) schon die Sonate von Berg spielen kann. Wenn es möglich ist, bis dahin zu warten, so gehts vielleicht am 14., wenn nicht gehts jedenfalls am 21.“*[81]) Hertzka antwortete nicht, und Schönberg verschob die Aufführung auf den 21. Februar[82]). Eine Aufführung fand nicht statt, und es ist nicht verbürgt, warum es dazu nicht kommen konnte. Berg hatte in dieser Zeit die *Sonate op. 1* und auch die *Lieder op. 2* auf eigene Kosten in Druck gehen lassen, und zwar in Berlin bei Robert Lienau. *„Die ganzen 2 Sachen haben 229 K gekostet ... Freilich ist's eine grosse Mühe, etwas so druckreif herzustellen und ich hatte mit den 2 kurzen Sachen große Plage und viel Ärger, bis sie so waren, wie sie jetzt sind. Sag' gefallen Dir die Titelblätter, die hab ich selbst gezeichnet! Schönberg ist sehr befriedigt von ihnen.“*[83]) Im Mai las er noch Korrekturen und im Juli sandte er die gedruckten Exemplare an Webern[84]).

Im Frühjahr desselben Jahres hatte Berg Gelegenheit, Gustav Mahler persönlich zu sprechen. Reich beruft sich bei der Datierung auf Paul Stefan, der in seinem Buch *Das Grab in Wien* darüber berichtete[85]). Berg selbst konnte in späteren Jahren, als er von Watznauer um die Bekanntgabe des genauen Zeitpunktes gebeten wurde, keine verläßliche Angabe darüber machen. Er setzte den Vorfall in das *„Frühjahr 1908 oder 1909“*[86]). Man wird aber in diesem Fall wohl Stefans Aussage Glauben schenken. Über die Begegnung ist hier Bergs eigener Bericht zu zitieren. Es geschah in besagtem Frühjahr, *„wo einige Wiener Freunde und Jünger Mahler in einem Grinzinger Gasthaus trafen (u. a. Schönberg, Zemlinsky, Webern, Jalowetz und ich). Damals wechselte ich die einzigen direkten Worte mit Mahler. In der Thoreinfahrt dieses Gasthauses [„Zum Schutzengel“] standen Mahler, ich und ein junger angehender Kapellmeister und warteten auf die im Gastzimmer zahlenden, um dann zusammen noch in ein Kaffeehaus in Döbling zu gehen. M a h l e r fragte mich ,Und Sie wollen auch Kapellmeister werden?' I c h : nein! M a h l e r : ,Da haben Sie recht; wenn sie komponieren wollen, dürfen Sie nicht zum Theater gehn'.“*[87]) — Und Berg hat sich an diesen Rat gehalten, da er auch keine Neigung zur Tätigkeit eines Kapellmeisters fühlte.

Im Frühjahr 1910 arbeitete er an der Fertigstellung des *Streichquartetts.* Im Mai schrieb er an Webern, daß man den Quartettsatz wohl schon probiert hatte und die Probe *„übrigens recht gut ausfiel“*, aber daß er *„noch*

[81]) Original im Archiv der Universal Edition, Wien.
[82]) Schönberg an Hertzka, Brief v. 14. 2. 1910 (Universal Edition, Wien).
[83]) Berg an Webern, Brief (Frühsommer 1910) (Wiener Stadtbibliothek).
[84]) Webern an Berg, Brief v. 10. 7. 1910 (Berg-Nachlaß, Wien).
[85]) Berlin 1913, S. 131.
[86]) Fragebogen, a. a. O.; vgl. Reich, S. 33, dort ist die Stelle unrichtig zitiert.
[87]) Fragebogen, a. a. O.

nicht einmal dazu kam, das Quartett zu vollenden"[88]). Im Juli war die Arbeit jedenfalls beendet. In einem Schreiben an Webern heißt es: *„... Ich schäme mich fast meiner alten Sachen, die ich Dir geschickt habe (op. 1 und op. 2), und habe nur den Trost, daß Dir mein neuestes, das Quartett, dessen 1ten Satz Du bereits kennst- und daß [sic] im späteren Verlauf, soviel ich vermute, viel besser geworden ist, viel mehr gefallen wird (wir haben's in Wien noch g a n z probiert und hätte Dich gerne dabei gesehn ..."*[89])

Berg reiste bereits im Juli nach Premstätten bei Tobelbad, wo sich Helene aufhielt. Von dort sandte er einen erklärenden Brief an ihre Eltern, in dem er die Vorwürfe, die ihm von seiten der Familie Nahowski gemacht wurden, zu widerlegen versuchte und sich und sein Schaffen ins rechte Licht setzte[90]). Der Brief, den Nahowski nicht zur Kenntnis nahm und ungelesen seiner Tochter Helene ins Zimmer warf[91]), ist nicht nur ein wertvolles, sondern auch kurioses Dokument, mit welchen Argumenten er zu den einzelnen Punkten: Geistige Minderwertigkeit, Schulbildung, materielle Situation, Gesundheit und Familie, Stellung bezog. Im einzelnen daraus zu zitieren erübrigt sich, da dieses Dokument bereits veröffentlicht und leicht zugänglich ist[92]). Bekanntlich haben Helenes Eltern erst im Frühjahr 1911 unter gewissen Bedingungen einer Heirat zugestimmt[92a]).

Seit September 1910 war es Schönberg gestattet, an der Akademie für darstellende Kunst und Musik in Wien einen *„freien musik-theoretischen Kurs"* in Harmonielehre und Kontrapunkt abzuhalten. Das Schuljahr begann am 10. September 1910 und schloß am 30. Juni 1911[93]). Unter seinen Schülern an der Akademie war auch Alban Berg, der den Kurs über Harmonielehre besuchte. Später rühmte man sich dann zu Unrecht, daß Berg zu den Schülern der Akademie gezählt hätte[94]).

Berg erfüllte es mit tiefer Befriedigung, mit Schönberg weiterhin in persönlichem Kontakt zu stehen. Er bedauerte Webern, der dies schmerzlich entbehren mußte (Webern hatte eine Kapellmeisterstelle in Danzig angenommen). *„Denn, wie magst Du wieder traurig sein, fern von all diesen Göttlichkeiten weilen zu müssen, die Spaziergänge mit Schönberg entbehren zu müssen, Sinn und Gebärde und Tonfall seiner Rede zu missen: Zweimal wöchentlich erwarte ich ihn am Karlsplatz vor den Conservatoriumslektionen und die 1/4, 1/2 Stunde Spaziergang, mitten im Lärm der Stadt, der*

---

[88]) Berg an Webern, Brief v. 30. 5. 1910 (Wiener Stadtbibliothek).
[89]) Brief, undatiert (Frühsommer 1910) (Wiener Stadtbibliothek).
[90]) Briefe an seine Frau, Nr. 128.
[91]) Laut Aussage von H. Berg, Wien.
[92]) Siehe Anm. 90.
[92a]) Berg mußte zum evangelischen Glauben (helvetisch) übertreten, um die Möglichkeit einer Scheidung nicht von vornherein auszuschließen (siehe weiter unten).
[93]) *Jahresbericht* der K. K. Akademie für Musik und darstellende Kunst über das Schuljahr 1910/11, Wien 1911, S. 11 und 232.
[94]) K. Kobald, Die Staatsakademie für Musik und darstellende Kunst in Wien, in: *Anbruch* 16 (1934), Nr. 1/2, S. 10.

unhörbar wird vor dem Dröhnen seiner Worte ... Dann wöchentlich zwei-
mal draussen in Ober St. Veit bei ihm selbst, wo ich in die Stunde immer die
Fortsetzung der Gurrelieder bringe[95])*, seine neuen Bilder sehe, Mahler-*
lieder anschaue ..."[96])

Berg stand auch ganz unter dem Eindruck der von Schönberg bestimm-
ten Ereignisse im Wiener Kunstleben. So war er im Oktober 1910 bei der
Eröffnung der vieldiskutierten Ausstellung der von Schönberg gemalten
Bilder im Kunstsalon Heller am Bauernmarkt anwesend, und zwei Tage
später wohnte er dem in der Ausstellung veranstalteten intimen *Schönberg-
Abend* vor geladenen Gästen bei, bei dem das Rosé-Quartett die beiden
Quartette *op. 7* und *op. 10* spielte[97]). An Webern berichtete er: „*Wie schad,
daß Du, mein Lieber, nicht jetzt in Wien bist. Die Ausstellung ist eröffnet,
Mahler war schon drin und ist begeistert und überhaupt jeder anständige
Mensch. Heut geh ich mit Schönberg zum Rosé zur letzten Probe der
2 Quartette. Morgen ist die Aufführung und es wären noch Vormerkungen
für weitere 2 Abende, da der Saal so klein ist.*"[98])

Rosé sollte aber auch für eine Aufführung von Werken der Schüler
Schönbergs gewonnen werden. „*Herr Schönberg hat folgende Idee. Deine
Violinstücke (op. 1), etwa auch das Quartett, Horwitzens und mein Quartett sollen heuer doch aufgeführt werden. Rosé interessiert sich zwar dafür,
aber bis es v o n s e l b s t zu einer Aufführung käme, vergiengen Jahre.
Schönberg meint aber zuversichtlich, daß er für diesen Abend zu haben
wäre, wenn man ihm und seinen Kollegen, gleichsam als Äquivalent für die
vielen Stunden, die sie absagen müssten, da ja mindestens 10 Proben notwendig wären, wenn man ihnen also 500 K böte. Vermehrt um 200 K für
Saalmiete, Programme etc. ... erwüchsen uns 3en also die Kosten von
700 Kronen, die wir so verteilen möchten, daß Du lieber Webern 100 K,
Horwitz und ich je 300 K zahlten. Bist Du nun ... in der Lage und gewillt,
für die Aufführung Deiner Sachen hundert Kronen zu opfern ??! Respective
zu riskieren, indem ein Teil oder vielleicht die ganzen Auslagen durch Einnahmen gedeckt werden könnten ?! Ich habe eben auch an Horwitz geschrieben, und wenn Eure beiden Antworten bejahend ausfielen, gienge ich sofort
zu Rosé und machte ihm diesen Vorschlag. — Herr Schönberg, der natürlich s e h r für die Sache ist (daß ich's auch bin, kannst Du Dir ohnehin
denken), meint, daß der Rosé sicher auf diesen Vorschlag eingienge ...*"[99])
Webern war gegen die ungerechte Aufteilung der Kosten[100]). Verhandlungen wurden mit Rosé geführt, und Berg konnte Webern noch im November
berichten, daß Rosé beabsichtige, die Quartette Anfang März 1911 zu spie-

---

[95]) Vgl. S. 62 ff.
[96]) Berg an Webern, Brief (Dezember 1910) (Wiener Stadtbibliothek).
[97]) Vgl. Schönberg-Gedenkausstellung, S. 205 f.
[98]) Berg an Webern, Brief v. 11. 10. 1910 (Wiener Stadtbibliothek).
[99]) Zum Konzert vgl. P. Stefan, Schönberg-Abend, in: *Der Merker*, 2. Jg. (1910), H. 2,
S. 79.
[100]) Webern an Berg, Brief v. 13. 10. 1910 (Berg-Nachlaß, Wien).

len[101]). Rosé sagte aber schließlich doch ab, und ein rasch zusammengestelltes Quartett mit Fritz Brunner, Oskar Holger, Bernhard Buchbinder und Josef Hása spielte am 24. April 1911 die Streichquartette von Berg, Horwitz und Webern. Ferner brachte Etta Werndorff noch die *Klaviersonate op. 1* von Berg zu Gehör, und die Webernschen *Stücke für Violine und Klavier* standen auf dem Programm[102]). Paul Stauber, der Musikreferent des *Illustrierten Wiener Extrablattes*, berichtete über das Konzert wie folgt: *„Im Ehrbar-Saale wurden Montag nach längerer Pause die praktischen Übungen des Vereines gegen Kunst und Kultur[103]) wieder aufgenommen. Die Führer dieser Gemeinde, deren Talent- Geist- und Kritiklosigkeit von Brünn bis — Umbrien reicht, haben nun definitiv den Chef der Wiener Kakophonen (Schönberg) zum Vereinspatron ernannt und seinen Jüngern liebevolle Aufnahme gewährt. Montag gaben sich zunächst vier tüchtige Musiker — die Herren Brunner, Holger, Buchbinder und Hása Mühe, das Tongestammel eines Herrn v. Webern den Hörern zu interpretieren. Fünfmal versucht der Herr von Webern, seiner Verachtung gegen Einfall, Harmonik und gegen die Instrumente Ausdruck zu geben. Er nennt dieses Verfahren: ‚Fünf Sätze für Streichquartett'. Nachdem der fünfsätzige Ulk mißlungen, attackierte der Herr v. Webern das Klavier u n d die Violine. Er nennt das ‚Vier Stücke für Violine und Klavier'. Auch hier ein völliges Verkennen der Form, Mißverstehen der Musik, deren primitive Grundlagen Herrn v. Webern fremd sind. Die Unterhaltungen des Abends waren aber damit noch nicht erschöpft. Auch Herr Karl Horwitz hat etwas gegen das Streichquartett. Seine einsätzigen Ausfälle unterscheiden sich von denen des Herrn von Webern noch durch die Heftigkeit. Schließlich wird unter dem Deckmantel und Namen ‚Streichquartett' dieses noch über Auftrag des Herrn Alban B e r g mißhandelt, der Abwechslung halber in zwei Sätzen. Derselbe Herr Berg hat aber ein Klavierstück geschrieben (sehr kühn ‚Klaviersonate' genannt), das S p u r e n von Begabung und Tonsinn erkennen läßt. Hier hört eben der Spaß auf. Es zeigt sich, daß nicht bloß unbegabte, sondern auch talentierte junge Leute von gewissenlosen Spekulanten auf diesen Irrweg gedrängt werden, der weder zur Kunst noch zur Kultur führt. Und dann muß gegen diesen Nachfasching, der Montag abgehalten wurde, der denkbar schärfste Protest eingelegt werden."[104])*

Gegen diese Rezension, die gezielt Schönberg treffen sollte, wurde Protest eingelegt. Die Redaktion der Zeitschrift *Der Merker* weigerte sich zwar, eine Notiz gegen Stauber zu bringen[105]), aber auf Vorschlag Josef Polnauers wurde an die damalige *Vereinigung der Wiener Musikkritiker* ein von

---

[101]) Berg an Webern, Brief (Anfang November 1910) (Wiener Stadtbibliothek).
[102]) Programmabdruck im *Musikbuch aus Österreich*, redigiert von J. Reiterer, 9. Jg. (1912), S. 75. Ein Original des Programmzettels befindet sich in der Wiener Stadtbibliothek.
[103]) Stauber polemisierte hier gegen den „Verein für Kunst und Kultur", dem auch Schönberg angehörte.
[104]) *Ill. Wiener Extrablatt*, 26. 4. 1911, S. 9.
[105]) Berg an Schönberg, Brief v. 8. 5. 1911 (Schönberg-Nachlaß, Los Angeles).

Schülern und Verehrern Schönbergs unterzeichnetes Protestschreiben gerichtet. Die Aktion hatte immerhin den Erfolg, daß Stauber forthin über Konzerte Schönbergs und seiner Schüler nicht mehr berichtete[106]). Bedauert wurde, daß Rosé nicht gespielt hatte. Webern zeigte sich aber dennoch von Bergs Werk beeindruckt: *„Von Deinem Quartett habe ich wunderbare Eindrücke. Ich finde ganz unvergleichliche Stellen darin."*[107])

Ungeachtet aller künstlerischen Aufregungen war für Berg am 3. Mai 1911 ein bedeutungsvoller Moment gekommen: er heiratete Helene Nahowski. Da Helene von Geburt an der helvetischen Konfession angehörte[108]), war er selbst am 16. April 1911 zu dieser Konfession übergetreten[109]). Die Aufgebote sind mit 17., 23. und 30. April datiert. Die Trauung fand am 3. Mai 1911 um 3 Uhr Nachmittag in Wien I, Dorotheergasse, statt[110]). Trauender war ein gewisser Schack. Als Beistände fungierten Arthur Lebert, Fabrikant, Wien XII, Valerie Cottage 28, und Charly Berg, Exporteur, Wien VI, Mollardgasse 29. Berg gab als Berufsbezeichnung *„Componist"* an, wohnhaft in Wien IX, Fuchsthalergasse 2[111]).

Damit ging nach Bergs eigenen Aussagen seine Lehrzeit bei Schönberg zu Ende[112]). Aber weiterhin blieb er seinem Lehrer eng verbunden. — Nach seiner Verehelichung wohnte Berg anfangs noch bei Nahowski in der Maxinggasse, bis er im Herbst 1911 die Wohnung in der Trauttmansdorffgasse 27 bezog[113]). Seine Flitterwochen verbrachte er in Prein bei Payerbach-Reichenau. Erst Wochen nach seiner Rückkehr nach Wien setzte er sich mit Schönberg und Webern in Verbindung, worauf sich vor allem Schönberg ungehalten zeigte. Berg schrieb darüber an Webern: *„Der Gedanke, daß Du ... auf mich bös bist — und Du mußt es ja sein — quält mich nun über ein Monat; denn so lange ist es mindestens, daß ich nichts von mir hören ließ. Als ich nämlich nach meiner kleinen Reise im Mai nach Wien zurückkam, hoffte ich, Dich baldigst da sehn zu können. Nach einer mehr als 8 tägigen Anwesenheit erfuhr ich, daß Du schon seit längerem auf dem Land bist ... Da hätte ich Dir nun, meinem Wunsch gemäß, gleich schreiben wollen — erlebte aber eine in jeder Hinsicht so bewegte Zeit, daß ich nicht dazu kam. Eine höchst fatale, ja peinigende Familienangelegenheit hielt meine ganzen Gedanken in Schach*[114]), *forderte meine ganze Zeit und Widmung während der ersten 14 Tage ... Dazu kam, daß ich endlich dazu schaun mußte, meine Wohnung, die ich gleich im Herbst, nach dem Landaufenthalt, ungehindert beziehen*

---

[106]) J. Polnauer in einer Fußnote zum Brief Weberns (Typoskript) an Berg v. 7. 5. 1911 Universal Edition, Wien).

[107]) Webern an Berg, Brief v. 7. 5. 1911 (Berg-Nachlaß, Wien).

[108]) Taufbuch HB 1885, Wien I, Dorotheergasse (H. Berg-Nahowski wurde am 29. 7. 1885 in Hietzing, Hetzendorferstr. [heute Maxingstr.] 46, geboren).

[109]) Übertrittsbuch (HB) 1910—1914, S. 29, Wien I, Dorotheergasse.

[110]) Trauungsbuch (HB) 1911, S. 23, Nr. 43 (Wien I, Dorotheergasse).

[111]) Am 30. September 1915 wurde Berg wieder in die katholische Kirche aufgenommen und heiratete Helene am selben Tag nochmals (katholisch) in der Pfarre Hietzing (Trauungsbuch, vgl. Anm. 110).   [112]) Album der Schüler, 1924, vgl. S. 33, Anm. 7.

[113]) Fragebogen, a. a. O.   [114]) Über den Sachverhalt ist nichts bekannt.

will, vorbereiten, Möbel etc. anschaffen mußte, was mir endlose Scherereien bereitete, deren ich mich aber vollinhaltlich hingeben mußte, sollte nicht alles durch den Geschmack Fremder verdorben werden... Ein, auf dem Land zugezogenes, Kopfleiden meiner Frau, machte das Maß meiner Verwirrungen und großer und kleiner Sorgen so voll, daß ich — unter den größten Leiden — einen Besuch bei Schönberg — verschob — vom ersten Tag an verschob — verschob - - - zwar hie und da einige Worte brieflich mitteilte — aber mit immer größerer Pein wartete, bis ich endlich einmal so viel Zeit fände, mich ganz — und ohne Nötigung meinerseits zum Aufbruch — ihm zu widmen. In schlecht angewandter Bescheidenheit, verabsäumte ich zu telephonieren, denn das erschien mir nicht würdig Schönberg gegenüber, den ich nicht fragen wollte wie irgendwen, wann e r Zeit hätte, oder ihm gar vorschreiben sollte, mich an irgendeinem Abend zu erwarten: Ich wollte, (mit einem Wort), kommen, und wenn er Zeit und Lust hätte b l e i b e n, wenn nicht, wieder gehn und ein andermal wiederkommen respektive auf eine Vereinbarung seinerzeit mich einrichten. Und so vergingen — denke nur — 10—12 Tage, bis ich — endlich den Mut faßte - - (ich hatte diesen nämlich vollständig verloren und verzögerte so meinen Besuch auch direkt aus Feigheit) - - bei Schönberg anzuklopfen. Es war schauderhaft! [Robert] Neumann war bei ihm, nach 1/2 Minute war ich wieder draußen. Tags darauf erneuerte ich den Versuch. Mit [Karl] Linke erwartete ich ihn, der fort war. Es war ebenso entsetzlich! Ein Versuch meinerseits, auf seine Worte voll des Hohns zu erwidern, mich zu verteidigen, zu erklären, mißlang einerseits, weil meine Aufregung zu groß, andererseits, weil es mir nie gelingen wird, das räthselhafte meines Benehmens während dieser 10 Tage nur einigermaßen in Worte kleiden zu können... Und ich kann auch Dich ... beschwören, bei der Heiligkeit unserer Kunst, beim Leben meiner Frau, daß, trotz meinem eigentümlichen Vorgehn, nicht ein Funke Lieblosigkeit, Interesselosigkeit oder gar Gleichgültigkeit in mir für Schönberg war, ja daß ich durch das Leid, im Vorhinein, ihn durch meine anscheinende Vernachlässigung zu verbittern, und seinen Zorn nicht vermeiden zu können, — daß ich — wie gesagt, — durch dieses Leiden im Vorhinein, bevor mir also Schönberg direkt sagte, daß er bös sei — schon fühlte, — daß es keine größere Art gäbe, eine so heilige, unvorstellbare Liebe zu bestätigen wie die ist, die wir für ihn fühlen, — als dieses Leiden. Aber ich fürchte, auch Du verstehst mich nicht; denn ich kämpfe mit Worten, wo ich von Gefühlen, Ahnungen, Zweifeln und ewigen Fragen reden möchte. Vielleicht entringt es sich mir einmal in Tönen. So — wie ichs jetzt tat — ist es ein jämmerlicher Versuch, Unsagbares zu sagen. —

Ich ging dann alle 2. 3ten Tage unter irgend einem Vorwand zu Schönberg — ... Manchesmal war Linke dabei. Wir sprachen auch diverses hauptsächlich über die Harmonielehre (Register, Correcturen etc.)[115]), aber er wurde nie wärmer als er es etwa mit Polnauer oder irgend einem vom

---

[115]) Vgl. S. 69.

Kurs ist. Und so verließ ich ihn nach cirka 6—7—8 Besuchen - - - und so ist es bis auf den heutigen Tag geblieben. Seit meinem Hiersein, (zirka Mitte Juli) bin ich vollends mit der Harmonielehre beschäftigt ... Das erforderte eine Art Briefwechsel mit Schönberg, bei dem ich neben dem rein sachlichen immer wieder versuchte, mich ihm ganz und gar mitzuteilen. Von seiner Seite aus erhielt ich aber nur häufig Copien von an den Stecher eingesandten Änderungstabellen, hie und da begleitet von einem Gruß und der Versicherung, wenn mehr Zeit wäre, einmal zu schreiben. Der Gedanke, daß dieser Brief auch einmal kommen müßte, hält mich in ungeduldiger Spannung und Sorge aufrecht und ich bin nur froh, durch so diverses Dir eben Geschildertes, einen großen Theil meiner Zeit davon abgelenkt worden zu sein ... Daß ich unter solchen Umständen noch immer nicht zum Komponieren kam — wirst Du begreifen — und auch meine Gefühle beim Gedanken daran. Manchmal suchte ich Erleichterung im Musizieren (4 hdg.) eines Satzes oder 2 aus der VII. Mahler, oder eines Orchesterliedes oder Clavierstücks Schönbergs - - - das ist aber fast auch alles ..."[116])

Dieser ausführliche Brief ist ein wesentliches Dokument für die Beziehung Bergs zu Schönberg aus der Zeit bis zum Beginn der zwanziger Jahre. Berg legte in allen Briefen aus dieser Zeit immer wieder den Ton der Unterwürfigkeit an den Tag, immer wieder spricht daraus die versteckte Befürchtung, Schönberg könnte an ihm Kritik üben. Berg lebte und dachte geradezu im Sinne Schönbergs. Er griff jede Anregung dankbar auf und namentlich solche in künstlerischen Fragen. Dies führte so weit, daß auch die Werke Bergs, die nach Abschluß der Lehrzeit entstanden, in irgendeiner Weise doch auf eine Anregung Schönbergs zurückgehen. Berg opferte Jahre, um für Schönberg zu arbeiten und so zu arbeiten, daß ihn dessen Mißfallen nicht treffen konnte. Seine Denkweise, seine Art, sich auszudrücken und selbst die Art der Schreibweise ordnete er den Wünschen Schönbergs unter[117]). Schönberg kritisierte, wie im übrigen auch seine anderen Schüler[118]), spornte ihn aber durch seine Kritik zu größeren Leistungen an. Nicht weniger wichtig war ihm die Forderung nach persönlicher Selbstdisziplin. Da er als Lehrerpersönlichkeit Berg gleichsam auch den Vater ersetzen mußte, erscheint es verständlich, daß dieses Verhältnis stärkere erzieherische Formen annahm als beispielsweise bei Webern. Berg konnte daraus menschlich wie künstlerisch nur gewinnen. Schließlich war es Schönberg, der ihm das unnötige Pathos seiner Ausdrucksweise nahm und ihn laufend zu scharfem und präzisem Denken anregte. Pünktlichkeit und Verläßlichkeit lernte er ebenfalls von seinem Lehrer, von dem er mit Nachdruck dazu angehalten wurde. Charakter und moralische Kraft waren mit Schönbergs Vorstellung vom Künstlertum aufs engste verbunden, und in diesem Sinne wirkte es erzieherisch auf Berg.

---

[116]) Berg an Webern, Brief (Mitte August 1911) (Wiener Stadtbibliothek).
[117]) Vgl. S. 112.
[118]) Vgl. Schönbergs Briefe an J. Polnauer, die sich im Besitz der Wiener Stadtbibliothek befinden.

Er beaufsichtigte seine Entwicklung und zeigte sich verärgert, wenn Berg seine künstlerische Tätigkeit vernachlässigte. Entschuldigungen nahm er nicht an — und Berg neigte beispielsweise dazu, Briefe in der Regel mit einer entschuldigenden Floskel zu beginnen! Mitunter sind Schönbergs Zurechtweisungen in ungewöhnlich scharfem Ton gehalten, sie erwecken jedoch nicht den Eindruck einer Laune, sondern sind hintergründiger.

Im August 1911 reiste Schönberg überraschend von Wien ab[119]). Man hatte versucht, ihm in Berlin einen neuen Wirkungskreis zu schaffen[120]). Er war überdies in Unfrieden mit seinem Wohnungsvermieter in Wien geschieden, und in den nachfolgenden Prozeß wurde auch Berg hineingezogen. In Bergs Nachlaß hat sich Schönbergs eigenhändige Verteidigungsschrift erhalten. Berg war über die Angelegenheit informiert und hatte Schönberg über den Fortgang des Prozesses und die Verhandlungen mit dem Wiener Anwalt Dr. Rosenfeld zu berichten[121]).

Ferner beauftragte Schönberg ihn und Josef Polnauer, seine Wohnung in der Hietzinger Hauptstraße 113 zum Februar 1912 zu kündigen und den Transport seiner Möbel und Bibliothek nach Berlin zu veranlassen[122]). Berg machte die Spedition Rosin & Knauer ausfindig und half vor allem beim Verpacken der Manuskripte[123]). Der Transport ging am 4. Oktober 1911 nach Berlin ab[124]).

Auf eine Empfehlung Schönbergs hin kam im Herbst 1911 die Verbindung mit dem Maler Wassily Kandinsky zustande. Es folgte eine — bis jetzt noch unveröffentlichte — rege Korespondenz mit Berg[125]), worin es zunächst um die Aufnahme einer Liedkomposition in den Almanach *Der blaue Reiter* ging. Berg sandte schließlich das Lied *Warm die Lüfte* aus *op. 2*, das er *„für am geeignetsten hielt"* und das dann auch im Almanach abgedruckt wurde[126]). Berg sicherte sich im weiteren Kandinskys Mitarbeit

---

[119]) Berg an Webern, Brief v. 20. 8. 1911 (Wiener Stadtbibliothek).

[120]) Auch Berg war von Schönbergs Weggang nicht informiert (vgl. Anm. 119); Schönbergs Übersiedlung nach Berlin empfand er als sehr schmerzlich, obgleich ihm Schönbergs öffentliche Anerkennung das wichtigste war: *„Ich bin glücklich, daß Berlin sich Ihnen gegenüber anständiger benimmt als Wien … das beweist ja alles: die vielen Besuche, die Tournee … Von Wien aus wäre das sicher nicht gegangen. Obwohl ich das Gefühl habe, daß in Wien jetzt, außer der immer mehr anwachsenden begeisternden Gemeinde für Sie, auch die Dummheit und Gemeinheit und Gehässigkeit der anderen in eine Art Respekt umgeschlagen ist, der bei vielen bis zur Einsicht ihres Irrtums geführt hat* (Berg an Schönberg, Brief v. Mai [?] 1912. Library of Congress).

[121]) Ein ähnliches Dokument wie im Berg-Nachlaß befindet sich von der Hand Bergs in der Library of Congress. (Schönberg hatte sich von seinem antisemitisch eingestellten Wohnungsvermieter Ph. Wouwermans bedroht gefühlt.)

[122]) Schönberg an Berg, Brief v. 22. 10. 1911 (Berg-Nachlaß, Wien).

[123]) Berg an Schönberg, Brief v. 2. 10. 1911 (Library of Congress).

[124]) Berg an Schönberg, Brief v. 5. 10. 1911 (Library of Congress).

[125]) Die Originale liegen im Berg-Nachlaß. Es war im Rahmen dieser Arbeit noch nicht möglich, daraus auszugsweise zu zitieren.

[126]) Berg an Webern, Brief v. 12. 10. 1911 (Berg-Nachlaß, Wien); Der blaue Reiter, hrsg. v. W. Kandinsky und F. Marc, München 1912 (darin sind auch Werke von Schönberg und Webern abgedruckt).

an dem von den Schülern herausgegebenen *Schönberg-Buch*, das wie *Der blaue Reiter* gleichfalls bei Piper in München erschien[126a]).

Das Jahr 1911 ging mit Mahler-Feiern in Wien und München zu Ende, denen auch Berg beiwohnte. In München standen die *II. Symphonie* und *Das Lied von der Erde* auf dem Programm. Berg wollte bereits Mitte November nach München reisen und erbat sich von Bruno Walter, der die Aufführungen leitete, die Bewilligung, bei den Proben vom 15. bis 18. November — die Aufführung war für den 20. November angesetzt — anwesend sein zu dürfen[127]). Er mußte die Reise aber aus gesundheitlichen Gründen verschieben und reiste erst am 20. November nach München, wo er noch am selben Abend die beiden Mahler-Werke hörte[128]). Zurückgekehrt nach Wien, erlebte er hier am 28. November die Aufführung der *VI. Symphonie* von Mahler unter der Leitung von Ferdinand Löwe, am 2. Dezember in der *Gedenk-Feier für Gustav Mahler* die *II. Symphonie* und die *Kindertotenlieder* unter Bruno Walter und am 8. Dezember die *III. Symphonie* unter Oskar Nedbal[129]). Unter dem Eindruck dieser künstlerischen Erlebnisse schrieb er an Webern: „... *Was bedeutet diese ganze Komponiererei, wenn man dann Tags drauf die VI. hört (ich brauch doch nicht zu sagen, von wem die ist, es gibt doch nur eine VIte trotz der Pastorale). Ich sag Dir — oder ich brauch's Dir eigentlich nicht zu sagen — wie nie ganz zu erschöpfen, nie ganz zu fassen dieses Werk ist. Wie herrlich es ist, wenn es auch noch so schlecht aufgeführt wird. Und das war's wirklich! Ebenso die 3 Lieder von einem entsetzlichen Sänger Harrison. Ich bin der Welt [abhanden gekommen], - Blick nur nicht - -, Um Mitternacht. Letzteres wirkte ganz eigentümlich: abgesehen von der schlechten, lächerlich schlechten Aufführung, macht es mit Orchester anscheinend den conträren Eindruck (von d e m, wenigstens, wie Walter es spielte und ich mir auch vorstellte). Es ist nur für Bläser und Harfen! Wußtest Du das! Das unerhört mächtige am Schluß fällt auf diese Weise direkt ab, das ff ist mit Müh und Not mf. Ob das an der Aufführung liegt?- - - Dafür aber die IIte!!! Es war fabelhaft schön. Jetzt begreif ich auch, warum ich in München am Schluß etwas auszusetzen hatte und Du mir das mit vermutlich zu wenig Proben motiviertest. Ja, so ist es! Die Aufführung in Wien war noch um vieles besser als die Münchner, die Wirkung daher ins Grenzenlose gesteigert. Und davor die Kindertotenlieder!! Der Klang!! - - - Übermorgen ist die IIIte - - -.*"[130])

Das Jahr 1911 ging in künstlerischer Hinsicht mit der Uraufführung des Schönbergschen Chores *Friede auf Erden* am 9. Dezember zu Ende. Franz Schreker dirigierte. Berg war anwesend, da er sich später Schönberg gegenüber äußerte, daß das Werk nicht gut studiert gewesen wäre[131]). Schreker

---

[126a]) Siehe das Kapitel „Ein Schönberg-Buch".
[127]) Berg an Webern, Brief v. 3. 11. 1911 (Wiener Stadtbibliothek).
[128]) Briefe an seine Frau, Nr. 128.
[129]) Programmzettel im Besitz der Wiener Stadtbibliothek.
[130]) Berg an Webern, Brief v. 6. 12. 1911 (Wiener Stadtbibliothek).
[131]) Berg an Schönberg, Brief (September 1912) (Library of Congress).

benützte überdies bei den Proben zum leichteren Studium für die Sänger eine Begleitstimme von Schönbergs Hand. Angeblich soll Berg diese Stimme auf Wunsch seines Lehrers gemeinsam mit Polnauer und Linke korrigiert haben[132]).

Bergs Arbeiten für Schönberg und die Universal Edition in den Jahren 1910 bis 1914

Wohl die erste Arbeit, die Berg im Auftrag der Universal Edition durchführte, war der Klavierauszug zu vier Händen zum Schlußsatz der *VIII. Symphonie* von Gustav Mahler. Es ist nicht belegbar, wann und auf welchem Wege Berg diesen Auftrag erhalten hat. Ein Vertrag darüber wurde mit der Universal Edition nicht geschlossen[1]). Vermutlich hat Schönberg ihn für eine derartige Arbeit empfohlen, da Berg 1913 berichtete, wieviel er von Schönberg beim Anlegen von Klavierauszügen gelernt hatte[2]). Zu den ersten derartigen Auszügen, die im Rahmen des Unterrichts entstanden, zählt der nur als Fragment erhaltene Klavierauszug zu Schönbergs Streichsextett *Verklärte Nacht.* Er ist nur als Studie aufzufassen und war nie für die Drucklegung bestimmt[2a]).

Den Auftrag zur *VIII. Symphonie* Mahlers wird er um 1910 erhalten haben. In einem undatierten Schreiben, das mit Anfang 1911 anzusetzen ist, teilte er Emil Hertzka mit, daß er den ihm *„übertragenen Schluß des Clavierauszuges zur VIII. Mahlers Ende dieser Woche ... abliefern (werde). Von einer Ablieferung eines Teiles davon, möchte ich absehen, da ich die Sachen persönlich gerne ... übergeben möchte, durch ein heftiges Unwohlsein aber leider ans Zimmer gefesselt bin ...“*[3]) Bergs Mitarbeit am Auszug ist weder in den Verlagskatalogen der Universal Edition erwähnt, noch findet sich sein Name auf einem der in Frage kommenden Auszüge. Da auch das Originalmanuskript nicht aufzufinden ist, ist die Feststellung schwer zu treffen, bei welcher Ausgabe er mitgearbeitet hat. Man kann also nur vermuten, daß es sich um den Auszug handelt, bei dem Josef Venantius Wöss als Bearbeiter aufscheint. Schönberg riet Berg nach Erscheinen (?) des Auszugs, eine derartige Arbeit künftig abzulehnen: *„Was Ihre Arbeit an dem Klavierauszug anbelangt, möchte ich Ihnen für die Zukunft empfehlen, nur ganze Werke zu übernehmen.“*[4])

Die erste vertraglich nachweisbare Arbeit ist der Klavierauszug mit Text zu Schönbergs *Gurreliedern,* dessen Urheberrechte Berg am 10. Jänner 1912 an die Universal Edition abtrat. Dieses Datum ist offensichtlich identisch mit

---

[132]) Schönberg an Hertzka, Brief v. 17. 11. 1911 (Universal Edition).
[1]) Im Archiv der Universal Edition, Wien, ist nichts vorhanden.
[2]) Vgl. S. 33, Anm. 7; erwähnenswert ist in diesem Zusammenhang, daß Schönberg nicht Klavierspielen konnte.
[2a]) Original (100 Takte) im Berg-Nachlaß, Wien.
[3]) Original in der Universal Edition, Wien.
[4]) Schönberg an Berg, Brief v. 13. 1. 1912 (Berg-Nachlaß, Wien).

der Ablieferung des Manuskriptes[5]). Auch hier spielte die Empfehlung Schönbergs mit. Schon im September 1910 hat Berg den Auftrag dazu erhalten, obgleich die Komposition noch nicht beendet war. Der Gedanke an eine Aufführung ließ die Angelegenheit eines spielbaren Auszugs vordringlich erscheinen. Webern schrieb am 20. September 1910 an Berg, daß er ihn *„beneide, daß (er) den Auszug an den Gurreliedern (macht)"*[6]). Als Vorlage diente Berg der Schönbergsche Klavierauszug, vermutlich aber nur die ersten beiden Teile. Im Spätherbst 1910 (?) meldete Berg sich bei Hertzka, der den Auszug Schönbergs zur Einsicht hatte: *„Im Auftrag des Herrn Schönberg soll ich die Klavierauszüge zu den Gurreliedern abholen . . ."* Berg erbat sich später von Schönberg *„ein paar Blätter des Auszugs . . . behalten zu können, als Erinnerung"*[7]). Schönberg schenkte ihm seinen ganzen Auszug. *„Denn anders hat es ja keinen Sinn."*[8]) Da der Auszug möglichst bald vorliegen sollte, gab Hertzka die Zusage, ihn ehestens und noch vor Ende 1911 herauszubringen[9]). Der Termin konnte nicht eingehalten werden, da Schönberg noch immer am Schluß der Partitur arbeitete und Berg erst im November den letzten Teil der *Gurrelieder* erhielt[10]). So konnte er erst im Dezember, folglich ein halbes Jahr nach Fertigstellung des Auszuges zum ersten und zweiten Teil des Werkes, den vollständigen Auszug nach Berlin senden. Webern spielte Schönberg daraus vor, der die Arbeit recht gut fand, aber schwer spielbar[11]). Am 5. Dezember schrieb er selber darüber an Berg: *„Ich schicke Ihnen heute (oder morgen) den Klavierauszug. In dem neuen Teil mußte ich manches ändern (d. h. Sie müssen es ändern; ich mache Ihnen nur Vorschläge.), weil der Klang des Klaviersatzes gar nicht der Instrumentation entspricht. Und Sie wissen ja, daß man vom Klang aufs Tempo schließt!! Das ist also sehr wichtig. Ich glaube, das wird Ihnen nicht viel Mühe machen. Das Übrigbleibende ist sehr gut! Ich möchte Ihnen nahelegen, den ganzen Klavierauszug ein bischen zu revidieren und Alles, was Ihnen zu schwer vorkommt zu erleichtern. Insbesondere aber: die vielen belanglosen Figuren, die in kleinen Noten auf Extrazeilen stehen! Da müssen Sie viel wegnehmen. Vor allem alles, was nur den Klang andeuten soll. Bleiben sollten nur solche Noten, die wichtige Stimmen nachtragen."*[12]) Im Jänner 1912 ging der Auszug in Druck. Schönberg bat, nach Berg auch die erste und zweite Korrektur zu lesen[13]).

---

[5]) Vgl. Vertrag mit der Universal Edition, Abschrift Anhang 4.
[6]) Berg-Nachlaß, Wien.
[7]) Brief v. 27. 11. 1912 an Schönberg (Library of Congress).
[8]) Schönberg an Berg, Brief v. 4. 12. 1912 (Berg-Nachlaß, Wien). Das Manuskript ist nicht auffindbar. Dagegen hat sich im Berg-Nachlaß noch ein Fragment des Bergschen Klavierauszugs erhalten.
[9]) Hertzka an Schönberg, Brief v. 31. 10. 1911 (Schönberg-Nachlaß, Los Angeles).
[10]) Webern an Berg, Brief v. 8. 11. 1911 (Berg-Nachlaß, Wien).
[11]) Über Bergs „zu schwierige Auszüge", vgl. S. 60 f.
[12]) Berg-Nachlaß, Wien.
[13]) Ebenda.

Fast zur selben Zeit wie am Auszug zu den *Gurreliedern* arbeitete Berg auch am Klavierauszug zu Schrekers Oper *Der ferne Klang*. Den Schluß des III. Aktes sandte er bereits im April 1911 an den Verlag, und im September desselben Jahres erschien der Auszug[14]). Auch diese Bearbeitung erwies sich als zu schwer. Nach dem Erfolg der Oper — die Uraufführung fand am 18. August 1912 in Frankfurt statt — erwartete Hertzka eine größere Nachfrage nach einem gut spielbaren Auszug und dachte an die Herausgabe einer erleichterten Fassung. Berg war der Meinung, daß sein Auszug deswegen *„nicht eingestampft werden müsse, sondern von Musikern immer bevorzugt werden würde"*[15]).

Im April 1912 wandte sich Schönberg an Berg und ließ ihn wissen, daß Hertzka zur Korrepetition des dritten und vierten Satzes des *Streichquartetts in fis-Moll op. 10* einen Klavierauszug benötigte. Im Falle, daß Berg eine derartige Arbeit übernehmen wollte, sollte er sich an Frau Gutheil-Schoder wenden[16]), die einen — allerdings unspielbaren — Auszug von Schönbergs Hand besitze, der als Vorlage dienen könnte. Hauptzweck des Auszugs wäre die *„absolut leichte Spielbarkeit"*[17]). Berg übernahm die Arbeit und beendete sie innerhalb kurzer Zeit. Am 11. Mai 1912 waren bereits beide Auszüge fertig, obgleich er erst drei Tage davor mit dem dritten Satz *(Litanei)* — er arbeitete zuerst am vierten und dann am dritten Satz! — begonnen hatte[18]). Sobald der erste Auszug beendet war, sandte er ihn an Schönberg, dem er die Entscheidung über die Verwendbarkeit von Hilfszeilen überließ, die er aus Gründen der besseren Verständlichkeit des Thematischen mit einbezogen hatte. In seinem Begleitschreiben kam er darauf zu sprechen[19]): *„Er fiel mir verhältnismäßig sehr schwer. Ich glaube, er ist leicht genug. Bei zu schweren Stellen sah ich mich manchmal genötigt, Ihr Werk zu verunstalten. Verzeihen Sie es mir ... Zu manchen Hilfszeilen sah ich mich trotz Ihrer Abneigung dazu, veranlaßt, nicht etwa, damit der Spieler versuche, sie mitzuspielen, sondern für die Sängerin zur Orientierung ... Ich beginne gleichzeitig den anderen Satz, der mir noch schwerer vorkommt, ihn nämlich leicht spielbar zu machen! Ihren Auszug zu diesem Satz (III) habe ich leider nicht, die Gutheil hat ihn nicht ..."*[20])

Die Auszüge erwiesen sich tatsächlich als zu schwer. Dabei hatte Berg sie anfangs leichter entworfen, hielt aber diesen Entwurf für nicht verwendbar[21]). Schönberg brachte Korrekturen an, worauf Berg ihm am 5. Juli nochmals den *„reparierten Auszug"* schickte. Berg hatte sich auch mit dem Pianisten Eduard Steuermann beraten, dem gleichfalls ein *„leichterer"* Aus-

[14]) Berg an Webern, Brief (September 1911) (Wiener Stadtbibliothek).
[15]) Berg an Hertzka, Brief v. 6. 10. 1912 (Universal Edition).
[16]) Marie Gutheil-Schoder sang die Uraufführung am 21. Dezember 1908.
[17]) Schönberg an Berg, Brief v. 30. 4. 1912 (Berg-Nachlaß, Wien).
[18]) Berg an Schönberg, Brief v. 11. 5. 1912 (Library of Congress).
[19]) Ebenda.
[20]) Berg an Schönberg, Brief v. 8. 5. 1912 (Library of Congress).
[21]) Berg an Schönberg, Brief v. Mai 1912 (Library of Congress).

zug vorschwebte[22]). „*Ich muß ja leider auch die Unzulänglichkeit vieler meiner Lösungen zugeben*", schrieb er an Schönberg. „*Sie verlangten damals als 'Hauptzweck' dieses Auszugs, daß er absolut leicht spielbar sei ... Wagner-Auszüge ecc. sind alle leichter spielbar als der Quartett-Auszug, wie ihn Steuermann denkt ... Ich verstehe sehr wohl, daß es sich aber nicht um einen solchen leichten Auszug handelt, sondern vielmehr um ein Umdenken des Quartettliedes in ein Clavierlied, wobei nichts daran liegt, wenn im Claviersatz Stellen vorkommen, die nur ein Pianist ersten Ranges spielen kann, wenn sie nur gut klingen ... Aus diesem anfänglichen Mißverstehen Ihrer Interessen erwuchs auch der falsche Auszug und die große Schererei für Sie ... bis er wurde, wie Sie ihn dachten ... (aber) hab ich doch auch dabei so viel gelernt ...*"[23])

Im September 1912 sandte Berg den Auszug an die Universal Edition. „*Hoffentlich ist er jetzt gut; Ich habe wie nach jeder vollendeten Arbeit, Zweifel an der Güte derselben, aber es kann ja nicht schlecht sein, da ja Schönberg das wenige, was von mir blieb, ausgezeichnet fand und das andere ja ganz auf seine Anregung hin gemacht ist und oft und oft umgearbeitet wurde.*"[24])

Der Sendung an Hertzka gab er ein Begleitschreiben bei, worin er wiederum und mit Nachdruck auf die Besonderheiten dieser Auszüge aufmerksam machte. „*... Da ich infolge der Neuheit einer solchen Bearbeitung, lange brauchte bis ich selbst das richtige traf, da ich nach einer Rücksprache mit Schönberg diesbezüglich und vielen Schreibereien mit ihm, das immer noch verbesserte, ja stellenweise einige Male umarbeiten mußte, bis es ihm recht war, (was z. Bsp. bei dem Gurreauszug nicht nötig war, da hier sofort der Stil, der Clavierauszugsstil, gegeben war) brauchte ich verhältnismäßig viel Zeit und hatte viel Mühe bis der Auszug das wurde, was er ist und sein soll, nicht nur ein Ersatz für das Streichquartett, also ein Behelf zur Correpetition, sondern auch ein richtiges Lied mit Clavierbegleitung, das zum öffentlichen Vortrag ebenso geeignet ist, wie ein gewöhnliches, ursprüngliches Clavierlied. Ich führe das so umständlich aus, weil ich meine von Ihren sonstigen Honoraren abweichende Forderung für diese Arbeit, die Ihnen vorzuschlagen, Sie mich ... ja gewiß auffordern würden, — weil ich meine Forderung also, von 150 K, Ihnen ... gehörig motivieren, und nicht den Anschein erwecken wollte, als ob ich ungebührliches verlangte. Bei dieser Gelegenheit möchte ich auch etwas über meine Clavierauszüge, im Allgemeinen sagen. Sie gelten in Ihren Augen als zu schwer! Aber es handelt sich hier doch um die Bearbeitung völlig neuer, unbekannter, unaufgeführter Werke. Solche Auszüge müssen schwerer sein als die von allgemein bekannten, überall und viel aufgeführten, also älteren Werken. Vergleichen Sie bitte, Herr Direktor, die schweren, aber doch fabelhaft schönen e r s t e n*

---

[22]) Berg an Schönberg, Brief v. 5. 7. 1912 (Library of Congress).
[23]) Ebenda.
[24]) Berg an Webern, Brief v. 5. 8. 1912 (Wiener Stadtbibliothek).

Auszüge zu Wagners Werken, vor allem die Bülow's und Liszt's und die heutigen leichten Auszüge etwa von Kleinmichel, Klindworth (leichte Bearbeitung). In den e r s t e n Auszügen kann man nicht, wie bei den späteren, wo die geringste Andeutung den Begriff des wohlbekannten Klanges widergibt, wo z. Bsp. eine Fingerübung in der einen Hand und ein einstimmiges Thema in der andern ein Ersatz ist für die o f t g e h ö r t e komplizierteste Stelle einer polyphonen, rauschenden Riesenpartitur - - - in einem e r s t e n Auszug also kann man nicht so andeuten, auslassen oder ersetzen. Das wäre nicht nur unkünstlerisch, sondern auch unverantwortlich, denn es würde nicht nur die Interessenten eines Auszugs: Sänger, Correpetitoren, u. z. Bsp. Operndirektoren, Concertdirektoren etc. täuschen, sondern auch allen denen, die ja das Werk nur ungenügend oft, oder gar nicht gehört haben, also dem Publikum von Musikern und Nichtmusikern, die auf den Clavierauszug allein angewiesen sind, (Partituren erscheinen doch nicht) einen falschen Begriff geben. Und ich weiß, daß Schönberg eben infolge des richtigen Begriffs, den meine Auszüge vom Werk geben, trotz der Schwierigkeiten, sehr zufrieden mit ihnen ist. Und ich glaube, daß Schreker, der heute meine Auszüge zu schwer findet, nicht zufrieden wäre, wenn die Welt mit seinem Werke durch den gewiß leichten Auszug Herrn Scholzens[25]), bekannt gemacht worden wäre! Warum Schreker den Auszug heute zu schwer findet (ihm ist auch der zu den Gurreliedern, der viel leichter ist als der zum fernen Klang, nicht leicht genug), nachdem er mir selbst seinerzeit, als ich in der kurzen Zeit von 7 Wochen die riesigen 2 Akte bearbeitete, täglich seine Zufriedenheit ausdrückte, sich über Scholzens ,Diabelli-Übungen' lustig machte, jede ihm von mir ausgedrückte Befürchtung der Schwierigkeit, mit der Bemerkung von sich wies, ,daß der Auszug nicht für Kinder gehöre', ja nachdem er mir schrieb, daß [Bruno] Walter gesagt hätte, ,er habe noch nie einen so guten Auszug in Händen gehabt', - - - warum also heute meine Auszüge zu schwer sind, weiß ich nicht! Tatsache ist, daß an der Hand dieses Auszugs, trotz der Schwierigkeiten, sowohl Sänger als Correpetitoren in Frankfurt (also nicht einmal einer erstklassigen Bühne — wie es z. Bsp. Wien oder Berlin wäre —) in so kurzer Zeit ein so kompliziertes Werk studieren und glänzend aufführen konnten . . ."[26])

Seine Befürchtungen, daß Hertzka den Auszug zu schwer finden würde, bestanden zu Recht. Schönberg verwies darauf, daß „das Schicksal aller e r s t e n Auszüge wäre, daß sie sich meist zu schwer erwiesen. Ihm selbst wäre das so ergangen."[27]) Und ähnliche Gedanken hatte dann Berg auch Hertzka gegenüber ausgesprochen. Hertzka machte letztlich auch noch wegen der Honorarzahlung Schwierigkeiten, und Berg sah sich gezwungen, dessen Angebot anzunehmen oder die Auszüge zurückzuziehen[28]). Obgleich

---

[25]) Arthur Johannes Scholz wurde von der Universal Edition mehrmals zur Bearbeitung von Klavierauszügen herangezogen.

[26]) Berg an Hertzka, Brief v. 4. 9. 1912 (Universal Edition, Wien).

[27]) Schönberg an Berg, Brief v. 3. 10. 1912 (Berg-Nachlaß, Wien).

[28]) Berg an Schönberg, Brief v. 18. 10. 1912 (Library of Congress).

Berg sich offensichtlich fügte, verzögerte sich die Herstellung. Im März 1913 konnte Berg an Schönberg berichten, daß man die *„Herstellung nach Ostern in Angriff“* nehmen würde[29]). Die Auszüge blieben aber liegen und gingen erst 1921 in Druck, nachdem Berg sie im Jänner 1921 nochmals umgearbeitet und erleichtert hatte[30]).

Eine weitere Arbeit, zu der Berg vermutlich in der Zeit um 1911 herangezogen wurde, war der vierhändige Klavierauszug von Schönbergs *Pelleas und Melisande*. Heinrich Jalowetz hatte 1904 mit der Bearbeitung des Auszuges begonnen, die Sache dann aber liegen gelassen. Berg arbeitete um 1911 an einzelnen Teilen wie von 1 Takt vor *(2)* bis 2 Takte vor *(4)*[31]) und von *(25)* bis drei Takte vor *(28)*[32]). Seine Fassung erwies sich wiederum als zu schwer, und als Jalowetz 1918 den Klavierauszug wieder hervorholte, um mit Webern anläßlich eines Vortrages von Guido Adler über das Werk daraus zu spielen[33]), machte er sich an die Fertigstellung, wobei er die Bergsche Fassung nicht berücksichtigte. Jalowetz' Auszug erschien 1921 im Verlag der Universal Edition.

Große Arbeit verursachte die Herstellung und Überprüfung des Materials der *Gurrelieder* und die Korrekturen der Partitur. Beides war Voraussetzung für die 1913 in Aussicht genommene Aufführung[34]).

Da Schönberg bis Sommer 1911 in Wien weilte, hat es über die Angelegenheit *Gurrelieder* anfangs in erster Linie nur mündliche Absprachen gegeben. Berg übernahm die Korrekturarbeiten an der Partitur. In einem Briefbillett vom 1. Mai 1911[35]) bestätigte er der Universal Edition die Übernahme des 1. Teiles der *Gurrelieder*. Schönberg wohnte damals in der Hietzinger Hauptstraße 113, folglich unweit von Berg, der seit Mai 1911 im Hause seiner Schwiegereltern in der Maxingasse lebte, und gab ihm Aufträge und Nachrichten, wenn nicht mündlich so in der Art von kleinen Notizen. Auf einem dieser Zettel, die sich erhalten haben, heißt es beispielsweise: *„Lieber Berg, die paar Seiten Partitur zu schicken, hat keinen Zweck. Machen Sie einstweilen das. Wenn Sie Fortsetzung brauchen, kommen Sie auf einen Sprung zu mir . . .“*[36]) Als Schönberg im August 1911 Wien überraschend verließ, bedauerte Berg auch den Verlust dieser Art der Verständigung, nämlich das *„Ausbleiben der mit freudigster Gewohnheit täglich empfangenen Zetteln“*[37]).

Die Hauptarbeit der Korrektur an der Partitur der *Gurrelieder* wurde von ihm im Frühjahr und Sommer 1912 verlangt. Ende Juni (Anfang Juli?) schrieb Berg an Polnauer, daß er an der *Gurrelieder*-Korrektur noch

[29]) Berg an Schönberg, Brief (März 1913) (Library of Congress).
[30]) Brief v. 26. 1. 1921 an Schönberg (Library of Congress). Dazu ein handgeschriebenes Blatt vom Jänner 1921 im Besitz der Universal Edition, Wien.
[31]) Bezifferung nach der gedruckten Partitur (Exemplar in Wiener Stadtbibliothek).
[32]) Manuskript im Besitz der Universal Edition, Wien.
[33]) Webern an Schönberg, Brief v. 18. 2. 1918 (Library of Congress).
[34]) Vgl. S. 70 ff.
[35]) Universal Edition, Wien.   [36]) Kleines Archiv Jary, Wien.
[37]) Brief an Schönberg (undatiert) (Library of Congress).

immer arbeitete: *„Eine unerschöpfliche Arbeit. Nach mir bekommt Schön-*
berg die Korrekturen."[38]) Zu dieser Zeit war er wohl mit der ersten Korrektur beschäftigt.

Am 14. Juli 1912 ließ er Schönberg wissen, daß er *„Tag und Nacht am*
2. und 3. Teil der Gurrelieder arbeite und in wenigen Tagen damit fertig
wäre"[39]). Diese Teile schickte er nach Beendigung der Korrekturarbeit — er
begann dann mit der zweiten Korrektur des ersten Teiles[40]) — nach Carls-
hagen an der Ostsee, wo er Schönberg auf Sommeraufenthalt vermutete.
Dieser war jedoch bereits abgereist, und das Paket galt dann lange Zeit als
verloren. Man hatte es ihm nicht nach Berlin nachgeschickt, sondern sandte
es auf Umwegen wieder an Berg zurück. Schönberg war überaus besorgt
und schrieb einen denkwürdigen Brief an Hertzka, in dem er diesen ersuchte, nach seiner eigenen handschriftlichen Partitur eine Ausgabe auf
photographischem Wege herstellen zu lassen[41]). Am 27. August konnte Berg
an Schönberg berichten, daß das verloren geglaubte Paket wieder bei ihm
am Berghof eingetroffen war[42]). Die autographierte — und wegen des
kleinen Formats schlecht lesbare — Ausgabe erschien noch 1912. Da Schönberg hier die Übersichtlichkeit bemängelte und die Partitur für Dirigier-
zwecke als ungeeignet erachtete, schlug er Hertzka vor, ein Particell — in
der Art einer *Studienpartitur,* wie er sie später bei den *Orchesterliedern*
op. 22 verwirklichte — herstellen zu lassen. Damit wollte er Hertzka von
der Idee abbringen, die Partitur für Aufführungszwecke in Großformat
abschreiben zu lassen, um eine zusätzliche Fehlerquelle auszuschalten[43]). Das
Particell sollte Berg anlegen. *„Der hat Intelligenz und viel praktische Ein-*
fälle und würde das sehr schön lösen", schrieb er an Hertzka[44]). Berg beriet
sich daraufhin mit Schönberg. Es war an eine Art *„Particell-Auszug"* gedacht, *„stellenweise wie der Clavierauszug 2 zeilig, manchmal auch 1 oder*
2 oder 3, 4 Hilfszeilen dazu"[45]). Hertzka lehnte es offenbar ab, eine richtige
Partitur stechen zu lassen (sie erschien dann 1920). Bergs Vorschlag zielte
auf eine reduzierte Partitur hin: *„Dem wäre doch viel leichter noch zu*
helfen, indem man (d. h. ich) so gut es geht, diese große vielleicht 40 zeilige
Partitur . . . auf eine 25—30 zeilige reduziert . . . nach einer solchen Partitur
(Zusammenziehung der mehrzeiligen Instrumente) ließe sich auch arbei-
ten."[46]) Berg führte die Arbeit jedoch nicht aus, jedenfalls ist derartiges von
seiner Hand noch nicht aufgefunden worden[47]).

---

[38]) Brief (undatiert) (Wiener Stadtbibliothek).
[39]) Library of Congress.
[40]) Berg an Schönberg, Brief v. 30. 7. 1912 (Library of Congress).
[41]) Vgl. S. 70; vgl. Schönberg-Gedenkausstellung, S. 242.
[42]) Library of Congress.
[43]) Diese Abschrift kam nicht zustande.
[44]) Schönberg an Hertzka, Brief v. 10. 10. 1912 (Universal Edition, Wien).
[45]) Berg an Schönberg, Brief v. 22. 10. 1912 (Library of Congress).
[46]) Ebenda.
[47]) In den zwanziger Jahren versuchte Erwin Stein eine Lösung mit der Fassung für
reduziertes Orchester.

Im Oktober 1912 teilte Schönberg Hertzka mit[48]), daß in Berlin keine Kopisten aufzutreiben wären, die er für die Herstellung des fehlerlosen Materials für die geplante *Gurrelieder*-Aufführung dringend benötigte. *„Lassen Sie Berg zu sich kommen und sagen ihm, die Aufführung der Gurrelieder sei in Frage gestellt, ob er und folgende meiner Schüler und Freunde ... Jeder einen Teil (cirka 150—200 Seiten Stimmen) übernehmen wollte. Versprechen Sie ihm und einigen anderen ein freies Exemplar der Partitur oder des Auszugs und ein gutes Honorar ... P. Königer, Karl Linke, J. Polnauer, Schmidt, Heller ... Jeder ein paar Seiten. Am meisten wird Schmidt machen können. Berg vielleicht 15—20. Polnauer etwas weniger, weil er sehr kurzsichtig ist ..."[49])*

Anfang November war Berg bereit, die Arbeit zu einem großen Teil zu übernehmen: *„Ich kollationiere die ganzen (66) Stimmen (ohne Streicher) des III. Theils der Gurrelieder mit der Partitur, mit der jetzt erschienenen, photographierten, die stellenweis so klein ist, daß ich mit der Luppe [sic] arbeiten muß. Ich hätte diese Arbeit nie übernommen, wenn ich nicht ihre größte Wichtigkeit eingesehen hätte, ohne die vielleicht die Aufführung der Gurrelieder (auch im Februar) unmöglich geworden ist. Andererseits kann ich mir von niemandem helfen lassen, da niemand das Werk so kennt wie ich und in den Stimmen die Fehler der Partitur, deren es soviele gibt (Schreibfehler natürlich, besonders beim Transponieren) ausbessern könnte. Also eine enorme Arbeit! So daß ich ... nach 8—10 stündiger Arbeit halb blind bin ..."[50])*

Die Schreibfehler in der Partitur erstaunten auch Schönberg, der von Berg mehrmals darauf aufmerksam gemacht wurde. Am 28. Dezember sandte Schönberg an Berg eine Seite mit Korrekturen mit der Bemerkung: *„Das kann ja lieb werden! Soviele Fehler habe ich noch nie gehabt."[51])* Die Korrekturarbeiten zogen sich bis Jänner 1913 hin. Man entdeckte auch einen Taktfehler in der Partitur (S. 71 vor *(1)* fehlte ein Takt, S. 115 vor *(7)* war ein Takt zuviel), und am 10. Jänner konnte Berg der Universal Edition endlich das Material übergeben[52]). Insgesamt hatte er folgende Arbeiten erledigt: Aufteilung der Stimmen, Kollationierung der Stimmen von Seite 123 bis zum Schluß der Partitur, Kollationierung der gesamten Streicherstimmen (obwohl er nur den Auftrag hatte, Stichproben zu machen)[53]). Schönberg machte später für die noch immer vorhandenen Fehler in der Partitur nicht Berg verantwortlich. *„Die ‚kleinen Fehler‘ (es sind zwei recht große) die ich noch fand, sind gewiß nicht Bergs Schuld. Denn er hat tatsächlich ausgezeichnet gelesen. Schuld war nur: eine so schwierige Sache*

---

[48]) Der Brief ist mit 16. 11. datiert, das richtige Datum ist wohl 16. 10., da Berg bereits Anfang November an den Korrekturen arbeitete.

[49]) Ebenda.

[50]) Berg an Webern, Brief v. 3. 11. 1912 (Wiener Stadtbibliothek).

[51]) Berg-Nachlaß, Wien; ein Fehlerverzeichnis ist dort vorhanden.

[52]) Berg an Hertzka, Brief v. 10. 1. 1913 (Universal Edition).

[53]) Berg an Hertzka, Brief v. 22. 1. 1913 (Universal Edition).

müssen 2—3 Korrektoren lesen ... Bergs Schuld ist, daß er nicht wußte, daß es das nicht gibt: keinen Fehler ..."[54]) Auch bei den Proben kamen noch Fehler zutage, worauf Berg im Juni 1913 noch eine weitere Revision der Partitur durchführte[55]).

Im November 1912 erreichte Schönberg eine Anfrage von Hertzka, wie er sich zu einem *Gurrelieder-Führer* in der Art der bekannten Werkeinführungen von Richard Specht[56]) stelle. In Schönbergs Antwortschreiben heißt es: *„Ich selbst kann das keinesfalls machen! So was macht man nicht selbst. Ich kann dafür nur Berg oder Webern empfehlen ... keinesfalls Specht ... Berg kann ja Arbeit sehr gut brauchen! Bitte also Berg!"*[57]) Hertzka wandte sich daraufhin an Berg, der nach reiflicher Überlegung zusagte:

„Ich habe mich nach längerer Überlegung dazu entschlossen und erbitte also die Partitur, möchte aber gleich hinzufügen, daß ich mir zu dieser Arbeit, die wohl zur I. Aufführung gebraucht wird, viel Zeit nehmen möchte, d. h. brauche."[58]) An Schönberg berichtete er mit selbem Datum vom Auftrag Hertzkas[59]). Berg war sich aber über diese Aufgabe im Grunde im unklaren und fragte deshalb bei seinem Lehrer an, was er von einer thematischen Analyse allgemein hielte: *„Von vornherein widerstrebt mir eine solche Arbeit und ich sagte immer geringschätzig, wenn ich so etwas (z. Bsp. von Specht oder Wöss*[60])*) sah. Nun soll ich selbst so etwas machen und noch dazu von einem so geliebten Werk!! Ich weiß eben auch gar nicht, ob so eine Arbeit einen Zweck hat, ob sie das Verständnis zu dem Werk selbst hebt. Ob — um klar zu sein — z. Bsp. der Leser einer solchen Analyse, der dem Werk anfänglich verständnislos gegenüber stand, durch so eine Analyse verstehen — ja lieben lernen könnte — was immerhin etwas wäre! Wenn man in so einer Analyse (zur VIIten Mahler z. Bsp.) die Notenbeispiele wegließe ... so könnte der Text ebensogut für ein Werk von Delius oder dgl. stehen ..."*[61]) Schönberg antwortete ihm darauf am 4. Dezember: *„... Ich meine, wenn Sie das machen können, wäre es ja nicht ungünstig. Ich weiß ja selbst nicht, wozu es nützen sollte. Im Konzert finde ich es geradezu verwerflich. Aber vielleicht, wenn jemand sich vorher informieren will. Die Hauptsache aber erscheint mir die: Hertzka will es wohl unbedingt haben und da wäre es ja schade, wenn das irgendeiner dieser Kerle machte. Vielleicht finden Sie einen Ausweg. Etwa so etwas: Ein Verzeichnis der wichtigsten Themen, in der Reihenfolge der einzelnen Stücke. Aber dann die*

---

[54]) Schönberg an Hertzka, Brief v. 14. 1. 1913 (Universal Edition).

[55]) Schönberg an Hertzka, Brief v. 5. 6. 1913 (Universal Edition).

[56]) Z. B. zur *VII. Symphonie* Mahlers.

[57]) Schönberg an Hertzka, Brief v. 12. 11. 1913 (Universal Edition).

[58]) Berg an Hertzka, Brief v. 17. 11. 1912 (Universal Edition).

[59]) Library of Congress.

[60]) Wohl Josef Venantius Wöss, der seit 1908 als musikalischer Redakteur in der Universal Edition tätig war. Vgl. Jahrbuch der Universal Edition, Wien 1926, S. 11.

[61]) Berg an Schönberg, Brief (undatiert) (Library of Congress).

hauptsächlichsten Stellen angeben, an denen diese Themen wiederkehren. Vielleicht einige charakteristische Formen, die sie annehmen, anführen. Vielleicht den Versuch, gewisse charakteristische Stimmungen mit einfachen unschwülstigen (also etwas kühlen) Worten schildern. An charakteristischen Stellen vielleicht einmal vom Bau sprechen. Vielleicht also nicht so streng gebunden, dass immer alles gesagt werden muß, sondern jedesmal nur das, was einem besonders auffällt und worüber man etwas zu sagen weiß. Also keinesfalls über alles reden; bloß weil es die Reihenfolge verlangt. Also nichts philosophisches. Sondern vielleicht aphoristisch, ungezwungen, unzusammenhängend, in ungebauten Absätzen über dasjenige kurz reden, das einem auffällt. Also: in loser, aphoristischer Form! Das wäre etwas Neues."[62])

Noch im Dezember begann Berg mit der Ausarbeitung, und im Jänner konnte er Hertzka mitteilen, daß der *Führer „langsam, aber sicher vorwärts schreite und daß er sehr lang würde"*[63]). Hertzka drängte wegen der bevorstehenden Uraufführung und wollte einzelne Teile noch vor der Fertigstellung des ganzen *Führers* in Druck gehen lassen. Berg lehnte ab, da alles *„zusammenhängend ist und konstant Beziehungen zum Vorhergehenden enthält"*[64]).

Am 24. Jänner 1913 sandte Schönberg den Brief über die Entstehungsgeschichte der *Gurrelieder*, der im *Führer* abgedruckt wurde[65]). Berg kam aber mit der Arbeit nur langsam voran, *„da die Sache sehr groß wird und ich zu einer solchen Arbeit ziemlich schwerfällig bin, nämlich was die Formung des Textes betrifft"*[66]). Ihm selbst kamen Bedenken wegen des Umfanges, und er nahm sich vor, doch einiges zu kürzen oder auch nur einige Notenbeispiele wegzulassen. *„Auf jeden Fall muß ich mich jetzt so kurz halten für den Rest des III. Theils, daß nicht mehr viel dazu kommt"*, schrieb er an Schönberg[67]). Erst Anfang Februar konnte er die Arbeit abschließen. Da er zuerst die Notenbeispiele in der Universal Edition abgegeben hatte, konnte Hertzka sich kein Bild über die Arbeit machen und erbat von Schönberg ein Urteil darüber. Dieser lehnte ab: *„ . . . es ist mir ganz unmöglich, blos auf die Notenbeispiele hin ein Urteil über den Führer abzugeben. Wer weiß, wieviel ausgezeichnete Ideen drinstecken (was ich von Berg unbedingt erwarte), die man erst versteht, bis der Text da ist. An sich kommt mir ja das Ganze für einen Führer etwas lang vor ... Aber wenn Spechts 40 Seiten bei der VII Mahler nicht zu lang sind, dann gehen auch noch Bergs 80 Seiten ... Dann ist es ohnehin nicht mehr fürs Konzert, sondern fürs Haus und das ist erst auch das Richtige ... Immerhin könnte*

---

[62]) Berg-Nachlaß, Wien.
[63]) Berg an Hertzka, Brief v. 10. 1. 1913 (Universal Edition).
[64]) Berg an Hertzka, Brief v. 22. 1. 1913 (Universal Edition).
[65]) Original im Berg-Nachlaß.
[66]) Berg an Schönberg, Brief v. 31. 1. 1913 (Library of Congress).
[67]) Brief, undatiert (Library of Congress).

Berg ja versuchen zu streichen. Es wird sicher manches entbehrlich sein ...
Vielleicht aber auch nicht ... Für alle Fälle möchte ich Ihnen nahelegen, die
Arbeit Bergs sehr zu beachten. Er ist sehr intelligent und gewissenhaft und
ich habe das Vertrauen zu ihm, daß er nichts überflüssiges tut."[68]) Schließlich war aber auch Schönberg von der Länge überrascht und machte den
Vorschlag, bei den Notenbeispielen zu kürzen. Überdies meinte er, wäre
„vieles zu umständlich gesagt, in dem Bedürfnis, es schön und wirkungsvoll
zu sagen"[69]). Nur Webern fand ermutigende Worte für den *Führer: „Ich*
lese jetzt Deinen Führer — schön langsam. So was kann ich nur äußerst
langsam lesen. Er gefällt mir ausgezeichnet ..."[70])

Hertzka hatte verschiedene Einwände und beauftragte Berg noch im
Herbst desselben Jahres, *„mit Hilfe seines Führers eine Thementafel zu*
machen und die Texte auf das Allergeringste zu beschränken"[71]). Ihm
schwebte folglich ein Programmbuch vor, das 40 bis 50 Seiten inklusive
Liedertexte nicht überschreiten sollte. Berg befürchtete damit eine Konkurrenz zum *Großen Führer: „Es war doch eigentlich mein Zweck und meine*
Freude, daß dieser Führer, dadurch, daß ihn fast jedermann in die Hand
bekommt, doch mehr gelesen wird, daß er, wenn auch nicht vollständig, so
doch theilweise interessiert, anregt und das Publikum, also der Mehrheit
ein wenig Begriff von der musikalischen, d. h. der hohen künstlerischen
Bedeutung der Gurrelieder beigebracht wird ..."[72]) Letztlich wurde Berg
mit Hertzka auch bezüglich der Honorarfrage handelseins. Nach Verkauf
der 6000 Stück *Führer* und *Thementafel (kleiner Führer)* sollte er die
zweite Hälfte des Honorars von 300 Kronen erhalten. Für die Arbeit an
der *Thementafel* erhielt er 50 Kronen Vorauszahlung[73]).

Zur selben Zeit befaßte Berg sich im Auftrag Schönbergs mit der Einzelausgabe der Lieder aus den *Gurreliedern.* Schönberg riet ihm, die Vor- und
Nachspiele möglichst kurz zu halten, die Begleitung womöglich zu verein-
fachen und Anfänge und Schlüsse nicht allzu streng zu nehmen. Auch hatte
er nichts dagegen einzuwenden, wenn Berg den einen oder anderen Schluß
von der Komposition her ändern mußte[74]). Gerade gegen diesen Punkt
lehnte Berg sich auf: *„Sie verzeihen, wenn ich die Arbeit: Schlüsse zu den*
einzelnen Liedern der Gurrelieder zu machen, nicht übernehme. Ich habe
tatsächlich 3—4 Tage angestrengt darüber nachgedacht, habe auch verschie-
denes probiert — aber ich muß einsehn, daß ich es nicht kann. Dort, wo es
allenfalls harmonisch ginge, einen Schlußakkord dazuzusetzen, bringe ich

---

[68]) Schönberg an Hertzka, Brief v. 3. 2. 1913 (Universal Edition).
[69]) Schönberg an Berg, Brief v. 3. 2. 1913 (Berg-Nachlaß, Wien).
[70]) Webern an Berg, Brief v. 27. 2. 1913 (Berg-Nachlaß, Wien).
[71]) Berg an Schönberg, Brief v. 26. 12. 1913 (Library of Congress).
[72]) Ebenda.
[73]) Berg an Schönberg, Brief v. 15. 12. 1913 (Library of Congress).
[74]) Schönberg an Berg, Brief v. 28. 11. 1913 (Berg-Nachlaß, Wien). (In diesem Schreiben
warf Schönberg Berg vor, daß er sich allgemein zu umständlich ausdrücke.)

es ganz einfach nicht übers Herz ... Einen Schluß aber zu ein oder dem anderen Lied dazu zu komponieren, bin ich nicht befähigt. Vielleicht ist das ein geistiges Armutszeugnis. Jedenfalls fehlt mir jegliche Phantasie, etwas, was mir nun so in Fleisch und Blut übergegangen ist wie die Gurrelieder auch nur stellenweis anders zu denken als ich es gewohnt bin! Vielleicht kann das ein anderer, der das Werk nur wenig kennt, besser! Ich bin schon sehr neugierig, aber voller Angst, wie die Universal Ed. sich da hilft — zugleich aber auch unglücklich, daß ich nicht befähigt bin, eine gute Lösung zu finden, und etwas, was so notwendig ist, wie die Einzelausgabe der Gurrelieder zu fördern, d. h. zu einem guten Ende zu führen. Erleichterungen können nicht vorgenommen werden, weil die alten Platten verwendet werden und nur dort, wo es wegen Schluß und Anfang nicht ausgeht, neue gestochen werden ..."[75])

Berg übernahm aber letztlich doch die Einrichtung der vier Lieder für die Einzelausgabe und hielt sich auch dort, wo er die Schlußtakte wie zu „*Nun sag...*" und „*O du wunderliche Tove*" hinzufügen mußte, ganz nach Schönbergs Angaben[76]). In der ersten Hälfte Dezember 1913 beendete er die Arbeit[77]).

Dagegen vergab Schönberg die Klavierauszüge zu seinen beiden Einaktern *Erwartung* und *Die glückliche Hand*, für die Berg sich sehr interessierte, nicht an ihn. Schönberg bestand darauf, daß eine derartige Arbeit nur in ständigem Kontakt mit ihm durchzuführen wäre. „*Man muß über solche Dinge reden können. Womöglich oft. Und hier speciell, wo so schwere Arbeit vorliegt, wären Sie ohne mein Eingreifen nicht zurande gekommen. Ich habe also diese Arbeit von [Eduard] Steuermann machen lassen. Um Sie aber zu entschädigen, will ich Ihnen gleich sagen, daß Sie unbedingt den 4 händigen Auszug von der Kammersymphonie machen sollen...*"[78]) Die Idee eines Auszugs der *Kammersymphonie* war eine alte Lieblingsidee Bergs. So hatte er im August 1911 an Webern geschrieben: „*Wenn Schönberg jetzt in Wien wäre, hätte ich ihn um seinen Klavierauszug der Kammersymphonie gebeten, damit wir ihn zusammen hier spielten. Sehr gerne möchte ich übrigens einen gut spielbaren Auszug machen, den Hertzka verlegen könnte — ja müßte.*"[79]) Nach Fertigstellung der *Thementafel* zu den *Gurreliedern* begann er mit der Arbeit an einem vierhändigen Auszug zur *Kammersymphonie*. Auch hier stand er wieder dem Problem gegenüber, einen gut spielbaren Auszug zustande zu bringen: „*Ich arbeite*

---

[75]) Berg an Schönberg, Brief v. 3. 12. 1913 (Library of Congress).
[76]) Berg an Schönberg, Brief v. 9. 12. 1913 (Library of Congress).
[77]) Vgl. Anm. 76 und Berg an Schönberg, Brief v. 15. 12. 1913 (Library of Congress).
[78]) Schönberg an Berg, Brief v. 20. 11. 1913 (Nachlaß Berg, Wien). Steuermann fertigte den Klavierauszug zur *Erwartung* an. Der Auszug zu *Die glückliche Hand* war eine Gemeinschaftsarbeit von Steuermann, Hanns Eisler und Felix Greissle. Die Originalmanuskripte liegen als Leihgabe der Universal Edition in der Musiksammlung der Wiener Stadtbibliothek.
[79]) Berg an Webern, Schreiben v. 20.(?) 8. 1911 (Wiener Stadtbibliothek).

am Kammersymphonieauszug langsam weiter. Ihn leicht spielbar zu machen, fällt mir unendlich schwer. Jetzt arbeite ich das Scherzo nochmals ganz um. Wenn mir das auch noch Sorge macht, so schwelge ich förmlich in der mir immer wieder neu aufgetauchten Schönheiten des Werkes selbst. Ich lerne es jetzt erst kennen und verstehen . . ."[80]) Ende 1914 oder Anfang 1915 scheint Berg die Arbeit vollendet zu haben. Aus nicht bekannten Gründen wurde sie nicht gedruckt, und das Manuskript liegt heute — noch immer unveröffentlicht — im Berg-Nachlaß in der Musiksammlung der Österreichischen Nationalbibliothek.

Damit war Bergs Tätigkeit für Schönberg und die Universal Edition in den Jahren 1911 bis 1914 noch nicht erschöpft. Einesteils waren es noch Transpositionen von Liedern von Richard Strauss, die er für Hertzka arbeitete[81]), zum andern war er im Juni 1911 von Schönberg mit der Abfassung des Registers der zu diesem Zeitpunkt im Druck befindlichen *Harmonielehre* betraut worden[82]). Ende Juli und Anfang August 1911 war er mehrmals bei Schönberg, um mit ihm über die Anlage des Registers zu sprechen[83]). In einem Schreiben an Paul Hohenberg vom Sommer 1911 liest man: *„Die erste Zeit hatte ich hier auch eine Groß-Arbeit, wo ich täglich 8—9 Stunden las und studierte. Ich mußte noch einmal Schönbergs ganze Harmonielehre durchnehmen, behufs Correcturen — was mich, den von Nader in ‚Deutsch Geschmissenen‘ eigentümlich berührte*[84]) *— und behufs einer Anfertigung eines Registers.*"[85]) Das Studium des Werkes entlockte ihm begeisterte Worte: *„Ich bin von der Lektüre der Harmonielehre so überwältigt, so ganz ausgefüllt, daß ich über alles und jedes reden möchte . . .*"[86]) In einem anderen Schreiben wiederum spricht er von dem *„Kampf, zwischen meiner großen Liebe für das Werk selbst, und dem Wunsche streng sachlich zu bleiben*"[87]). Den Großteil der Arbeit am Register erledigte er im September 1911[88]). Im Oktober konnte Schönberg das fertige Register, das er *„ganz famos"* fand[89]), Hertzka überreichen. Zugleich ersuchte er diesen, Berg für die Arbeit 100 Kronen auszuzahlen, da es *„sehr viel Arbeit"* gewesen wäre[90]).

---

[80]) Berg an Schönberg, Brief v. 8. 10. 1914 (Schönberg-Nachlaß, Los Angeles).
[81]) Berg an Webern, Brieffragment (1913?) (Wiener Stadtbibliothek). Im Archiv der Universal Edition hat sich davon nichts erhalten.
[82]) Schönberg an Hertzka, Brief v. 23. 6. 1911 (Universal Edition). In dem Brief heißt es u. a.: *„Bitte geben Sie dem Herrn Berg das Exemplar meiner Harmonielehre, das bei Ihnen liegt. Er wird Ihnen sagen, wozu er es braucht . . ."*
[83]) Berg an Webern (undatiert) (Wiener Stadtbibliothek).
[84]) Vgl. das Kapitel über die Schulzeit.
[85]) Kopie des undatierten Schreibens in Wiener Stadtbibliothek.
[86]) Berg an Schönberg, Brief (Sommer 1911) (Library of Congress).
[87]) Berg an Schönberg, Brief (August 1911?) (Library of Congress).
[88]) Berg an Webern, Schreiben v. 28. 9. 1911 (Wiener Stadtbibliothek).
[89]) Lt. Webern an Berg, Brief v. 24. 10. 1911 (Berg-Nachlaß, Wien).
[90]) Schönberg an Hertzka, Brief (Oktober 1911) (Universal Edition).

Bergs Beteiligung an der Uraufführung von Arnold Schönbergs Gurreliedern

Als der *Verein für Kunst und Kultur* am 14. Jänner 1910 ein *Schönberg-Kompositionskonzert* veranstaltete und zum erstenmal den ersten Teil der *Gurrelieder* mit Klavierbegleitung brachte — die Vor- und Zwischenspiele wurden auf zwei Klavieren achthändig von Anton Webern, Etta Werndorff, Rudolf Weirich und Arnold Winternitz gespielt[1] —, war der Erfolg nach Schönbergs Worten so *„enthusiastisch"*[2]), daß die Öffentlichkeit eine Aufführung des ganzen Werkes in der originalen Besetzung verlangte. Schönberg hatte die Arbeit jedoch aus verschiedenen Gründen unterbrochen. Vor allem schienen ihm die technischen Schwierigkeiten einer Aufführung unüberwindlich und die Kosten zu hoch. Dazu kam, daß er in der langen Zeit vom Beginn der Arbeit (1900) bis 1910 eine stilistische Entwicklung durchgemacht hatte[3]). Der Erfolg der Aufführung vom Jänner 1910 ließ ihn aber doch den Plan einer Vollendung fassen, und letztlich war diese doch ein Anliegen, da er sich einen künstlerischen Durchbruch in der Öffentlichkeit erhoffte, die sich für sein weiteres Schaffen nur sehr vorteilhaft auswirken könnte. *„Ich bin sicher, daß dieser Erfolg der Verbreitung meiner anderen Werke sehr nützen wird ... Dieses Werk ist der Schlüssel zu meiner ganzen Entwicklung. Es zeigt mich von Seiten, von denen ich mich später nicht mehr zeige ... Es erklärt, wie alles später so kommen mußte und das ist für mein Werk so enorm wichtig, daß man den Menschen und seine Entwicklung von hier ab verfolgen kann!"*[4]) Am 7. November 1911 beendete er die Komposition. Noch im September 1911 hatte er das unfertige Manuskript Franz Schalk zur Einsicht gegeben, der jedoch eine Aufführung für unmöglich hielt[5]).

Im Frühjahr 1912 wurden endlich die ersten Bemühungen bemerkbar, die auf eine Aufführung hinzielten[6]). Schreker berichtete Schönberg, daß er eine Aufführung für November in Aussicht genommen hätte[7]). Von Berg stammte die Idee, zu einer Subskription aufzurufen. Darüber berichtete er Schönberg und holte dessen Zustimmung ein[8]). Ab wann aber die sogenannte *Gurrelieder-Action* tatsächlich lief, ist nicht verbürgt. Webern fragte im April 1912 bei Berg an, was denn mit dieser Aktion wäre[9]). Das Antwortschreiben Bergs fehlt. Hingegen schrieb Berg an Schönberg, daß die

---

[1]) Programmzettel in Wiener Stadtbibliothek.
[2]) Undatiertes Schreiben (Schönberg-Nachlaß, Los Angeles).   [3]) Ebenda.
[4]) Schönberg an Hertzka, Brief v. 19. 8. 1912 (Universal Edition); Schönberg-Gedenkausstellung, S. 242.
[5]) F. Schalk an Schönberg, Brief v. 22. 9. 1911 (Library of Congress).
[6]) Vgl. dazu auch Katalog der Schönberg-Gedenkausstellung, S. 242 f.
[7]) Schreker an Schönberg, Brief v. 15. 3. 1912 (Schönberg-Nachlaß, Los Angeles). Abdruck in: Arnold Schönberg-Franz Schreker, Briefwechsel. Hrsg. von F. C. Heller, Tutzing 1974 (Publikationen des Instituts für Musikdokumentation, Bd. 1).
[8]) Schönberg an Berg, Brief v. 19. 4. 1912 (Berg-Nachlaß, Wien).
[9]) Webern an Berg, Brief v. 28. 4. 1912 (Berg-Nachlaß, Wien).

Subskriptionsaktion für eine Aufführung im Herbst 1912 geplant wäre, und zwar unter Schreker, und daß ein Komitee von 25 Personen Unterschriften zu sammeln beabsichtige[10]). Angeblich hatte auch schon eine Sitzung stattgefunden, bei der Schreker, Linke, Stefan, Müller-Hermann und Berg u. a. zugegen waren. Dabei wurde über die Höhe der Subskription gesprochen. Hertzka kam mit dem Vorschlag, bei Abnahme von 10 Karten ein vom Komponisten numeriertes Exemplar des Klavierauszugs abzugeben[11]). Ein Komitee bildete sich im Mai. Schreker lud Richard Specht, Stefan, W. Wymetal, Müller-Hermann, Linke und Berg am 22. Mai 1912 *„zum Zwecke der Konstituierung eines Arbeits-Komitees für die von mir geplante Aufführung der ‚Gurre-Lieder‘ von Arnold Schönberg Freitag den 24. Mai 5 Uhr nachmittag im Bureau des Herrn Direktor Hertzka Universal Edition I, Reichsratsstrasse 9“* ein[12]). In dieser Sitzung wurde ein Rundschreiben mit folgendem Wortlaut erarbeitet: *„Der Philharmonische Chor bereitet unter der Leitung seines Dirigenten Franz Schreker für die kommende Saison eine Aufführung der Gurre-Lieder von Arnold Schönberg ... vor. Die Gurre-Lieder sind das Hauptwerk aus Schönbergs älterer Periode ... Das ganze Werk begleitet ... das gesamte Schaffen Arnold Schönbergs durch viele Jahre.*

Die Aufführung der Gurre-Lieder erfordert ein Orchester von etwa 150 Mann, vier Chöre, vier Solisten und einen Sprecher. Um die Schwierigkeiten und Kosten eines solchen Unternehmens zu überwinden ist es nötig, schon jetzt durch eine entsprechende Organisation des Kartenverkaufes eine materielle Grundlage dafür zu schaffen. Der gefertigte Arbeits-Ausschuss bittet daher Euer Hochwohlgeboren, als Mitglied eines vorbereitenden Komitees unsere Bemühungen zu unterstützen. Über die Art, wie dies geschehen kann, soll in der ersten Sitzung dieses Komitees das Nötige gesagt werden. Diese Sitzung findet am 4. VI. 5ʰ nachm. im Klein. Musikvereinssaal statt ...

Die Universal-Edition hat sich bereit erklärt, jedem der sich um das Zustandekommen der Aufführung besonders verdient macht, einen nicht für den öffentlichen Verkauf bestimmten Klavierauszug des Werkes zu widmen; jedes Exemplar dieser kleinen, numerierten Auflage wird vom Komponisten handschriftlich gefertigt werden. Ausserdem sind für alle Mitglieder des vorbereitenden Komitees (denen diese Einladung gilt) besondere Begünstigungen beim Bezug von Karten und beim Einlass auch zu nicht öffentlichen Proben vorgesehen ... Wien, am 30. Mai 1912.“[13]) Das Rundschreiben trägt die faksimilierten Unterschriften von Schreker, Linke, Hertzka und Berg (u. a.).

Die darin angezeigte Sitzung fand tatsächlich am 4. Juni im Kleinen Musikvereinssaal statt. Berg schrieb darüber an Schönberg, daß der Besuch

---

[10]) Brief, undatiert an Schönberg (Library of Congress).
[11]) Ebenda.
[12]) Original im Berg-Nachlaß, Wien.   [13]) Ebenda.

nicht gut gewesen sei und die Anwesenden zirka 1700 Kronen, Loos allein
davon 500 Kronen, eingezahlt hätten. Ferner wurde in der Sitzung die Absicht ausgesprochen, das Zirkular mit ähnlichem Wortlaut drucken zu lassen,
was in der Folge auch geschah[14]). Es erschien mit Datum vom 8. Juni und
mit einer Reihe von Namen prominenter Persönlichkeiten, die sich an der
Sache beteiligten und für Karten im voraus zeichneten. Berg, Stefan, Wellesz
bestellten beispielsweise Karten zu je 100 Kronen. Auch dem Arbeitsausschuß gehörten bald Namen von Klang an: Guido Adler, David Josef Bach,
Julius Bittner, Erhard Buschbeck, Eduard Gärtner, Adolf Loos, Alma Mahler, Ernst Morawetz, Alfred Roller, Bruno Walter, Arnold Rosé, Richard
Specht, Wellesz, Berg u. a.

    Im Juni 1912 schloß der Philharmonische Chor mit dem *Akademischen
Verband für Literatur und Musik* einen Vertrag über die finanzielle Beteiligung an der Aufführung[15]). Der Akademische Verband trat später
jedoch wieder von dem gemeinsamen Projekt zurück. Berg reiste in der
Sommerpause, in der für die Aktion nur wenig zu tun war, auf den Berghof,
wo er am dritten und vierten Lied der *Orchesterlieder op. 4* arbeitete. Im
Herbst war die Frage der Aufführung noch immer offen. Der Philharmonische Chor wollte die Bürde von sich wälzen und die Aufführungsangelegenheit dem Komitee der 2. *Wiener Musikfestwoche* übergeben[16]). Schönberg
zeigte für dieses Spiel der Intrigen in Wien kein Verständnis und dachte
daran, Berlin für die Uraufführung zu gewinnen[17]). In Wien hielt man jedoch weiterhin an dem Plan fest, und Berg bemühte sich, weitere Kreise dafür zu interessieren[18]). Im November entschied man sich aus Probegründen
für eine Aufführung im Februar des folgenden Jahres. Man begann im Dezember 1912 mit Proben und wollte damit im Jänner 1913 fortsetzen. „*Daß
5 Proben im December und 5 im Jänner sein sollen, halte ich nicht nur für
ungünstig, sondern im Gegenteil, für sehr günstig. Das ist wieder so eine
Eigenmächtigkeit von Hertzka. Ich glaube, daß die dazwischen liegende
Zeit ebenso aufklärend aufs Orchester wirkt, wie 2—3 Proben.*"[19]) Die
dazwischenliegende Pause ergab sich, weil Schreker noch andere Dirigierverpflichtungen hatte. Noch ungeklärt war, wo Schreker die Riesenbesetzung hernehmen würde[20]). Am 21. Dezember berichtete Berg an Schönberg,
daß der Philharmonische Chor schon probe, allerdings noch ohne Männerchor. Man dachte, kleinere Chöre als Verstärkung heranzuziehen. Berg
sollte im folgenden während Schrekers Abwesenheit von Wien[21]) zwei
Proben des gemischten Chores leiten und auch den Männerchor. Er war von

[14]) Brief v. 5. 6. 1912 an Schönberg (Library of Congress).
[15]) A. a. O., S. 88.
[16]) Lt. Bergs Brief v. Anfang Oktober 1912 an Webern (Wiener Stadtbibliothek).
[17]) Schönberg an Hertzka, Brief v. 10. 10. 1912 (Universal Edition).
[18]) Berg an Schönberg, undatiert (Library of Congress).
[19]) Schönberg an Berg, Brief v. 4. 12. 1912 (Berg-Nachlaß, Wien).
[20]) Brief v. 6. 12. 1912 an Schönberg (Library of Congress).
[21]) Schreker war nach Frankfurt gereist.

der Idee begeistert, hatte aber Zweifel an seinen eigenen Fähigkeiten[22]).
„Das Schwanken zwischen dem Für und Wider hat aufgehört, als mir Schreker sagte, falls ich es nicht mache, würde er es dem Dr. Weigl [Korrepetitor der Hofoper] geben!! Und so studiere ich jetzt wie rasend die Chöre, die einzelnen Stimmen, und freu' mich und zittere zugleich vor der ersten Probe am 30ten."[23])

Schönberg und Webern gaben ihm Ratschläge, wie man bei den Proben vorzugehen hätte: Webern schrieb, er müsse *„gleich stimmenweise beginnen, falls der Chor noch keine Probe hatte, schwere Stellen von Gruppen der betreffenden Stimme, ja sogar einzeln singen lassen. Ganz langsam vorgehen. Bis zu einem Abschnitt zuerst jede Stimme durch, dann zusammen, oder zuerst die Frauenstimmen zusammen, dann die Männerstimmen (ja, unmittelbar, nachdem Du Sopran und Alt, bezw. Tenor und Baß durchgenommen. Wenns nicht geht, gleich die Stimmen wieder einzeln . . . Kurz, so langsam als möglich vorgehen. Eventuell nur ein paar Takte bei der ersten Probe, aber möglichst viel gleich fertig stellen. Dann haben die Leute das Gefühl, sie haben etwas gelernt. Ein erstmaliges Durchsingen ist beim Chor unmöglich . . . Ich habe am Anfang meiner Tätigkeit von A—Z Schönberg copiert, wie er damals mit uns die Chorproben hielt. Daher meine Weisheit . . ."*[24])

Berg hat sich bei den Proben sicherlich sehr genau nach diesen Anweisungen gerichtet, und vor allem auch nach Schönbergs persönlichen Ratschlägen, die dieser ihm am 28. Dezember sandte: *„Selbstverständlich sollen Sie die Gelegenheit, praktisch zu musicieren unbedingt benützen und die Proben zu den Gurrelieder-Chören und zu den Solis unbedingt machen. Es wird zwar für Sie, die Sie so was zum erstenmal machen, nicht leicht sein. Deshalb möchte ich Ihnen das Wichtigste rasch sagen, was auch meiner Erfahrung entspricht. Nämlich: wenn Sie unterbrechen (und Sie müssen sooft unterbrechen, als Sie einen Fehler 1.) hören und 2.) wissen, wie er zu verbessern ist, müssen Sie sich so k u r z und k l a r ausdrücken, als es möglich ist. Möglichst wenig reden. Niemals geistreich sein. Vor allem aber: es giebt nur folgende Arten von Fehlern:*
1. Falsche Noten (eventuell falsche Intonation)
2. Falscher Rhyt[h]mus (eventuell falsche Deklamation, Textaussprache!)
3. Falsche Dynamik (p, f)
4. Falsche Phrasierung.
Es giebt demnach keine anderen Korrekturen und Erklärungen, als:
1) g (statt gis); zu hoch, zu tief,
2) den richtigen Rhyt[h]mus vorzeigen (schärfer, weicher)
3) p und f, stärker oder schwächer verlangen
4) Die Atemeinteilung, die Betonung (p, f)

---

[22]) Brief v. 11. 12. 1912 an Webern (Library of Congress).
[23]) Brief v. 26. 12. 1912 an Webern (Wiener Stadtbibliothek).
[24]) Webern an Berg, Brief v. 27. 12. 1912 (Berg-Nachlaß, Wien).

Die Absätze und Anfänge korrigieren. Letzteres (4) gehört schon zur feineren Ausarbeitung. Wenn man etwas vom Singen versteht, kann man ja manches technische noch sagen. Man kann auch auf gute Textaussprache achten, aber a l l e s andre, insbesondere: Stimmungen, Ideen, Schönheit, Karakter [sic!] und alles Poetische ist von Uebel!! Das ist für uns, aber nicht für den Chor! Glauben Sie mir das und beherzigen Sie es, so rasch Sie es können. Ich mußte es auch lernen. Und die Kunst besteht darin, p und f so richtig zu verlangen, daß dadurch allein alles andere mitkommt. Das ist nicht von mir, sondern von allen Kapellmeistern; aber es ist trotzdem wahr!"[25])

Berg fürchtete die technische Seite des Dirigierens. Zu Hilfe kamen ihm aber doch auch persönliche Erinnerungen an die Zeit von Schönbergs Chorproben[26]), und so fand er sich zurecht. Zu Silvester 1912 berichtete er Schönberg, daß er hauptsächlich mit den Frauenstimmen geprobt hätte. Er erarbeitete mit diesen den Schlußchor und war anfangs stimmenweise und dann in Gruppen vorgegangen. *„Zum Unterschied von Schreker habe ich immer a cappella geprobt. (Die) Sachen sitzen jetzt."* Hauptsächlich hätte er Rhythmisches, aber auch Melodisches und Dynamisches zu korrigieren gehabt[27]).

Da ihm die Frage der Sprechstimme Sorgen bereitete, wandte er sich an Schönberg mit dem Ersuchen, ihm mitzuteilen, wie er sich den Vortrag vorgestellt hätte. Umgehend kam die Antwort: *„Zu Gurrelieder (Sprecher). Hier ist die Tonhöhen-Notation keinesfalls so ernst zu nehmen wie in den Pierrot-Melodramen. Keinesfalls soll hier eine so gesangsartige Sprechmelodie entstehen, wie dort. Gewahrt bleiben muß durchaus der Rhythmus und die Tonstärke (entsprechend der Begleitung). Bei einigen Stellen, in denen es [?] sich fast melodisch benimmt, könnte e t w a s (!!) musikalischer gesprochen werden. Die Tonhöhen sind nur als ‚Lagenunterschiede' anzusehen, d. h. die betreffende Stelle (!!! nicht die einzelne Note) ist höher resp. tiefer zu sprechen."*[28])

Für die Rolle des Sprechers hatte sich Albertine Zehme angeboten. Schönberg lehnte ab. Er erklärte sich vielmehr mit Wilhelm Klitsch einverstanden, den Berg wiederum nicht wollte, weil er ihn nicht genug musikalisch fand[29]). Sollte Klitsch aber doch der Sprecher sein, wollte er mit diesem die Sprechrolle einstudieren.

Auch organisatorische Wege erledigte Berg: er sprach mit Alfred Roller wegen des Entwurfs eines Plakates für die Uraufführung und erhielt dessen Zusage[30]). Tags darauf schrieb er an Schönberg über die unerwarteten

---

[25]) Schönberg an Berg, Brief v. 28. 12. 1912 (Berg-Nachlaß, Wien).
[26]) Schönberg leitete 1907 den Chormusikverein, vgl. S. 39 (Berg sang dort den Baß).
[27]) Original Library of Congress.
[28]) Schönberg an Berg, Brief v. 14. 1. 1913 (Berg-Nachlaß, Wien).
[29]) Brief v. 30. 1. 1913 an Schönberg (Library of Congress).
[30]) Brief v. 31. 1. 1913 an Schönberg (Library of Congress).

Schwierigkeiten bei den Proben. Bisher hatte man nur vier Proben gehabt. Das Material war überdies noch immer fehlerhaft. Fehler waren im Holz, zudem hatte man auf Studierzahlen vergessen oder nur an solchen Stellen eingesetzt, wo sie nicht unbedingt nötig waren. Die Fehler in der Partitur zu finden, fiel ihm überaus schwer: *„Unmöglich, in reichen Stellen herauszu-hören, wer falsch bläst. Schreker weiß nicht die richtigen Tempi!!"*[31]), und er glaubte Berg nicht und ließ ihn auch nicht zu den Separatproben. Da am 17. Februar die Einzelproben beginnen sollten und korrigiertes Material noch nicht vorhanden war, stellte Schreker als Bedingung für eine Aufführung Schönbergs Anwesenheit in Wien. Der Philharmonische Chor und Hertzka telegraphierten in diesem Sinne an Schönberg, worauf dieser gereizt reagierte[32]). Er warf Schreker vor, daß er die Partitur zu wenig studiert hätte, und war der Meinung, daß zwei Musiker wie Berg und Schreker doch imstande sein müßten, die Fehler in der Partitur herauszufinden. Berg hingegen hatte Schönberg wissen lassen, daß er selbst gegen eine derartige telegraphische Aufforderung war, aber begrüßen würde, wenn er die Probenarbeit erleichtere: *„Schreker kennt sich wirklich nicht aus ... Ich habe mich immer zurechtgefunden und habe Schreker vielleicht 100mal aufmerksam gemacht und mit den Orchesterleuten und Frauenstimmen Ordnung geschafft, zweifelhafte Stellen klargelegt, aber mein Gehör ist nicht so fein, vielleicht habe ich auch zu wenig Übung ... in ff-Stellen, wo 20—30 Instrumente alle möglichen Läufe, Triller, Synkopen haben, herauszuhören, welches Instrument da eine Teilung erzeugt ..."*[33])

Berg leitete auch noch im Februar Proben. Die Schwierigkeiten, die die Fehler in der Partitur und Stimmen verursachten, ließen zwischendurch das Gerücht einer Absage aufkommen, obgleich das Konzert bereits affichiert war und der Kartenverkauf außerordentlich gut ging. Am 23. Februar kam es dann doch zu einer glanzvollen Premiere, und auch die Presse war voll des Lobes[34]). Die Schüler Schönbergs wurden Zeuge, wie ihr Lehrer erstmals einhellig von Publikum und Kritik gefeiert wurde. In Weberns Bericht heißt es: *„Welch' ein Moment meines Lebens! Unvergeßlich! Ich kann es nicht sagen, welchen unermeßlichen Eindruck Dein überherrliches Werk auf mich gemacht hat ... Die Empfindung dieses brausenden, unerhörten Klanges regt mich auf zum Vergehen. Wie eine Naturgewalt sondergleichen ... daß ich diesen Augenblick erleben durfte, da die Mitmenschen schrankenlos vielleicht zum erstenmale so Deine Größe begriffen ..."*[35]) Und Berg dankte, daß es ihm vergönnt gewesen war, *„ein Concert zu arrangieren, das einen so schönen großen Erfolg hatte ..."*[36])

---

[31]) Brief v. 1. 2. 1913 an Schönberg (Library of Congress).
[32]) Schönberg an Hertzka, Brief v. 6. 2. 1913 (Universal Edition).
[33]) Brief, undatiert an Schönberg (Library of Congress).
[34]) Vgl. im besonderen die Berichte der *Neuen Freien Presse, Neues Wiener Journal, Neues Wiener Tagblatt.*
[35]) Webern an Schönberg, Brief v. 24. 2. 1913 (Library of Congress).
[36]) Brief, undatiert an Schönberg (Library of Congress).

Im März 1913 sollten die *Gurrelieder* wiederholt werden, und Vorbestellungen auf Karten trafen beim Philharmonischen Chor ein[37]). Die Aufführung wurde zuerst vom 19. auf den 27. März 1913 verschoben und schließlich wegen einer Intrige abgesetzt[38]). Eine Wiederholung kam erst im März 1914 zustande.

Ein Schönberg-Buch (1912)

Die erste große redaktionelle Arbeit, die fast allein in Bergs Händen lag, war die Herausgabe des 1912 bei Piper & Co. in München erschienenen Sammelbandes mit dem Titel *Arnold Schönberg. Mit Beiträgen von Alban Berg, Paris von Gütersloh, K. Horwitz, Heinrich Jalowetz, W. Kandinsky, Paul Königer, Karl Linke, Robert Neumann, Erwin Stein, Ant. v. Webern, Egon Wellesz*[1]).

Anlaß zu diesem Buch gab die Polemik des Kritikers Stauber gegen Schönberg nach dem Konzert vom 24. April 1911, in der Schönbergs Lehrbefähigung angezweifelt wurde[1a]). Die Schüler veranstalteten daraufhin nicht nur einen Aufruf gleichsam zur Ehrenrettung Schönbergs, sondern auf Anregung von Karl Horwitz befaßte man sich auch mit dem Plan einer Flugschrift. Darin wollten die Schüler zum Ausdruck bringen, was Schönberg für sie bedeutete und *„was sie sich überhaupt über Schönberg als Lehrer dachten"*[2]). Im Herbst 1911 ging man an die Verwirklichung dieser Idee. Paul Stefan wollte anfangs den Berliner Verleger Paul Cassierer dafür gewinnen[3]), letztlich aber fand man über Kandinsky Kontakte zum Münchner Verlag Piper & Co.[4]). Am Plan sogenannter *„Besprechungen"* über Schönberg als Lehrer hielt man auch noch im Herbst fest, doch kam von Stefan der Vorschlag, einen größeren Teil über Schönberg als Komponisten, *„etwa mit Biographischem"* dem Kapitel über den Lehrer voranzustellen[5]). Berg war damit einverstanden und schrieb darüber an Webern: *„Ich finde die Idee nicht gerade schlecht und darum realisierbar, weil ich mir Deinen Aufsatz am passendsten dazu gedacht habe."*[6]) Im Dezember kam noch der

---

[37]) Brief v. 16. 4. 1913 an Schönberg (Library of Congress).
[38]) Berg an Schönberg, Brief v. 16. 4. 1913 (Library of Congress).

[1]) Im Berg-Nachlaß hat sich ein Konvolut mit Korrekturabzügen zum Schönberg-Buch gefunden sowie auch diesbezügliche Korrespondenzstücke, darunter von Kandinsky. Daraus ist seine Redaktionsarbeit eindeutig ersichtlich. So lag beispielsweise die letzte Gesamtkorrektur des Buches vor der Drucklegung in seinen Händen.
[1a)] Vgl. S. 51.
[2]) Webern an Schönberg, Brief v. 4. 5. 1911 (Library of Congress).
[3]) Lt. einer Notiz Josef Polnauers (Universal Edition).   [4]) A. a. O., vgl. S. 78.
[5]) Berg an Webern, Brief v. Ende Oktober 1911 (Fragment) (Wiener Stadtbibliothek).
[6]) Vgl. Anm. 5; Webern hatte einen Artikel über Schönbergs Musik geschrieben, der in Berlin bei Tischer und Jagenburg erscheinen sollte. Dazu kam es jedoch nicht. Webern veröffentlichte den Beitrag unter dem Titel „Schönbergs Musik" im Buch 1912. — Anfangs hatte er überdies gedacht, über Schönbergs *Harmonielehre* zu schreiben. Diesen Artikel verfaßte schließlich Heinrich Jalowetz (vgl. auch Webern an Berg, 21. 12. 1911, Berg-Nachlaß, Wien).

Abschnitt *Schönberg als Maler* hinzu, da Kandinsky von Webern zur Mitarbeit eingeladen wurde und Berg sich in Wien mit Gütersloh absprach[7]). Nur durfte Gütersloh vom Beitrag Kandinskys und umgekehrt nichts wissen[8]). Wie tief Berg bereits im Jänner 1912 in der Redaktionsarbeit steckte, ließ er Webern in einem ausführlichen Brief wissen, in dem er diesen um seine Meinung bat[9]): „. . . *Nun muß ich Dich bitten, mir das nachfolgende in Kürze zu beantworten. Und zwar so, daß ich es Dienstag den 30ten früh schon weiß, da ich nachmittag wieder mit Stefan, Linke, Königer, Gütersloh zusammentreffe. Es handelt sich um die Broschüre. Vor allem die Titel. Du schreibst: ,Es muß ja übrigens nicht einheitlich sein!' Und das meine ich auch! Könnten die Titeln z. Bsp. so lauten*

1) Biografisches
2) Werke
3) Zur Einführung (Linke)
4) Schönbergs Musik
5) Die Harmonielehre
6) Schönbergs Malerei (Kandinsky)
7) Schönberg, der Maler (Gütersloh)
8) Der Lehrer
?

ad 1) soll Biografisches stehen oder nichts? Ebenso ad 2)? Paßt Dir ad 3)? Ich finde es sehr gut! Linke nennt seinen Aufsatz so!

ad 6 und 7) Das ist das schwerste!! Kann es so bleiben? Es sind dies die Titeln der Verfasser selbst. Gütersloh legt viel Gewicht darauf, daß seiner so bleibt[10]). Ich glaube, Kandinsky könnte man auch ,Schönbergs Bilder' nennen[11]). Ein Titel für beide Aufsätze geht wohl nicht, man müßte sie dann I, und II nennen, da die Namen der Autoren ja immer hinter den Aufsätzen stehen sollen (das ist doch besser als vorn. Nicht??) Anderenfalls gienge denn auch der Gesammttitel: Der Maler I von Kandinsky, II von Gütersloh! Mir dünkt am besten: Schönbergs Bilder (Kandinsky), und Schönberg der Maler (Gütersloh).

Zu den Bildern!! Damit haben wir viel Scherereien. Kandinsky resp. Piper haben in München nur 2 Clichés, das gehende Selbstporträt, und die roth umränderten Augen (Vision), eventuell die von mir übersandte sehr gute Fotogr[afie] des Porträts meiner Frau (als Beispiel eines Porträts!) Kandinsky aber erwähnt in seinem Aufsatz u. a. das Porträt in rosa (das wohl das der alten Fr. Zemlinsky ist.) Er schrieb mir, ob Du es nicht bei Schönberg, wo es jetzt ist, heimlich fotografieren lassen könntest . . . Die Hauptsache sind doch die Visionen. Und die verschafft uns Gütersloh aus Pest. (Auch das blau gelbe Selbstporträt und Mahler). So hoff! ich, daß alles mit

---

[7]) Webern an Berg, Brief v. 28. 12. 1912 (Berg-Nachlaß, Wien).   [8]) Ebenda.
[9]) Brief (undatiert, ca. 23. 1. 1912) (Wiener Stadtbibliothek).
[10]) Der Titel lautete dann auch: „Schönberg, der Maler".
[11]) Kandinskys Beitrag lautet: „Die Bilder".

den Bildern gut gehn wird! (Übrigens ist Kandinskys Aufsatz sehr sehr schön!)

Nun zum Punkt ‚der Lehrer'. Allgemein will man, daß Linkes Aufsatz zuerst kommt[12]*). Was schließlich etwas für sich hätte. Dann aber wollte man alphabetisch vorgehn, was ich im Prinzip sehr gut finde, aber in diesem Falle — schlecht. Auf diese Weise käme als letzter Aufsatz — als letztes Wort im Buch: Wellesz. Das geht doch nicht: So meinte ich, am ehesten ginge es verkehrt alphabetisch, was Linke darum gut fände, weil dann mein Beitrag zum Schluß käme, der zum Unterschied von den andern, die mehr ins Detail gehn, allgemein gefaßt ist, mit einem ‚großen Ausblick' (Linke!). Schließlich einigten wir uns auf eine inhaltliche ‚Ordnung' der Beiträge, worüber wir nachdenken wollen und in 8 Tagen uns einigen müssen. Was sagst Du dazu? Wenn meiner wirklich zum Schluß kommen soll (was mir sehr recht wäre, weil i c h dann gleichsam das Buch beschließe, was Du anfängst, so denke ich mir etwa folgende Ordnung: Linke, Neumann, Wellesz, Horwitz, Jalowetz, Webern, Königer, ich . . .*[13]*) Der neueste, aber letzte Invasionsversuch (von) Stefan ist d e r. Er will, wie einmal angedeutet*[14]*) zu den Schüler-Beiträgen ein Vorwort von cirka 10 Zeilen schreiben (um überhaupt nur ins Buch zu kommen.) Ich weiß nicht, ob er es mit seinem Namen zeichnen will und wenn ja, ob er es dann in dem Titel . . . vermerkt haben will."*[15]*)

Dem weiteren Schreiben ist übrigens zu entnehmen, daß Berg an Schönberg regelmäßig Rezensionen von Wiener Zeitungen, und zwar in dessen Auftrag, geschickt hat, was ihm *„unangenehm genug war, alle Tage an Seite des Max Graf*[16]*) . . . im Café Gröpl in Hietzing die Zeitungen durchzustöbern . . ."*

Bei der Auswahl und Bewertung der einzelnen Beiträge fragte Berg Webern mehrmals um seine Meinung. Bemerkenswert ist dazu die Stellungnahme zu Wellesz, der nicht nur wenige Worte über den Lehrer Schönberg, sondern auch einen größeren Beitrag schrieb. Der Aufsatz wurde jedoch nicht abgedruckt, da Berg ihn *„überflüssig"* fand. Allerdings sollte Webern die Absage Wellesz gegenüber begründen[17]).

Im Februar 1912 waren die einzelnen Beiträge bereits festgelegt, und Berg führte mit Kandinsky und Piper noch einen Schriftwechsel bezüglich

---

[12]) Linkes Aufsatz „Zur Einführung" ist der erste Beitrag im Buch. Diesem voraus geht nur ein kurzer biographischer Abriß, den Paul Stefan verfaßt hat. Berg hat jedoch davon Abstand genommen, Stefan namentlich anzuführen.

[13]) Über die Reihung siehe den eingangs zitierten Titel. Näheres ist dem Buch zu entnehmen. Ein Exemplar befindet sich in der Wiener Stadtbibliothek. — Bergs Aufsatz wurde überdies von Stefan korrigiert. Webern war empört (21. 12. 1911 an Berg, Berg-Nachlaß). Vermutlich entschloß Berg sich daraufhin, die Redaktion ganz in die Hand zu nehmen.

[14]) Vgl. den Brief v. Ende Oktober 1911 (Original Wiener Stadtbibliothek).

[15]) Vgl. Anm. 11.

[16]) Der Kritiker Max Graf, der sich einige Jahre hindurch Schönberg gegenüber ablehnend verhielt.   [17]) Brief (undatiert) an Webern (Wiener Stadtbibliothek).

Art und Anzahl der Illustrationen. Auf Bergs Betreiben entschloß Piper sich, die Zahl der Reproduktionen von vier auf fünf zu erhöhen[18]). Bei der Betitelung der Bilder herrschte gleichfalls Unklarheit. Piper wählte anfangs — wohl auf Anraten Kandinskys — Bezeichnungen, die nicht im Sinne Bergs waren, und Berg scheint Schönbergs Intentionen gekannt zu haben. Auf ein Telegramm hin wurden die Titel berichtigt. Erwähnenswert ist auch, daß Berg in dem genannten Brief davon spricht, daß Schönberg eines der Bilder — um welches es sich hiebei handelt, ist fraglich, möglicherweise aber um das *„Selbstporträt von hinten"*, das Schönberg entlang eines Weges (einer Mauer?) wandernd zeigt — nach Karl Kraus' *Die chinesische Mauer* genannt haben soll.

Das Buch wurde Schönberg im Februar 1912 in Prag überreicht. Dieser zeigte sich gerührt: *„Ich finde, es wird da wirklich viel zu überschwenglich von mir gesprochen. Für dieses Lob bin ich zu jung, habe noch zu wenig und zu wenig Vollendetes geleistet. Meine bisherigen Leistungen kann ich immer nur noch als eine Hoffnung auf die Zukunft ansehen, als ein Versprechen, das ich vielleicht halten werde ... aber andererseits war ich doch von der großen Liebe, die aus all dem spricht so überwältigt, daß ich wirklich, so weit so etwas glücklich machen kann, glücklich gewesen bin ... Ich finde alles ... so gut und mit so schönen Ideen geschrieben, daß ich wirklich auf einen Kreis solcher Menschen mir etwas einbilden dürfte."*[19])

Bergs organisatorische Tätigkeit im Akademischen Verband für Literatur und Musik

Der *Akademische Verband für Literatur und Musik* wurde 1908 auf Betreiben von Studenten und jungen Künstlern ins Leben gerufen. Im ersten Jahr seines Bestehens, 1908/09, gab es bereits mehrere musikalische Veranstaltungen, wie ein *Historischer Musikabend* unter Mitwirkung von Martha Winternitz-Dorda, Richard Batka u. a., ein *Jungwiener Kompositionsabend*, ein Kompositionsabend von Hermann Grädener und eine Mendelssohn-Feier. Im zweiten Jahr, 1909/10, fanden ein Liederabend des Schönberg-Schülers Fred Dolbin und ein *Schubert-Abend* statt. An nennenswerten Veranstaltungen gab es zwei Vorlesungen von Karl Kraus — darunter die erste Vorlesung von Kraus überhaupt[1]) — und Vorträge von

---

[18]) Brief v. 17. 2. 1912 an Webern (Wiener Stadtbibliothek).

[19]) Schönberg, eigenhändiges Tagebuch (1912) (Schönberg-Nachlaß, Los Angeles); Schönberg-Gedenkausstellung, S. 249. — Das Tagebuch wurde vom Schönberg-Schüler Josef Rufer unter dem Titel veröffentlicht: Arnold Schönberg. Berliner Tagebuch, mit einer Hommage à Schönberg vom Herausgeber, Frankfurt-Berlin-Wien 1974.

[1]) Die Vorlesung fand am 3. Mai 1910 im Festsaal des Ingenieur- und Architektenvereins in Wien I, Eschenbachgasse 9, statt. Berg war anwesend, und von diesem Zeitpunkt an hat er nach Aussagen von Helene Berg keine Vorlesung des großen Satirikers versäumt. Er blickte mit großer Verehrung auf Kraus und verkehrte auch freundschaftlich mit ihm. Berg war auch ein eifriger und begeisterter Leser der „Fackel".

Adolf Loos und Stefan Zweig[2]). Ab 1910 trat der Verband auch in Verbindung mit dem *Verein für Kunst und Kultur,* der aus dem Ansorge-Verein hervorgegangen war und dem auch Schönberg nahestand, und mit dem *Hagenbund,* der Vereinigung bildender Künstler[3]). Präsident des Verbandes war bis 1912 Max Sokal. 1911 hielt Paul Stefan, der zum Vorstand des Verbandes gehörte, einen Vortrag *Mahler und die Jugend,* dem auch Berg beiwohnte[4]). Ferner wurden Loos, der über sein Haus am Michaelerplatz sprach, und Egon Friedell ans Vortragspult gerufen.

Im Februar 1912 kam Berg in Verbindung mit den Initiatoren des Verbandes, zu denen seit 23. November 1911 der spätere Dramaturg des Burgtheaters, Erhard Buschbeck, zählte. Buschbeck wurde im November 1911 in den Vorstand gewählt und ein Jahr später zum Obmann des Verbandes[5]). Wenig später begann man von seiten des Verbandes Schönberg und dem Schönberg-Kreis Beachtung zu schenken. Buschbeck konsultierte Berg und führte auch eine rege Korrespondenz mit Schönberg. Berg scheint über eine Empfehlung Schönbergs in den Kreis des Verbandes gelangt zu sein[6]). Dieser Kreis wurde überdies später aufgrund der häufigen Zusammentreffen im Café Gröpl in Hietzing der *Café-Gröpl-Kreis* genannt[7]). Im Protokollbuch des Verbandes[8]) scheint Berg allerdings an keiner Stelle auf. Er war aber nachweislich an der Organisation der musikalischen Veranstaltungen des Verbandes beteiligt[9]).

Im *Ruf,* dem Publikationsorgan des Verbandes[10]), der nur zum Teil Eigentum des Verbandes war, da Paul Stefan darauf Ansprüche stellte[11]), erschien im Heft 1912[12]) eine Vorschau auf die 1912 geplanten Veranstaltungen, worin auch ein Schönberg-Abend und ein Vortrag Schönbergs angekündigt wurde.

Schönberg wurde im Februar 1912 von Buschbeck zu einem Vortrag eingeladen, und im selben Schreiben stellte man ihm auch ein Kompositions-

---

[2]) Gedrucktes Verzeichnis der Veranstaltungen des Akademischen Verbandes für Literatur und Musik in Wien in den Jahren 1908 bis 1911 (Zirkular) (Privatbesitz, Wien). — Über den Akademischen Verband gibt es keine zusammenfassende Veröffentlichung. Siehe dazu nur E. Hilmar, Arnold Schönbergs Briefe an den Akademischen Verband für Literatur und Musik in Wien, in: *ÖMZ,* 31. Jg. (1976), Heft 6, S. 273—293, und W. Szmolyan, Schönbergs Wiener Skandalkonzert, *ebenda,* S. 293—304.

[3]) Rundschreiben des Verbandes vom 25. Oktober 1910 (Privatbesitz).

[4]) *Der Merker,* 2. Jg. (1911), H. 27, S. 1126.

[5]) Handschriftliches Protokollbuch (L. v. Tobisch-Labotyn, Wien).

[6]) Vgl. Anm. 14.

[7]) Brief v. 10. 5. 1915 an E. Buschbeck (Privatbesitz).

[8]) Vgl. Anm. 5.

[9]) Von Berg haben sich darüber ca. 80 Korrespondenzstücke erhalten, die im folgenden ausgewertet wurden (Privatbesitz).

[10]) *Der Ruf.* Ein Flugblatt für junge Menschen, hrsg. v. Akademischen Verband für Literatur und Musik, Wien.

[11]) Wegen Kompetenzstreitigkeiten mußte die Zeitschrift 1913 eingestellt werden (die Redaktionsarbeit hatten sich P. Stefan, E. Buschbeck und V. Ullmann geteilt).

[12]) *Der Ruf,* Wien, Februar 1912, S. 70.

konzert in Aussicht. In seinem Antwortschreiben verwies er erstmals auf Berg.

„... *Ich habe mich nach einigem Zögern entschlossen, Ihre freundliche Einladung, einen Vortrag zu halten, anzunehmen. Und zwar, weil sie mir Gelegenheit gibt, etwas zu tun, was ich schon lange wollte und weil mir jetzt in immer höherem Maße dringend erscheint: den Menschen zu sagen, wer Gustav Mahler war. Und so habe ich als Titel meines Vortrages gewählt:, 'Gustav Mahler' ... Hier ist mein Zweck, für Mahlers Werk einen möglichst tiefen Eindruck hervorzurufen und dazu muß ich mich gut vorbereiten ... (Und) es wäre mir möglich und erwünscht, wenn der Vortrag am 11. oder 12. März stattfinden könnte. Am (ich glaube) 14. (?) wird nämlich in Wien Mahlers VIII. Symphonie aufgeführt. Sie müßten sich erkundigen bei Walter[13]), wann die Generalprobe ist, damit nicht mein Vortrag auf denselben Abend fällt. Und da möchte ich nun die Gelegenheit benützen, dieses Werk zu hören. Außerdem wäre der Vortrag in der Nähe dieser Aufführung vielleicht für die Achtung, die man dem Werk entgegenbringt, nicht ohne Nutzen ... Was den von Ihnen geplanten Abend mit meinen Kompositionen anbelangt, so wäre es mir lieb, wenn Sie mir Ihre Absichten mitteilten und sich auch mit Alban Berg (XIII Trautmannsdorffstraße 27) meinem ehemaligen Schüler besprächen[14]). Ob Sie Frau Winternitz[15]) von Hamburg nach Wien bekommen können, weiß ich nicht. Jedenfalls wäre auch an Frau Ferstel[16]) und vor Allem an Marie Gutheil[17]) zu denken ...*"[18])

Am 12. Februar 1912 schrieb Webern an Berg, er sollte sich um den Fortgang dieser geplanten Veranstaltungen kümmern[19]). Am 13. Februar sagte Schönberg jedoch seine Vortrag ab — er hielt ihn dann erstmals am 25. März 1912 in Prag — und ließ wissen, daß er auch dem Kompositionskonzert fernbleiben werde: „... *Zu meinem größten Bedauern muß ich Ihnen mitteilen, daß ich meine Zusage, nach Wien zu kommen, zurückziehen muß und bitte Sie, den Vortrag abzusagen. Als Ihr Antrag kam, hatte ich zuerst sehr große Freude, aber dennoch wenig Lust nach Wien zu gehen. So sehr es mir wohltat, daß es dort doch noch Leute giebt, die an mir Interesse haben und so sehr gern ich Wien wiedergesehen hätte, das Gefühl, daß ich dort nichts zu suchen hatte, überwog. Und so hätte ich Ihnen sofort abgesagt, wäre mir nicht die Idee gekommen, über Mahler zu sprechen. Diese Idee, diese Absicht, eine Pflicht zu erfüllen, die ich mir selbst auferlegt hatte, übertönte alle meine früheren Bedenken und dem gab ich nach, als*

---

[13]) Bruno Walter leitete 1912 die Singakademie in Wien.
[14]) Auf diesem Weg wird die Verbindung Bergs mit Buschbeck zustande gekommen sein.
[15]) Martha Winternitz-Dorda, die sich für Schönberg große Verdienste erwarb. — Sie kam zum Konzert nach Wien (siehe unten).
[16]) Gertrude Förstel (Ferstel), eine damals beliebte Sängerin in Wien.
[17]) Marie Gutheil-Schoder, Mitglied der Wiener Hofoper.
[18]) Schönberg an Buschbeck, Brief v. 7. 2. 1912 (Privatbesitz).
[19]) Original im Berg-Nachlaß, Wien.

ich Ihnen zusagte. Seither aber, je mehr ich mir vorstellte, daß ich nach
Wien sollte, desto übler wurde mir zumute. Wenn ich an die gewissen
Leute denke, an diese gewissen Gesichter, diese Skepsis, dieser Unglauben,
diese verlogenen, feigen Freunde, die mich ja alle insgeheim für einen sehr
raffinierten Sensationsmacher halten, die durch Schmockerei dem nachge-
rathen wollen, was bei mir ein organischer Zufall ist, wenn ich an die denke,
die mir mit süßsaurer Miene gratulieren werden und an die, die mir mit
taktlosem Bedauern sagen werden, ,es ist wirklich traurig, wie wenig Inter-
esse sich in Wien . . .‘, dann habe ich genug! Und dann muß ich mit aller
Entschiedenheit ein unwiderrufliches ,Nein‘ sagen. Kraus hat letzthin ge-
schrieben, ,das einzige Mittel für einen Künstler sich gegen das Publikum
durchzusetzen ist, da zu sein‘. Ich bin da, aber ich mag nicht dort sein! . . .
Deshalb muß ich auch unter allen Umständen dem Concert fernbleiben, das
Sie machen wollen. Ich bin mit meinem Gefühl nicht dabei und kann Ihnen
deshalb keinen Rat geben . . . Jedenfalls bitte ich Sie, mir nichts darüber zu
schreiben. Ich brauche jetzt mein Selbstgefühl zu dringend und bin zu froh
darüber, daß ich es hier ein wenig wiedergefunden habe, als daß ich mir es
durch Wien wieder nehmen lassen will. Der Depression, die mir der Ge-
danke an Wien immer hervorruft, will ich mich entziehen . . .“[20])

Berg war noch in Unkenntnis über die Absage, als er am 14. Februar
Webern schrieb, daß die *„Concert Angelegenheit Schönberg“* im Gange und
der Vortrag für 11. März 1912 fixiert wäre[21]). Das Programm des Konzertes, an dessen Durchführung man arbeitete, war von der Zusage von Winternitz-Dorda abhängig — offensichtlich dachte man an die *George-Lieder*
op. 15 — und auch die Zusage Arnold Rosés, an diesem Abend mitzuwirken,
war noch ausständig. Sollte Rosé nicht verfügbar sein, wollte Berg an das
Ungarische Streichquartett (Waldbauer-Kerpeley) herantreten, das Schönbergs Kammermusikwerke schon studiert hatte[22]). Zehn Tage später reiste
Berg nach Prag zur Aufführung von *Pelleas und Melisande* unter Schönbergs Leitung, die am 29. Februar 1912 stattfand und Beifall und Widerspruch erntete[23]). Nach dem Konzert fuhr er nach Wien zurück. Am 6. März
führte er Verhandlungen mit Rosé wegen des geplanten Schönberg-Abends,
die erfolgreich verliefen, und das Konzert wurde für den 16. April fixiert[24]).

---

[20]) Schönberg an Buschbeck (Privatbesitz).
[21]) Wiener Stadtbibliothek.
[22]) Schreiben v. 15. 2. 1912 an E. Buschbeck (Privatbesitz).
[23]) Briefe an seine Frau, Nr. 158 f.; einen Bericht darüber gibt es von J. Polnauer. Vgl.
Schönberg-Gedenkausstellung, S. 257.
[24]) Schreiben v. 6. 3. 1912 an E. Buschbeck (Privatbesitz). Auch an Hertzka machte Berg
darüber Mitteilung, daß es *„ihm dieser Tage gelungen wäre, dem Akademischen Ver-*
band ein Konzert zu ermöglichen, bei dem Rosé das Sextett und das I. Quartett (d moll)
Schönbergs spielen wird“ (undatiert, Universal Edition). Das Schreiben ist auch insofern interessant, als Berg seinen Austritt aus dem Tonkünstlerverein, dem er als Mitglied ohne bestimmte Funktion angehörte, bekanntgab. Die näheren Gründe finden
sich in einem an Hertzka gerichteten Brief mit Datum vom 7. März 1912: *„Es tut mir*
ungemein und aufrichtigst leid, Ihnen mitteilen zu müssen, daß ich der Vereinsleitung

Berg veranlaßte, daß der Verband Rosé in aller Form dankte. Dann ging er daran, Sänger zu werben — Winternitz-Dorda war zu diesem Zeitpunkt verhindert —, und zwar möglichst „kostenlose" Sänger. Er bemühte sich vergeblich[25]). Neben Rosé, der sich bereit erklärt hatte, *Verklärte Nacht* und das *Quartett op. 7* aufs Programm zu setzen, sollte nun Etta Werndorff die *Klavierstücke op. 11* und die neuen *Stücke op. 19* spielen. Schönberg bestand darauf, daß Werndorff *op. 19* vorher mit ihm in Berlin zu studieren hätte[26]). Ob diese tatsächlich nach Berlin fuhr, ist nicht verbürgt. Schönberg untersagte jedenfalls die Aufführung der *Klavierstücke*, obgleich diese bereits auf den gedruckten Programmen und Plakaten angekündigt waren[27]). Am 10. April berichtete Paul Königer an Schönberg, daß die Sache mit Werndorff erledigt wäre[28]).

Zur selben Zeit kam die Idee zur Sprache, während der im Juni 1912 stattfindenden offiziellen *Wiener Musikfestwoche* eine *Musikwoche der inoffiziellen Tonkunst in Österreich* zu veranstalten[29]). Berg schrieb Webern daraufhin von dem Plan *„einer Art historischer Kammermusik Abend österreichischer Componisten"*[30]).

Die Anregung zu dieser *„Musikwoche"* kam vermutlich von Schönberg, auch wenn sie zwischendurch Richard Specht zugeschrieben wurde[31]). Der Akademische Verband war daran interessiert, wollte aber vor der endgültigen Zusage noch die finanzielle Seite klären. Berg war unterdessen mit den Einladungen zu dem oben erwähnten Schönberg-Konzert befaßt. Auf der von ihm angelegten Liste standen Magda Mauthner-Markhof, Alfred

des Tonkünstlervereins meinen Austritt anmeldete. Wenn Sie ... am letzten Montag dabei gewesen wären, würden Sie meinen Schritt billigen. Gerade Sie ..., der Sie mich für den Verein geworben haben und wissen, um was sich's bei mir handelt (— sicher nicht um die Befriedigung e i g e n e r Komponiseneitelkeiten — sondern nur zur Förderung u n s e r e r g e m e i n s a m e n guten Sache —) ... der S i e sich ja auch dafür, vor allem durch's Verlegen Schönbergscher Kompositionen einsetzen — gerade Sie werden verstehn, daß ich in einer Gesellschaft, die sich so benimmt, nicht länger bleiben kann. Nicht die abfällige Kritik ist es, die mich stört — obwohl auch diese in einer, jedem gesellschaftlichen und jedem künstlerischen Anstand hohnsprechenden Art sich äußerte, sondern das B e n e h m e n während der Vorführung der einzelnen Werke Schönbergs und Wellesz'; etwas was ich direkt für unbegreiflich fände, hätte ich es nicht selbst erlebt, da die angehenden Herr(e)n vom Vorstand, (von denen vor allem das Geschwätz und Gelächter während der Aufführungen ausging), wenn schon nicht das Kunstverständnis so doch den Takt haben sollten, Werke, die von ihrem Vicepräsidenten gefördert werden, wenigstens schweigend anzuhören ..." (Universal Edition).

[25]) Schreiben v. 18. 3. 1912 an E. Buschbeck (Privatbesitz).
[26]) Webern an Berg, Brief v. 25. 3. 1912 (Berg-Nachlaß, Wien).
[27]) Schönberg an Berg, undatiert (Berg-Nachlaß, Wien). Programmzettel Österreichische Nationalbibliothek, Plakat in Privatbesitz.
[28]) Schönberg-Nachlaß, Los Angeles.
[29]) Webern an Berg, Brief v. 10. 4. 1912 (Berg-Nachlaß, Wien).
[30]) Undatiert (Fragment) (Wiener Stadtbibliothek).
[31]) Königer an Schönberg, Brief v. 23. 4. 1912 (Schönberg-Nachlaß, Los Angeles).

Ritter v. Fränkel, Fritz Hamburger, Fritz Redlich, Emil Lemberger, Guido Adler, Carl Moll, Hermann Bahr, Eduard Gärtner, Julius Bittner, Alfred Roller, Wilhelm Bopp, Karl Wiener, Arthur Schnitzler, Bruno Walter, Franz Schreker, Gustav Klimt u. a.[32]).

Das Konzert fand am 16. April vor einer ausgesuchten Zuhörerschaft statt, auch Oskar Kokoschka und Adolf Loos waren anwesend, und nur Schönberg fehlte. Berg berichtete ihm noch am selben Tag: *„Die Aufführung war fabelhaft gut, besonders das Sextett[33]). Beim Quartett haben sie länger gebraucht, bis die erste Nervosität gewichen ist ... Das hat aber dem Erfolg nicht geschadet. Dieser war beispiellos warm ... Es war in der Pause ein unerhörtes Animo, es schien, als wollten sich alle umarmen vor Rührung. Kokoschka war in einer Stimmung, daß mir die Thränen der Rührung näher waren ..."[34])*

Am 23. April, als Berg Mahlers *Klagendem Lied* und Zemlinskys *23. Psalm* unter Schreker beiwohnte[35]), führte Königer mit Richard Specht — Königer hatte angeblich über Karl Linke von Spechts Idee eines modernen Musikabends in der Musikfestwoche gehört — Gespräche über zwei *„moderne Abende"* im Rahmen des genannten Musikfestes. Ein Garantiefonds sollte die Kosten aufbringen[36]). Buschbeck war von der Idee sehr eingenommen. Schönberg sandte konkrete Vorschläge, die in der Folge auch berücksichtigt wurden. Er selbst wandte sich auch an Béla Bartók mit der Anfrage, ob er sich am *Musikfest der inoffiziellen österreichischen Tonkunst* beteiligen wolle. *„Dieses sollte Werke modernster österreichischer (deutscher, ungarischer und tschechischer Nation) Komponisten in wenigstens 2—3 Konzerten bringen. Dazu sollten die Ungarn und die Czechen Beiträge leisten und jene Autoren modernsten Stils namhaft machen, die sie bei dieser Gelegenheit aufführen wollten."[37])*

Berg war zwischendurch erkrankt, griff dann aber tatkräftig in die Vorbereitungsarbeiten ein[38]). Viele der Vereinbarungen wurden in persönlichem Kontakt der Beteiligten getroffen, wozu man im Café Beethoven (Universitätsstraße 11), in der Tabakspfeife (Jasomirgottstraße 6) oder im Café Gröpl zusammenkam[39]). Berg hielt sich an Schönbergs Vorschläge, auch ungarische und tschechische Komponisten einzubeziehen, und arbeitete Programme aus. Er holte dabei mehrmals den Rat Weberns ein.

---

[32]) Berg an Buschbeck, undatiert (Privatbesitz).
[33]) Franz Schmidt spielte — wie schon seinerzeit bei der Uraufführung 1902 — in *Verklärte Nacht* das 2. Cello.
[34]) Brief v. 16. 4. 1912 an Schönberg (Library of Congress).
[35]) Lt. Brief Webern an Berg, 24. 4. 1912 (Berg-Nachlaß, Wien).
[36]) Königer an Schönberg, Brief v. 23. 4. 1912 (Schönberg-Nachlaß, Los Angeles).
[37]) Schönberg an Bartók, Brief v. 27. 5. 1912 (Kopie im Schönberg-Nachlaß, Los Angeles). Bartók scheint der Anregung nicht gefolgt zu sein, da ungarische Komponisten sich an der Musikfestwoche nicht beteiligten.
[38]) Brief v. 14. 5. 1912 an Buschbeck (Privatbesitz). Berg laborierte an einer Gelbsucht.
[39]) Ebenda.

„Wegen der Programme. Geht es nicht, daß doch der [Richard] Gold-schmied Deine Violinstücke begleitet? Da Du 8 Tage in Wien bist[40]*), kannst Du es fein mit ihm und Rosé proben! Nämlich Steuermann*[41]*) auf 8 Tage in Wien zu halten, ist pekuniär unmöglich. Andererseits Deine Violinstücke am selben Abend wie die Quartette geht kaum, weil ohnehin der eine Abend mit dem Roséquartett um vieles länger ist als der andere. Zemlinsky will unbedingt neben seinem alten Quartett 4 neue Lieder (Manuskript).*

So hieße also der I. Abend 25./VI

[A] Nowak
Suk ⎫
ich   ⎬ *zu kurz*
Schreker ⎭

der 2te

Zemlinsky Quartett
     "   4 Lieder
Deine Violinstücke
George Lieder (op. 15)
fis moll Quartett (op. 10)

Nämlich wenn Rosé beidemal spielt, zieht das unbedingt, so wäre das eine Concert ohne Rosé, da sonst nichts für Wien interessantes ist als etwa Schreker, sicher leer, (in dem Riesen-Beethovensaal!)

Freilich sind Deine Violinstücke nicht lang, daher hätte ich folgende Combination, wodurch auch beide Abende gleich interessant sind, nämlich wegen Schönberg und Zemlinsky beide male:

[B] II 29/VI Zemlinsky Quartett   ⎫
         Berg Sonate Goldschmied   ⎬ *lang genug*
         Webern Violinstücke   ⎬
         Schönberg fis moll   ⎭
I 25/VI.   Suk   ⎫
         Nowak   ⎬
         Zemlinsky, 4 Lieder   ⎬ *auch lang genug*
         George Lieder   ⎬
         Schreker   ⎭

Diese Combination finde ich am besten . . .“[42])

Zusätzliche organisatorische Fragen waren zu klären. Rosé zog den Beethovensaal in der Strauchgasse dem Ehrbarsaal vor, und man folgte seinem Wunsch, und auch die Plakatierung mußte vorangetrieben werden.

---

[40] Webern war es erst möglich, zu den Konzerten nach Wien zu kommen, als Frau Mahler ihm die Reise von Stettin nach Wien bezahlte.
[41] Eduard Steuermann war der hervorragendste Pianist im Schönberg-Kreis.
[42] Brief v. 25. 5. 1912 an Webern (Wiener Stadtbibliothek). Über die Reihenfolge siehe unten, S. 86.

Man druckte letztlich nach zwei Entwürfen: der eine stammte von Egon Schiele, der andere von den Brüdern Rosenbaum[43]). Auf der finanziellen Seite hatte Königers Garantiefonds 950 Kronen eingebracht[44]). Kurz darauf berichtete Berg an Webern, in welcher Form man sich die Ankündigung dachte, um nicht den Anschein einer Demonstration gegen die offizielle Musikfestwoche zu erwecken: *„Wir haben uns doch zu der Überschrift*
In der Musikfestwoche findet etc.
geeinigt. Das ist ja keine Konkurrenz. Das will doch nur sagen, daß wir die Gelegenheit der Musikfestwoche benutzt haben, auch 2 Abende (aber moderne) zu geben. Und das ist doch wahr und nichts schlechtes oder der offiziellen Unternehmung hinderliches ... Ja es ist sogar möglich, daß wir mit der offiziellen Musikfestwoche mehr in Fühlung treten. Hertzka behauptet, daß alles schon überzeichnet sei, meint, daß die offizielle M[usik-festwoche] froh sein werden [!], wenn ihre Veranstaltungen ergänzt sein werden, ja vielleicht ihre ausländischen Adressen hergäben und unsere Programme den ihren beifügen ..."[45])

Der Verband hatte sich für die von Berg obengenannte Version B entschieden, und die endgültige Programmfolge lautete nun: 1. Konzert am 25. Juni 1912:

J. Suk (Aus dem Zyklus *Vom Mütterchen op. 28, Erlebtes und Erträumtes op. 30*)
A. Zemlinsky (*4 Lieder* nach Maeterlinck)
V. Novák (Aus dem Zyklus *Pan op. 42*)
A. Schönberg (*George-Lieder op. 15*)
F. Schreker (*5 Gesänge*)

2. Konzert am 29. Juni 1912:

A. Zemlinsky (*Streichquartett A-Dur op. 4*)
A. Berg (*Sonate für Klavier*)
A. Webern (*4 Stücke für Geige und Klavier*)
A. Schönberg (*2. Streichquartett fis-Moll op. 10*)[46]).

In der zweiten Juni-Woche traf die Zusage von Winternitz-Dorda ein. *„Meine Frau ist bereit, am 25. Juni die George Lieder zu singen und am 29. das Sopransolo des Schönberg Quartettes ...*"[47]) Berg schickte das Schreiben mit einer zusätzlichen Bemerkung an Buschbeck: *„... Wir können jetzt wenigstens hinsichtlich der Ausführenden beruhigt sein. Auch was die Begleitung betrifft ... Steuermann, der die George-Lieder begleitet, muß dann wohl einige Tage früher nach Wien kommen zum Proben ...*"

---

[43]) Beide Plakate in Privatbesitz. Vgl. Schönberg-Gedenkausstellung, S. 247.
[44]) Berg an Buschbeck, Brief v. 29. 5. 1912 (Privatbesitz).
[45]) Brief v. 31. 5. 1912 an Webern (Wiener Stadtbibliothek).
[46]) Angabe nach den Plakaten. Vgl. Anm. 43.
[47]) A. Winternitz an Berg, Brief v. 8. 6. 1912. Vgl. Schönberg-Gedenkausstellung, S. 247. Anstelle von Steuermann begleitete V. Stepan.

Da zur selben Zeit von seiten des Verbandes gemeinsam mit dem Philharmonischen Chor Vorbereitungen für eine Aufführung der *Gurrelieder* liefen[48]), wollte man in den beiden Konzerten mit einem Zirkular auf dieses Vorhaben hinweisen und die Besucher zu einer Beteiligung an dem diesbezüglichen Garantiefonds bewegen[49]).

Der Akademische Verband brachte zu dem Ereignis der Musikfestwoche eine Sondernummer des *Rufs* mit dem Titel *Das musikfestliche Wien* heraus, deren Redaktion in den Händen von Paul Stefan lag. Die Polemik, mit der Stefan darin gegen die Abhaltung der offiziellen Musikfestwoche Protest einlegte, wurde vor allem von der Presse übel ausgelegt, und man sah in dieser Sondernummer letztlich eine „*Kampfschrift*"[50]). Erwähnenswert darin ist jedoch der Beitrag des Schönberg-Schülers Karl Linke — von dem Berg noch im Oktober 1911 gesagt hatte, daß er von ihm *„keinen guten Eindruck hätte und ihm dies leid täte, weiß er wußte, daß Schönberg viel von ihm hielte"*[51]) — über *Anton von Webern und Alban Berg*. Linke versuchte eine Erklärung von Bergs ungewöhnlicher Musikalität zu geben und nimmt im besonderen zu *op. 2 Nr. 4 (Warm die Lüfte)* Stellung. Seine Formulierung ist jedoch nicht überzeugend und zeigt nur sein eigenes Ringen, Verständnis für das Werk Bergs zu finden[52]).

Der Schönberg-Kreis verfolgte die offizielle Musikfestwoche insofern mit Interesse, als im Mittelpunkt der Veranstaltungen die Uraufführung der *IX. Symphonie* von Mahler unter der Leitung von Bruno Walter stand. Berg, der bei der Aufführung und bei den Proben anwesend war, zeigte sich überwältigt von dem Werk, dessen *„erster Satz das allerherrlichste"* für ihn war, *„was Mahler geschrieben hat"*. Wohl unter dem Eindruck der Aufführung wurde der von Reich[53]) mitgeteilte schwärmerische Brief geschrieben, dem obiges Zitat entnommen ist.

Berg war die Tage vor den beiden Konzerten in der Musikfestwoche nach eigenen Aussagen vollauf beschäftigt. Die Proben zu Mahlers *IX. Symphonie* wollte er nicht versäumen, andererseits hatte er in Vertretung Schönbergs mit Winternitz-Dorda die *George-Lieder* zu studieren[54]), die auf dem Programm des ersten Konzertes standen. Winternitz sang dann im Konzert *„herrlich. Ich hatte mit Fr. Winternitz 2 Proben, die erste dreistündige bei mir und ich glaube, es wurde da manches rhythmische und dynamische auch klarer. Auch Zemlinskys Lieder probten wir so gut wie ich mir ein Urteil bilden konnte ... Das Concert war nicht sehr gut besucht ... Aber man sah viele wichtige Leute ... im ganzen ein gelungener Abend, und auch äußer-*

---

48) Vgl. S. 71.
49) Webern an Berg, Brief v. 1. 6. 1912 (Berg-Nachlaß, Wien), und Berg an Schönberg, undatiert (Library of Congress).
50) Ein Exemplar besitzt die Wiener Stadtbibliothek.
51) Brief (Ende Oktober 1918) an Webern (Wiener Stadtbibliothek).
52) Vgl. auch Reich, a. a. O., S. 49.
53) „23". Eine Musikzeitschrift, Nr. 26/27, 8. Juni 1936, S. 12.
54) Berg an Schönberg, undatiert (Library of Congress).

lich, gesellschaftlich ein kleines Ereignis, das nicht spurlos vorübergegangen ist . . ."[55]) Im zweiten Konzert spielte Richard Goldschmidt Bergs *Sonate op. 1.* Berg hatte deshalb veranlaßt, daß in der Musikhandlung C. Haslinger nicht nur die Plakate der Konzerte ausgehängt, sondern auch seine *Sonate* ausgestellt wurde[56]). In diesem zweiten Konzertabend wurden Stimmen laut, die vor allem an Weberns Violinstücken etwas auszusetzen hatten. Berg berichtete an Schönberg: „*. . . Der Erfolg wuchs von Stück zu Stück immer mehr; zuerst das Zemlinsky Quartett, dazu meine Sonate, dann Weberns Violinstücke, die trotz einer gewissen Opposition (Berger (?), die Rosé sofort verwies, die Loos direkt aus dem Saal wies) einen sehr schönen Erfolg hatte, schließlich Ihr Quartett, das einen einstimmigen, mit jedem Satz steigenden, zum Schluß aber unerhört frenetischen Erfolg hatte . . . Von der Kritik sah ich Specht . . . Außerdem war Schreker da, Fr. Mahler, Kokoschka . . .*"[57])

Die Presse, die von einem „*Trutzkonzert*" sprach[58]), reagierte wohlwollend bis ablehnend. Allenthalben war der Vorwurf herauszuhören, daß man mit der Wiedergabe der Werke Bergs und Weberns einen Fehlgriff getan hätte. Berg, der auf der Reise nach Villach mit der Lektüre der Rezensionen befaßt war, schrieb darüber auch an Buschbeck: „*Jetzt ist es mir klar: Uns zwei (Webern und mich) hätten Sie nicht aufführen dürfen, sondern etwa Goldmark . . .*"[59]) Webern war Buschbeck gegenüber von Dank erfüllt, daß er die Aufführung seiner Stücke ermöglicht hatte. Und dann durch Rosé, den er selbst begleiten durfte[60]).

Während der Musikfestwoche war es überdies zu einem Vertragsabschluß zwischen dem Akademischen Verband und dem Philharmonischen Chor wegen der Aufführung der *Gurrelieder* gekommen. Am 17. Juni hatte der Philharmonische Chor einen Entwurf übermittelt, auf welche Weise er sich eine Beteiligung an der Aufführung der *Gurrelieder* vorstellte[61]). Am 24. Juni kam es zur Unterzeichnung. Der Verband verpflichtete sich, dem Verein der Wiener Tonkünstler bis 1. November 1912 den Betrag von 1723 Kronen zu zahlen[62]). Warum es später zur Annullierung dieses Vertrages kam, ist unbekannt[63]).

Buschbeck entwarf für die nächste Saison ein umfangreiches Programm an Konzertveranstaltungen, das Berg „*zu gut für diese Stadt fand*"[64]). Dieses Programm wurde im nächsten Heft der Zeitschrift *Der Ruf* veröffentlicht[65]). Zu diesem Vorhaben liest sich am besten die Stellungnahme

---

[55]) Ebenda.
[56]) Berg an Buschbeck, Brief v. 18. 6. 1912 (Privatbesitz).
[57]) Brief v. 30. 6. 1912 an Schönberg (Library of Congress).
[58]) *Arbeiter-Zeitung*, Wien, 30. 5. 1912.
[59]) Brief v. 8. 7. 1912 an Buschbeck (Privatbesitz).
[60]) Webern an Buschbeck, Brief v. 17. 8. 1912 (Privatbesitz).
[61]) Privatbesitz.
[62]) Protokollbuch des Verbandes, Bl. 34.
[63]) Vgl. S. 72.
[64]) Brief an Buschbeck (Sommer 1912) (Privatbesitz).
[65]) *Der Ruf*, Wien 1912, S. 32.

Schönbergs vom 4. August 1912[66]). Schönberg gab darin auch die Anregung zu einem Orchesterkonzert mit Werken von Berg und Webern. Dieses Konzert kam auch wirklich zustande und ging in die Konzertchronik der Stadt Wien als *„Skandal- bzw. Ohrfeigenkonzert"* ein[67]). *„ . . . Wa Sie vorhaben, ist ja kolossal viel. Ob es aber nicht zuviel ist? Ob es möglich ist, das auch in einer Saison fertig zu bringen[68])? . . . Ob es nicht besser ist, sich auf einen Teil zu beschränken und den mit aller Kraft durchzuführen. Übrigens aber, ich will Sie nicht entmutigen, vielleicht können Sie das Alles wirklich! Sehr erfreut bin ich über Ihre Absicht, mein Monodram (Erwartung) aufzuführen. Vielleicht können Sie dazu gleichzeitig auch noch die ‚Glückliche Hand' geben, die wohl bald (endlich) fertig werden dürfte. Das Monodram dürfte cirka 35 Minuten dauern. Die ‚glückl. Hand' ist kürzer. Aber ebenso schwer . . . Sehr freue ich mich darüber, daß Sie von meinen lieben Freunden Webern und Berg, die beide ganz außerordentliche Talente sind, etwas machen wollen[69]). Das ist sehr verdienstlich. Die beiden haben es ja sehr nötig, endlich heraus zu kommen. Vielleicht können Sie auch einmal ein Orchesterkonzert machen und von beiden was bringen . . . "*[70])

Unter anderen war in den Konzerten auch die Uraufführung von Schönbergs *Klavierstücken op. 19* geplant. Als Pianisten boten sich Eduard Steuermann und Rudolf Réti an. *„Steuermann spielt pianistisch feiner und kultivierter als Réti"*, berichtete Berg an Buschbeck[71]). Réti kam jedoch mit einer Empfehlung Schönbergs, dem er die Stücke in Berlin vorgespielt hatte[72]). Daraufhin konnte Buschbeck am 8. Oktober Schönberg mitteilen, daß die *„Sache mit Réti in Ordnung wäre. Er wird die alten und neuen Klavierstücke im 1. Abend ‚Neuer Kammermusik' im Verband so cirka um den 20. November spielen."*[73]) In diesem Schreiben ist weiters noch vom Mahler-Vortrag die Rede, den Schönberg nun im November in Wien halten wollte.

Im Oktober schrieb Berg an Buschbeck, daß er sich mit Schönberg nochmals über das Programm des geplanten Schönberg-Abends abgesprochen hätte und die *Klavierstücke* entfallen könnten: *„ . . . Von Schönberg habe ich bereits Antwort wegen des Liederabends. Ein sehr feines Programm für die Winternitz, bestehend aus 14 älteren Liedern op. 2, 3 und 6, die gedruckt sind, das Celesta Harmoniumlied (Herzgewächse), ein Georgelied (nicht aus dem Cyklus (op. 15)), eine Ballade und 2 andere Lieder! Letztere 5 Lieder ungedruckt. Im ganzen also 19 Lieder und so können, glaub' ich, Georgelieder und Clavierstücke, für die Schönberg auch nicht ist, entfallen. Even-*

---

[66]) Privatbesitz.   [67]) Siehe unten, S. 96, und Anm. 9.

[68]) Buschbeck plante einen Schönberg-Liederabend (Kammermusikabend) und u. a. die Uraufführung der beiden Schönbergschen Einakter. Auch Berg und Webern sollten zu Wort kommen. (*Ruf*, Heft „Frühling" 1912.)

[69]) Siehe unten, S. 95.

[70]) Schönberg an Buschbeck, Brief v. 4. 8. 1912 (Privatbesitz).

[71]) Brief v. 2. 10. 1912 an Buschbeck (Privatbesitz).

[72]) R. Réti an Schönberg, undatiert (Privatbesitz); Schönberg-Gedenkausstellung, S. 247.

[73]) Schönberg-Nachlaß, Los Angeles.

tuell (aber ungern!): 2 von den Orchesterliedern! Aber ich glaube, die 19 genügen vollständig . . ."[74]) Laut Protokollbuch des Verbandes wurde dieser Schönberg-Abend in einer Sitzung des Vorstandes am 7. Oktober 1912 prinzipiell angenommen[75]). Später ist darüber nichts mehr verbürgt. An dessen Stelle trat wohl der moderne Kammermusikabend, der am 20. November stattfand und in dem Rudolf Réti erstmals die *Klavierstücke op. 19* von Schönberg spielte[76]). Die Aussagen über geplante Konzerte der Saison 1912/13 sind tatsächlich verwirrend und weisen wohl auch auf die Schwierigkeiten hin, die der Verband zu bewältigen hatte. Anfang Oktober 1912 beispielsweise ist von einem *„modernen Liederabend"* mit Berg, Webern, Schreker, Bittner, Schönberg und einem Kammermusikabend mit Berg, Webern, Pfitzner und Reger die Rede: *„Wie man sich letzteres vorstellt, ist mir unklar. Buschbeck sprach von der Wiedergabe Deiner Violinstücke durch Rosé. — An die Quartette glaub' ich nicht recht. — Übrigens hab' ich doch große Hoffnung, daß Rosé sich jetzt für Dein I. Quartett interessieren wird. Vielleicht spielt er's . . .*"[77]) Verwirklicht wurde nur der Kammermusikabend, aber vom ursprünglichen Programm blieb nur ein Torso. Rosé sagte nämlich ab, und Webern, der namentlich auf die Aufführung des *Quartetts* große Hoffnung gesetzt hatte — im Sommer 1912 hatte er Rosé persönlich darum gebeten[78]) — war enttäuscht. *„Ich verstehe Deine Unlust zu der Aufführung der Quartette — ohne Rosé"*, schrieb ihm dazu Berg, *„aber in Bezug auf dessen Quartett fehlt mir jeder Optimismus. Ich halte es für ausgeschlossen, daß Rosé die Quartette noch in der Saison (12/13) spielt. Er hat keine Zeit, und die eventuelle Lust, das Interesse an den Werken wird von seinen Collegen nicht geteilt. Er kann ihnen also diese Arbeit nicht zumuten. Er spielt ja überhaupt nichts neues mehr . . . Eine Aufführung jetzt, von einem andern Quartett, verhindert ja das nicht! Die Aufführung müßte ja auch nicht schlecht werden! Es ist ja nicht so wie damals (1911)*[79]), *wo im letzten Moment ein paar Leute, die dem noch ganz fern stehn, zusammen getrommelt werden . . . Diesmal müßten mindestens 15 Proben ausbedungen werden, die gleich jetzt beginnen könnten. Es haben sich bereits [Oskar] Adler und 3 vortreffliche Partner bereit erklärt . . . Natürlich brauchten wir, wenn Du nicht doch gegen die Aufführung bist, Deine 2 Quartette und Stimmen und womöglich bald.*"[80]) Ein Termin einer Aufführung der Quartette — darunter auch Bergs *Streichquartett* — wurde dann für Februar 1913 fixiert. Berg bot sich an, die beiden Quartette Weberns einzustudieren. Das Konzert war aber auch zu diesem Zeitpunkt nicht durchzuführen, weniger aus Mangel an qualifizierten Kräften, sondern aus finanziellen Erwägungen. In der Zwischenzeit hatte man nämlich für Februar

---

[74]) Postkarte v. Oktober 1912 an Buschbeck (Privatbesitz).
[75]) Protokollbuch, a. a. O.   [76]) Siehe unten, S. 91, und Anm. 87.
[77]) Berg an Webern, Brief (Anfang Oktober 1912) (Wiener Stadtbibliothek).
[78]) Webern an Buschbeck, Schreiben v. 7. 8. 1912 (Privatbesitz).
[79]) Das Konzert hatte am 24. April 1911 stattgefunden, vgl. S. 51.
[80]) Berg an Webern, Brief v. 3. 11. 1912 (Wiener Stadtbibliothek).

1913 ein Orchesterkonzert unter der Leitung von Schönberg auf das Veranstaltungsprogramm gesetzt. Man erwartete sich davon einen Eingang von 12.000 Kronen, ohne voraussehen zu können, daß der Verband damit an den Rand des Ruins gebracht wurde[81]).

Die nächste Sorge galt dem Konzert am 20. November, in dem u. a. drei Lieder von Berg nach Gedichten von Hebbel und Mombert gesungen werden sollten[82]). Berg war auf der Suche nach einem geeigneten Sänger. Etta Werndorff schlug Hermann Gürtler vor[83]), der sich anfangs interessiert zeigte[84]), dann aber absagte[85]). Werndorff probte daraufhin mit Karl Sembach von der Volksoper. Berg mußte am 17. November überraschend wegen eines Brandunglücks auf den Berghof reisen und konnte dem Konzert am 20. November nicht beiwohnen[86]). Er hatte nichts versäumt: Wegen Erkrankung von Etta Werndorff, die an starker Angina litt, entfielen *„in letzter Stunde"* die Lieder Bergs und auch Weberns Violinstücke. Buschbeck berichtete an Schönberg, daß Réti die Klavierstücke nach seiner, Linkes und Polnauers Ansicht *„sehr schön mit viel Ernst und unendlicher Liebe"* gespielt hatte[87]). Alles andere enttäuschte.

Ferner teilte Buschbeck Schönberg mit, daß das Orchesterkonzert für den 23. Februar angesetzt wäre, *„aber es ist doch sicher: Sie kommen auch nach Wien, die Kammersymphonie und Pelleas dirigieren, auch wenn die ‚Erwartung' zu diesem Termin unmöglich werden sollte ..."*[88]) Für das erwähnte Orchesterkonzert war zu diesem Zeitpunkt eine Aufführung eines Bergschen oder Webernschen Werkes noch nicht vorgesehen. Die Anregung mag entstanden sein, als Schönberg in seinem Antwortschreiben an Buschbeck bedauerte, daß die Werke von Berg und Webern am 20. November hatten entfallen müssen, und ihm nahelegte, einen *„Orchester-Abend für diese beiden zustande zu bringen ... Das lohnte."*[89]) Zehn Tage später kam Schönberg mit einem konkreten und zugleich neuen Vorschlag: *„Sie haben mir zwar noch nicht mitgeteilt, für wann das Konzert nun angesetzt wird. Aber ich muß Ihnen vorher noch eine wichtige Mitteilung machen. Ich habe mich nämlich entschlossen, das Programm auf folgende Werke zu ändern*[90])*: Ich bringe von mir nur die Kammersymphonie (mit Orchester) und höchstens noch 2 Orchesterlieder (Natur und Sehnsucht), wenn Sie dafür eine Sängerin finden (etwa Frau Gutheil?)*[91])*. Dagegen mache ich Weberns*

[81]) Protokollbuch, a. a. O.   [82]) Bergs *Lieder op. 2.*

[83]) Berg an Buschbeck, Brief v. 9. 11. 1912 (Privatbesitz).

[84]) Berg an Buschbeck, Schreiben v. 12. 11. 1912 an Buschbeck (Privatbesitz).

[85]) Berg an Buschbeck (November 1912) (Privatbesitz).

[86]) Briefe an seine Frau, Nr. 162.

[87]) Buschbeck an Schönberg, Brief v. 21. 11. 1912 (Schönberg-Nachlaß, Los Angeles).

[88]) Eine Aufführung kam im Rahmen des Akademischen Verbandes nicht zustande.

[89]) Schönberg an Buschbeck, Brief v. 4. 12. 1912 (Privatbesitz).

[90]) Ursprünglich war ein Schönbergkonzert mit *Pelleas und Melisande* und *Kammersymphonie op. 9* geplant. In einem zweiten Konzert sollten auch Berg und Webern aufgeführt werden. Aus den beiden Vorhaben wurde letztlich ein Konzert.

[91]) Die *Orchesterlieder* wurden fallengelassen.

Orchesterstücke und noch eine klassische Nummer (wahrscheinlich die Eroica, oder das Tristan-Vorspiel und die Haydn-Variationen von Brahms). Meine Gründe:
I. Vor allem will ich endlich Weberns Orchesterstücke aufführen. (Ich mache auch gerne etwas von Berg, aber das geht mit den Proben nicht aus)
II. will ich nicht, daß soviel von mir in Wien gemacht wird. Wenigstens nicht immer in eigenen außertourlichen Konzerten. Eher noch in Abonnementskonzerten.
III. Dürfte Pelleas und die Kammersymphonie doch nicht mit 7 Proben zu machen sein, während dieses Programm durchführbar ist.
IV. Will ich einmal die Aufmerksamkeit des Publikums auf mein Dirigieren lenken. Denn ich möchte ja doch endlich einmal eine Konzertmeisterstelle bekommen, nach der ich mich, um musicieren zu können, doch seit mehr als 15 Jahren sehne . . ."[92])

Die Vorbereitungen verzögerten sich, da nach Buschbecks Worten Hölle002ring vom Tonkünstler-Verein, Hertzka und Schreker trachteten, das Konzert zu hintertreiben[93]). Schönberg ersuchte Buschbeck daraufhin, das Konzert auf den 30. März 1913 zu verschieben, denn *„Intrigen wären für ihn keine Überraschung"*[94]). In der Zwischenzeit ergaben sich wieder Änderungen im Programm. Am 9. Jänner fragte Berg bei Buschbeck an, wann das Konzert nun stattfinden werde; Schönberg hatte sich nun auch zur Aufführung einzelner Lieder aus Bergs *Altenbergliedern* entschlossen. So sollte das Programm lauten: *Kammersymphonie op. 9*, Weberns *Orchesterstücke op. 6*, Mahlers *Kindertotenlieder* und 2 Lieder aus den *Orchesterliedern nach Ansichtskartentexten von Peter Altenberg*[95]).

Berg machte sich daraufhin an die Propagierung des Konzertes und sprach mit Alfred Roller über den Entwurf des Plakates[96]). Gleichzeitig kam auch seine Mitarbeit an einem vom Verband geplanten Almanach zur Sprache, dessen Reinerträgnis der Mahler-Stiftung zufließen sollte[97]). Der Almanach fiel ebenso wie ein geplanter Quartettabend mit Werken von Berg und Webern[98]) den kommenden Ereignissen zum Opfer.

---

[92]) Schönberg an Buschbeck, Brief v. 14. 12. 1912 (Privatbesitz).
[93]) Buschbeck an Schönberg, Brief v. 17. 12. 1912 (Schönberg-Nachlaß, Los Angeles).
[94]) Schönberg an Buschbeck, Brief v. 27. 12. 1912 (Privatbesitz).
[95]) Brief v. 9. 1. 1912 an Buschbeck (Privatbesitz).
[96]) Schreiben v. 13. 1. 1912 an Buschbeck (Privatbesitz).
[97]) Ein erster Almanach war bereits 1910 unter dem Titel „Vom Studium und vom Studenten" bei Cassierer in Berlin erschienen (vgl. auch Anm. 2).
[98]) Im Februar 1913 hatte Egon Wellesz dem Verband mitgeteilt, daß auch das Ungarische Streichquartett geneigt wäre, einen Quartettabend im Rahmen der Veranstaltungen des Verbandes Ende April 1913 zu geben. Der Verband hatte daraufhin eine Aufführung der Quartette von Berg und Webern angeboten. Waldbauer sagte jedoch ab und gab als Begründung die Schwierigkeit der Werke und die zu geringen Spesen an: *„Leider besitzen wir jetzt nicht die Zeit, das Quartett von Alban Berg zu studieren, doch wäre auch ganz und gar unmöglich, drei so moderne Quartette wie Bartók, Webern und Berg an einem Abend zu spielen . . ."* (Waldbauer an Buschbeck, Brief v. 15. 3. 1913. Privatbesitz).

Das Orchesterkonzert wurde für den 30. März festgesetzt[99]), und nun war die schwierige Frage der Besetzung zu klären. Berg sollte Buschbeck Angaben über seine Lieder machen[100]). Schönberg dachte an eine Aufführung des 2., 3. und 4. Altenbergliedes. Da für Mahlers *Kindertotenlieder* Marya Freund als Sängerin vorgesehen war, wollte Schönberg Freund auch für Bergs Lieder interessieren. Diese lehnte aber ab: *„Ich liebe sie nicht — was ich bis jetzt davon kenne."*[101]) Dennoch drängte Schönberg weiter: *„... Ich kann Bergs Lieder nicht vom Programm absetzen, müßte also, falls Sie dabei bleiben, sie nicht zu singen, schau'n, ob sich nicht dafür wer anderer findet... Aber das sollten Sie nicht tun! Weil einem etwas nicht gleich gefällt, legt man es nicht weg!"*[102])

Die Anregung zur Komposition von Orchesterliedern hatte Berg von Schönberg im Februar 1912 erhalten: *„Schreiben Sie doch ein paar Lieder wenigstens. Es ist gut, sich von Gedichten wieder in die Musik einführen zu lassen. Aber dann: einmal für Orchester..."*[103]) Als Schönberg dann Anfang 1913 das Manuskript zu Gesicht bekam, war er etwas irritiert: *„... Vor allem scheinen sie ... merkwürdig gut und schön instrumentiert zu sein. Einiges ist mir zunächst nicht angenehm; nämlich das etwas zu offenkundige Streben, neue Mittel anzuwenden. Viel[leicht] lerne ich den organischen Zusammenhang dieser Mittel mit der Ausdrucksnotwendigkeit noch besser verstehen. Aber einstweilen geniert's mich..."*[104]) Berg faßte Schönbergs Urteil als Lob auf und freute sich im besonderen über die zustimmenden Worte zur Instrumentierung. Die *Altenberglieder* sind die erste große Arbeit, die nicht unter Schönbergs Aufsicht entstand. So war Berg besonders sorgfältig, aber zugleich auch ängstlich bei der Komposition, und so fürchtete er, *„meine unseligen Anfänge bedenkend, bei jedem Takt, wenn er sich mir auch noch so intensivst als gehört aufdrängte, einen Blödsinn gemacht zu haben..."* Die Anwendung *„neuer Mittel"* versuchte er Schönberg gegenüber mit folgenden Worten zu motivieren: *„Es ist noch nicht lange her, daß ich den Klängen des Orchesters wirklich verständig lausche, Partituren verstehe. Und da es immer die neuesten Werke sind, ich die letzten Jahre kaum eine Partitur von Wagner, geschweige der Klassiker in die Hand genommen hatte, ... hab ich für die neuen Klänge, die eben mit neuen Mitteln erzeugt werden, mehr Sinn, höre sie überall... und wende sie schließlich, da ich ja nicht anders kann, an!"*[105])

Schönberg informierte Buschbeck über die ablehnende Haltung von Frau Freund: *„... Anbei ein Brief der Frau Freund. Setzen Sie sich mit ihr ins Einvernehmen... Zeigen Sie aber den Brief nicht dem Berg. Daß er*

[99]) Schönberg an Buschbeck, Schreiben v. 20. 1. 1913 (Privatbesitz).
[100]) Ebenda.
[101]) M. Freund an Schönberg, Brief v. 22. 1. 1913 (Schönberg-Nachlaß, Los Angeles).
[102]) Schönberg an M. Freund, Brief v. 24. 1. 1913 (Pierpont Morgan Library, New York).
[103]) Schönberg an Berg, Brief v. 13. 2. 1912 (H. Berg, Wien).
[104]) Schönberg an Berg, Brief v. 14. 1. 1913 (H. Berg, Wien).
[105]) Berg an Schönberg, Brief v. 17. 1. 1913 (Library of Congress).

eventuell eine andere Sängerin suchen muß, habe ich ihm geschrieben. Weil die Fr[eund] keine Zeit hat. Wozu soll er sich ärgern? Vielleicht singt die Freund aber auf mein energisches Zureden doch die Lieder . . ."[106]) Marya Freund sagte am 10. Februar endgültig ab: *„Den Berg — seien Sie nicht böse — kann ich nicht singen — der ist nicht schön . . ."*[107])

Tags zuvor hatte Berg Schönberg wissen lassen, daß die *Altenberglieder* wohl zyklisch gedacht, aber auch einzeln aufführbar wären. Er schlug ihm das dritte oder fünfte resp. das vierte und fünfte für das Konzert vor, obgleich er das vierte für sehr schwer, aber für ein *„ausgesprochenes Frauenlied"* hielt. Das erste kam für eine Aufführung nicht in Frage und war auch für einen Klavierauszug ungeeignet[108]).

Im weiteren war die Orchesterfrage zu klären. Am 27. Februar bestätigte der Wiener Konzertverein dem Verband, das Sinfonie-Orchester zur Verfügung zu stellen. Höchstens sechs Proben konnten zugesichert werden, die Kosten beliefen sich auf 3000 Kronen[109]). Der Verband war einverstanden. Schwierig war nach wie vor, geeignete Sänger zu finden, da man nur ein bescheidenes Honorar zahlen konnte. Buschbeck verhandelte zunächst mit Gertrude Förstel[110]). Auch ein Frl. Knopp *„mit großer Stimme"* kam zur Sprache, die Berg sich am 6. März anhören wollte[111]). Da aber die Angelegenheit Knopp ein nach seinen Worten *„vages Geschäft"* war[112]), schloß er mit Alfred Boruttau ab, wogegen Schönberg nichts einzuwenden hatte[113]). Für die Lieder von Zemlinsky war Margarete Bumm vorgesehen, die Schönberg empfohlen hatte[114]). Gleichsam als „Reserve" für Boruttau sollte diese aber auch die *Altenberglieder* einstudieren[115]).

Am 6. März teilte Buschbeck Schönberg mit, daß das Orchester wegen anderer Verpflichtungen nur fünf Proben gewähren könnte: *„Es ist ein Kreuz, wenn man mit einem so vornehmen Orchester zu tun hat, und in keiner Weise überanstrengt werden darf . . ."*[116])

Berg wiederum hatte Schwierigkeiten mit seinem Kopisten, der die Stimmen der *Orchesterlieder* herausschreiben sollte. Dieser erhielt einen Vorschuß, nahm die von Berg selbst geschriebenen Streicherstimmen und verschwand. Daraufhin sollte Schönberg in Berlin einen Kopisten ausfindig

---

[106]) Schönberg an Buschbeck, Brief v. 24. 1. 1913 (Privatbesitz).
[107]) M. Freund an Schönberg, Brief v. 10. 2. 1913 (Schönberg-Nachlaß, Los Angeles).
[108]) Brief v. 9. 2. 1913 (Library of Congress). Der von Berg eigenhändig verfaßte Klavierauszug zu den Liedern Nr. 4, 5 war vormals im Besitz von W. Hassfurther, Wien, sowie auch der Klavierauszug von Nr. 2—5 in der Handschrift von Gottfried Kassowitz.
[109]) Privatbesitz.
[110]) Vgl. Anm. 16.
[111]) Buschbeck an Schönberg, Brief v. 4. 3. 1913 (Schönberg-Nachlaß, Los Angeles).
[112]) Brief v. 4. 3. 1913 an Buschbeck (Privatbesitz).
[113]) Ebenda.
[114]) Berg an Schönberg, undatiert (Library of Congress).
[115]) Schönberg an Berg, undatiert (Berg-Nachlaß, Wien).
[116]) Schönberg-Nachlaß, Los Angeles.

machen. Berg meinte, er würde verstehen, wenn Schönberg „*unter diesen Umständen von der Absicht, ihn aufzuführen absieht*"[117]). Schönberg nahm sich der Kopistenfrage an. Als nächstes beauftragte er Buschbeck, Martin Spörr zu Vorproben heranzuziehen. Berg und Webern sollten bei den Proben anwesend sein und den Fortgang der Einstudierung überwachen[118]). Das Programm, zu dem er sich endgültig entschlossen hatte, lautete nun: „*I. Webern, 6 Orchesterstücke. II. Berg, 2 Orchesterlieder (Herr Boruttau). III. Schönberg, Kammersymphonie op. 9. IV. Zemlinsky, 4 Orchesterlieder. V. Mahler, Kindertotenlieder. — Für die Reihenfolge waren folgende Gründe maßgebend: I. Die drei ersten Programmnummern sind relativ gefährlich. Webern am gefährlichsten, die Kammersymphonie relativ am ungefährlichsten. Deswegen ist es gut, wenn das Publikum, das im Anfang noch unermüdet und geduldig ist, Webern zuerst hinunterschlucken muß: die bitterste Pille in diesem Konzert. Berg wird milder wirken ... Ich hätte ja aus künstlerischen Gründen gerne manches anders gehabt: Webern mehr in der Mitte, die Kammersymphonie am Schluß. Aber mir ist es lieber, die Zuhörer dieses Konzertes mit dem Eindruck der Kindertotenlieder zu entlassen und außerdem wäre eine Andersplacierung der Kindertotenlieder kaum ohne Schädigung für Berg oder Zemlinsky möglich. Aber schließlich: Künstlerische Gründe kommen bei einem gemischten Programm nicht in Betracht, weil das ein Potpourri ist und da hören sich künstlerische Gründe auf ... Warum kündigten Sie das Tristan-Vorspiel an? Ich sagte doch schon, daß ich es nicht machen kann!! Die Absetzung schädigt dann immer! ...*"[119]) Die gedruckten Plakate tragen in der Tat noch die Ankündigung des *Tristan-Vorspiels,* und Schönberg hatte recht, daß dadurch Ärger entstehen könnte. Als bekannt wurde, daß man das *Tristan-Vorspiel* aus Zeitgründen aus dem Programm genommen hatte, kam es sogar in den eigenen Reihen des Verbandes zu Protesten: „*Wie ich eben höre, soll Schönberg die Tristan-Stücke bei dem Montägigen Konzert nicht dirigieren wollen. Abgesehen von der Stellungnahme der Presse, die dies sicher genug ausnützen wird, liegt darin ein effectiver Betrug und bin ich für meine Person fest entschlossen, alle Konsequenzen aus einem derartigen Vorgehen zu ziehen. So ein Vorgehen ist faktisch nicht angängig. Wie viele Leute gehen nur ins Konzert, Schönberg einmal Wagner interpretieren zu hören!*"[120])

Berg arbeitete unterdessen mit Boruttau am *zweiten* und *dritten* Orchesterlied. Boruttau hatte absolutes Gehör und war sehr routiniert, „*und bei eventuellen Störungen im Publikum nicht leicht aus der Fassung zu bringen ...*"[121]) Schönbergs Einwand, daß Frau Bumm ihm wohl lieber wäre[122]),

[117]) Brief v. 9. 3. 1913 an Schönberg (Library of Congress).
[118]) Schönberg an Buschbeck, Brief v. 9. 3. 1913 (Privatbesitz).
[119]) Schönberg an Buschbeck, Brief v. 10. 3. 1913 (Privatbesitz).
[120]) Ferdinand Scherber an den Akad. Verband, undatiert (Privatbesitz).
[121]) Brief v. 11. 3. 1913 an Schönberg (Library of Congress).
[122]) Ebenda.

ließ der Verband nicht gelten, da er auf Sänger mit Namen Wert legte. Von der Aufführung erwartete Berg sich im übrigen eine Korrektur der Partitur, denn er war von der Notwendigkeit von Retuschen überzeugt[123]).

Auch die Proben der Lieder von Zemlinsky mit Bumm wurden von Berg überwacht[124]). — Mitte März kam es zu einer neuerlichen Verschiebung des Konzerts vom 30. auf den 31. März. Boruttau hatte diese veranlaßt und dafür auch den Wiener Konzertverein gewonnen: *„Für den 30. März abends habe ich bereits dem Verein der Lautenisten zu einem Konzert im Ehrbar-Saale zugesagt. Sollten Sie sich doch noch zu einem kleinen Ehrensaldo von — sagen wir 6 Dukaten entschließen können, so wärde ich trachten, die beiden Mitwirkungen zeitlich auseinanderzulegen..."*[125]) Der Verband konnte sich dazu nicht entschließen, und so wurde am 17. März der neue Konzerttermin mit 31. März fixiert[126]).

In der Zwischenzeit hatte Schönberg die Herstellung des Materials zu den beiden *Orchesterliedern (Nr. 2, 3)* von Berg in Berlin in Auftrag gegeben. Die Kostenfrage war von zweitrangiger Bedeutung, *„da es sich für (Berg) um eine so große Sache handelte"*[127]). Am 21. März trafen die kopierten Stimmen aus Berlin ein, und Berg korrigierte sie *„nach dem Gedächtnis und nach dem Klavierauszug"*[128]).

Am 31. März fand die Aufführung statt — Schönberg gestand Zemlinsky, daß er am 28. März die Bergschen Lieder für das Konzert noch nicht durchgenommen hatte![129]) — und artete in einen einzigartigen Skandal aus. Das Konzert mußte nach den *Altenbergliedern* abgebrochen werden. Die internationale Presse berichtete darüber[130]), Weberns Zwischenruf *„Hinaus mit der Bagage"*[131]) — der ihm Jahre danach noch geschadet hat — wurde diskutiert, und man ereiferte sich über die Ohrfeigenszene zwischen dem Arzt Viktor Albert und Buschbeck[132]). Buschbeck sprach dem Dichter Trakl gegenüber von der *„reinigenden Wirkung"* dieser öffentlichen Ohrfeige[133]). Der Verband verlor Mitglieder, da man einem Verein nicht angehören wollte, der *„es sich zum Ziel gemacht hat, um jeden Preis das*

---

[123]) Ebenda.
[124]) Berg an Schönberg, Brief v. 13. 3. 1913 (Library of Congress).
[125]) Boruttau an den Akad. Verband, undatiert (Privatbesitz).
[126]) Wiener Konzertverein an Buschbeck (Privatbesitz).
[127]) Berg an Schönberg, Schreiben v. 14. 3. 1913 (Library of Congress).
[128]) Berg an Schönberg, Brief v. 21. 3. 1913 (Library of Congress).
[129]) Schönberg an Zemlinsky, Brief v. 28. 3. 1913 (Privatbesitz, London).
[130]) Rezensionen finden sich in allen wichtigen Blättern der in- und ausländischen Presse (Konvolut, Privatbesitz). Auszüge bei Reich, S. 38, W. Szmolyan, a. a. O., und in der übrigen Berg- und Schönberg-Literatur (vgl. Kapitel Literatur).
[131]) *Der Merker*, 4. Jg. (1913), H. 7, S. 141.
[132]) Als Zeuge wurde in der späteren Gerichtsverhandlung auch Oscar Straus einvernommen, der gesagt haben soll: *„Ich habe es gesehen und auch gehört, denn die Ohrfeige war so ziemlich das Klangvollste im ganzen Konzert"* (Kleine Zeitung, Graz, 23. 4. 1913).
[133]) E. Buschbeck, Mimus austriacus. Aus dem nachgelassenen Werk, hrsg. von L. v. Tobisch. Mit einem Vorwort von C. Zuckmayer, Salzburg-Stuttgart 1962, S. 248.

Allerneueste zu propagieren und dabei auch vor dem sinnlosesten und aufreizendsten Erzeugnissen dieser zuchtlosen Zeit nicht zurückschreckt[134]), für andere war das Konzert wieder Anlaß, dem Verband beizutreten[135]). Die Zeitungen brachten Illustrationen und Karikaturen[136]), und die nachfolgende Gerichtsverhandlung zwischen Buschbeck und Albert war Gegenstand der Erörterung in den Lokalberichten der Presse. Für Berg von Bedeutung war jedoch die Rezension der *Zeit* vom 2. April 1913 mit dem Titel: *Der Skandal im Konzertsaal. Schönbergs Anschauungen über seine Schüler.* Darin hieß es u. a.: *„Anton v. Webern und Alban Berg, deren Orchesterwerke im Musikvereinssaal am Montag einen Skandal entfesselten, sind zwei Freunde und Anhänger Schönbergs, die mit ihm seit etwa 10 Jahren in sehr engem Kontakt stehen. Herr v. Webern und Herr Berg bestätigten von Anfang an dem Meister gegenüber eine grenzenlose Ergebenheit, eine Art Anbetung, wie sie nicht einmal Richard Wagner bei seinen begeistertsten Anhängern gefunden hat. Da beide wohlhabende Leute sind*[137]), *haben sie ihrer Begeisterung auch dadurch Ausdruck gegeben, daß sie Schönberg, der sehr schwere Tage mitzumachen hatte, lange Zeit hindurch materiell unterstützten. Darin wäre nichts Außergewöhnliches zu sehen ... Es wäre auch nicht nötig gewesen, öffentlich davon zu sprechen, wenn Schönberg sich nicht verpflichtet gefühlt hätte, seinen Jüngern gegenüber dadurch Revanche zu üben, daß er seinen Einfluß für eine Aufführung ihrer Werke einsetzte, trotzdem er selbst ihre Leistungen sehr gering einschätzte. Er hat dieser Meinung, gerade soweit sie sich auf die aufgeführten Werke von Webern und Berg bezieht, wiederholt Ausdruck gegeben. Es sei auch darauf hingewiesen, daß der Verleger Schönbergs, Herr Hertzka, der Herausgeber der Universal-Edition, der sich die Pflege moderner Musik angelegen sein läßt, nicht zu bewegen war, die Werke des Herrn Berg, die den stärksten Skandal hervorriefen, zu verlegen*[138]). *Arnold Schönberg hat sich auch nie bei dem Verleger für diese Werke eingesetzt*[139]), *er hat ganz im Gegenteil nicht verhehlt, daß er sie für künstlerisch nicht einwandfrei halte. Und trotzdem die Aufführung im großen Musikvereinssaal vor Hunderten von Zuhörern! Noch ein Beweis dafür, wie wenig sich Schönberg vor Fachleuten für seine Schüler einsetzte: Bei den Proben für das Konzert am Montag erklärten die Musiker des Konzertvereins einmütig,*

---

[134]) Robert Barn an den Verband, undatiert (Privatbesitz); Schönberg-Gedenkausstellung, S. 251.

[135]) Der Pianist Robert Freistadtl hielt es für seine *„Ehrenpflicht, persönliche Empfindlichkeiten hintanzusetzen und dem Verbande als Mitglied beizutreten“* (12. 4. 1913 an den Verband. Privatbesitz).

[136]) *Die Muskete*, Wien, 24. 4. 1913; *Der Floh*, Wien, Aprilnummer 1913; *Die Zeit*, Wien, 6. 4. 1913.

[137]) Hier irrt der Rezensent: Webern und Berg waren nie wohlhabend. Über Berg vgl. das Kapitel „Bergs Beitrag zum Schönberg-Fonds“.

[138]) *Op. 4* wurde erst 1953 von der Universal Edition verlegt.

[139]) Schönberg hat sich sehr wohl für Berg und Webern eingesetzt. Vgl. Empfehlungsschreiben für Webern an Simrock, zit. in Schönberg-Gedenkausstellung, S. 189.

daß sie ein Werk des Herrn Berg nicht spielen wollten. Die Musiker meinten, es könnte dem Publikum ganz einfach nicht zugemutet werden, sich ‚so etwas‘ anzuhören. Arnold Schönberg, der sich sonst ganz gern in sachliche Auseinandersetzungen einläßt, hatte darauf nichts anderes zu erwidern, als: ‚Meine Herren, die Programme sind bereits gedruckt, wir können das Stück nicht mehr auslassen.‘ Trotzdem drohte er bei der Aufführung den ersten Zischern mit der öffentlichen Gewalt.“ [140])

Berg war darüber in höchstem Maße aufgebracht: „... *Dieser noch nie dagewesene Schwall von Lügen, die die ‚Zeit‘ gestern brachte, rauben mir jede Ruhe, abgesehen von Zeit und Schereien, die mich die Berichtigungen kosten ...*“ [141]) Er wies die Behauptung über eine etwaige materielle Unterstützung Schönbergs energisch zurück und verlangte eine öffentliche Berichtigung, deren Wortlaut er Schönberg am 3. April mitteilte: „*Auf Grund des § 19 des Preßgesetzes bitte ich um Aufnahme folgender Berichtigung: In der heutigen Nummer der Zeit (Morgenausgabe) heißt es in dem Artikel ‚Der Skandal im Konzertsaal‘, daß ich lange Zeit hindurch Schönberg materiell unterstützte. Das ist vollständig unwahr. Ich habe Schönberg nie materiell unterstützt. Im Gegenteil: Schönberg hat mich jahrelang unentgeltlich unterrichtet. Wien, 3. IV. 13. Alban Berg.*“ [142])

Berg sandte die Berichtigung an die *Zeit*, wartete aber vergeblich auf deren Erscheinen. „*Schönberg weiß, daß ich eine Berichtigung wegen der Unterstützung eingesandt habe*“ — schrieb er an Webern — „*und daß wir Dich verständigt haben und Du es also auch tun wirst. Wir werden also Deine Berichtigung sofort einsenden. Aber!! Meine Berichtigung wurde bis jetzt nicht gebracht!! Ebenso Hertzkas nicht, der wegen des Vorschlags Schönbergs, uns zwei zu verlegen, berichtigte. Möglicherweise kommen morgen Sonntag alle Berichtigungen (auch Deine). Schönberg schrieb mir, daß ich an Simrock, Tischer, und Dreililien* [143]) *schreiben soll und diesen Zeitungsausschnitt einsenden soll und sie veranlassen soll, zu berichtigen, daß Schönberg seinerzeit ihnen empfohlen hat, Dich zu verlegen. Ob er selbst etwas tun wird, weiß Schönberg noch nicht! ... Schönberg hat, bevor er noch diesen Artikel der ‚Zeit‘ kannte, selbst einen an die Zeit geschickt (sich resp. interviewen lassen), worin er sich über das Benehmen im Concert ausspricht und auch über uns sehr warm spricht* [144]). *Aber das wäre noch immer keine Berichtigung auf die unerhörten, lügnerischen Gemeinheiten dieses Artikels ... Denk Dir, daß man die Unverschämtheit hatte, mich brieflich um eine Fotokopie für eine Karikatur anzugehn!!! Von der Redaktion der ‚Zeit‘ aus!!! —*“ [145])

---

[140]) *Die Zeit*, 2. 4. 1913 (Wiener Stadtbibliothek).
[141]) Berg an H. Watznauer, Brief v. 3. 4. 1913 (Wiener Stadtbibliothek).
[142]) Brief v. 3. 4. 1913 an Schönberg (Library of Congress).
[143]) Mit diesen Verlagen hatte Schönberg gute Verbindungen; zum Teil hatten sie seine Werke verlegt.
[144]) Vgl. Anm. 146.
[145]) Berg an Webern, undatiert (3. 4. 1913?) (Wiener Stadtbibliothek).

Schönberg gab in der *Neuen Freien Presse* eine Stellungnahme ab, worin er die gesamte Verantwortung für das Konzert übernahm[146]). Daraufhin erhielt der Verband ein Schreiben von einem gewissen Richard Stricker mit dem Hinweis, daß der Vorstand des Akademischen Verbandes *„die unbedingte moralische Verpflichtung hätte, in einer Zuschrift an alle Wiener Zeitungen auch voll und ganz für die Organisation und das Programm des von ihm veranstalteten Konzertes einzustehen. Das Eintreten für Arnold Schönbergs Kunst ist eines der wenigen Verdienste des Akademischen Verbandes. Dieses soll er sich wenigstens nicht schmälern lassen."*[147]) Der Verband folgte dieser Aufforderung nicht.

Berg konnte seine *„Berichtigung"* nicht durchsetzen. Vergeblich hoffte er, Hertzka würde die Sache übernehmen. So hielt er Rücksprache mit einem Advokaten, der wohl einen Weg für eine Rechtfertigung sah, aber schließlich wollte er sich doch nicht weiteren *„Kommentaren der ‚Zeit'"* aussetzen[148]). Buschbeck trat unter dem Eindruck der Ereignisse aus dem Vorstand des Verbandes aus, was laut Protokollbuch mit Bedauern aufgenommen wurde, und sollte daraufhin noch für die Ehrenpräsidentschaft vorgeschlagen werden. Dagegen wurde jedoch von zwei Seiten Einspruch erhoben[149]).

1914 löste sich der Verband auf. Die letzte Vorstandssitzung fand am 22. April 1914 statt[150]).

Bergs Beitrag zum Schönberg-Fonds

In den Mitteilungen der Schüler Schönbergs findet sich immer wieder der Hinweis auf die materiellen Sorgen ihres Lehrers. Berg betrachtete es als Verpflichtung zu helfen und wendete einen ganz beträchtlichen Teil seiner Zeit dafür auf, Geldgeber zu finden, um Schönberg wenigstens für einige Zeit eine gesicherte Existenz zu bieten. Im Februar 1909 konnte er ihm aus dem Kapital seiner Familie 500 Kronen zukommen lassen[1]) und im Herbst 1910 bzw. im Sommer 1911 half er ihm wieder mit eigenen Geldern aus[2]).

Nach Schönbergs ohne Aufsehen erfolgtem Rücktritt von der Dozentur an der Wiener Musikakademie[3]) spitzte sich die Lage bedenklich zu. Am 13. September 1911 berichtete Berg seinem Freund Webern, daß er in Schönbergs Angelegenheiten — und zugleich in dessen Auftrag — Hermann Bahr aufsuchen werde[4]). Berg war zu diesem Zeitpunkt über Schönbergs

---

[146]) *Neue Freie Presse*, Wien, 4. April 1913; Schönberg-Gedenkausstellung, S. 251. — Schönberg sprach darin, daß er *„mit Freuden die Gelegenheit ergriffen (hatte), ... Anton v. Weberns und Alban Bergs Werke zur Aufführung zu bringen"*.

[147]) R. Stricker an den Verband, Brief v. 4. 4. 1913 (Privatbesitz).

[148]) Berg an Schönberg, Brief v. 7. 4. 1913 (Library of Congress).

[149]) Berg an Buschbeck, Brief v. 6. 5. 1913 (Privatbesitz).

[150]) Protokollbuch, vgl. Anm. 5.

[1]) Schönberg an Berg, Brief v. 3. 2. 1909 (Berg-Nachlaß, Wien).

[2]) Schönberg an Berg, Briefe v. 17. 11. 1910 und 18. 8. 1911 (Berg-Nachlaß, Wien).

[3]) Vgl. dazu S. 49, 55.   [4]) Original in Wiener Stadtbibliothek.

Pläne noch nicht informiert und erhielt erst von Polnauer die nötigen Anweisungen[5]). Schönbergs Idee war, Bahr zu bitten, eine Kollekte für ihn zu veranlassen. Reiche Leute sollten ihm ein Jahresgehalt von 6000 Kronen zahlen, damit er Zeit zur Komposition fände. *„Es müßte ihnen genügen, daß ein Künstler von meinem Rang nicht durch seine Arbeiten, trotz größten Fleißes soviel Geld verdienen kann, um ein halbwegs sorgenfreies Leben seiner Tatkraft widmen zu können ...“*[6]) Schönberg befand sich damals in einer wirtschaftlich und persönlich fatalen Situation, die am besten durch Bergs Bericht an seinen Freund Hohenberg wiedergegeben werden kann: *„Schönberg wurde von einem Irrsinnigen in seinem Haus am Leben bedroht, so daß er genötigt war, zu fliehen! Er ist jetzt am Starnbergersee ... Wir konnten nun wenigstens der argen pekuniären Bedrängnis des von aller Welt Verlassenen und Gehaßten ein wenig Einhalt tun und zu fünft (Webern, Horwitz, Stein, Jalowetz und ich) zu gleichen Teilen 1000 K zusammenbringen und ihm schicken.“*[6a]) Berg startete darüber hinaus eine eigene *„Aktion“*, wie er sie nannte. Nachdem er sich gemeinsam mit Karl Linke mit Hermann Bahr abgesprochen hatte[7]), verfaßte er einen Aufruf, den er an vermögende Leute der Wiener — und nicht nur Wiener — Kunst- und Geschäftswelt zu versenden beabsichtigte. Webern fand Bergs Idee wunderbar[8]).

Ende September war der Aufruf fertig: *„... Ich schicke mit gleicher Post pneumatisch den endlich fertigen Aufruf an Linke; es sind cirka 40 Unterschriften. Zugleich bat ich ihn Freitag nachmittag, wo die Sache ja schon gedruckt sein muß, zu mir heraus zu kommen. Wir wollen dann alle zusammen Adressen schreiben ...“*[9])

Der von Berg verfaßte Aufruf hatte folgenden Wortlaut: *„Die Schüler und Freunde Arnold Schönbergs halten es für ihre Pflicht, seine Notlage zur öffentlichen Kenntnis zu bringen, Ihn selbst hält die Scham davor zurück; darum rufen wir über seinen Kopf hinweg um Hilfe. Der Gedanke, daß dieser Künstler an der gemeinen Notdurft des Lebens scheitern soll, öffnet uns den Mund. Die Katastrophe ist unerwartet schnell über ihn hereingebrochen und Hilfe von langer Hand würde zu spät kommen. Denn zur Zeit, da diese Zeilen geschrieben werden, ist Schönberg ohne alle Mittel in einem Dorfe bei München. — Der bevorstehende Aufruf wird zum Zwecke einer Geldsammlung an Kunstfreunde verschickt werden. Wir bitten Sie*

---

[5] Vgl. Brief v. 3. 8. 1911 an Webern (Wiener Stadtbibliothek).
[6]) Schönberg an Berg, Brief v. 31. 10. 1911 (Berg-Nachlaß, Wien). Schönberg hatte von Bahr — oder zumindest auf dessen Veranlassung — 3000 K. erhalten. Vgl. dazu Bahr an Schönberg, Brief v. 10. 10. 1909 (Library of Congress).
[6a])Berg an P. Hohenberg (Sommer 1911) (Kopie in Wiener Stadtbibliothek). Zur Wouwermans-Affäre vgl. S. 55.
[7]) Brief, undatiert an Schönberg (Library of Congress).
[8]) Webern an Berg, Brief v. 8. 9. 1911 (Berg-Nachlaß, Wien).
[9]) Brief v. 28. 8. 1911 an Webern (Wiener Stadtbibliothek).

nun, die geplante Aktion durch Ihre Unterschrift zu unterstützen. Antwort dringend baldigst erbeten an Alban Berg . . ."[10])

Kurz darauf wandte er sich an Emil Hertzka mit der Bitte um Vermittlung von Adressen: *"Es handelt sich um einen Aufruf für Schönberg. Ich habe mit Herrn Bahr diesbezüglich schon conferiert. Schönbergs Schüler werden diesen Aufruf zur Unterschrift an die ,Freunde' Schönbergs und der Kunst gehen lassen. Selbstverständlich auch an Sie, werther Herr Direktor. Dieses so versehene Schriftstück soll dann an diverse Mäcene geschickt werden und hoffentlich Erfolg haben. — Einstweilen ist unsere Aufgabe, die bereits im Druck befindlichen Aufrufe an diejenigen zu schicken, wo man eine Beteiligung erhoffen kann und da brauche ich dringendst einige Adressen deutscher Musiker und Künstler, die ich nur bei Ihnen resp. Ihrem Verlag erfragen kann. Bitte geben Sie G e f ä l l i g s t Auftrag, daß mir schleunigst — womöglich pneumatisch — folgende Adressen mitgeteilt werden: Richard Strauß, Reger, Pfitzner, Humperdinck, Kienzl, Fried, Reinhardt, Frau Mahler . . ."*[11])

Schönberg war anfangs mit dieser Aktion nicht einverstanden. Berg unterrichtete ihn, daß die *"Aktion von langer Hand vorbereitet"* worden und mit einem *"bedeutenden"* Erfolg zu rechnen wäre[12]).

Bahr hatte mit seinen eigenen Plänen einer Kollekte offensichtlich keinen Erfolg und scheint sich daraufhin der Bergschen Aktion angeschlossen zu haben. Auf eine Anfrage Weberns vom 22. Oktober 1911 aus Berlin, *"was mit der Aktion sei"*[13]), antwortete Berg: *"Wie die Aktion jetzt steht, wird Dir Schönberg wohl sagen. Nur soviel, daß ich von den Bemühungen Moll-Mahler*[14]) *ziemlich viel erhoffe. Bahr erreicht nichts mehr, vielleicht wir (Königer*[15]) *und ich) durch Besuche bei einigen, oder den neuerlichen Briefen. Aber allzuviel Hoffnung ist nicht. Wenn Leute selbst nichts gaben, wenn Bahr ihnen schrieb, werden sie auch nichts auf unseren Besuch geben, oder vielleicht 20—50 K. . . ."*[16])

Zu gleicher Zeit liefen auch Bemühungen, Schönberg die Zinsen des mit dem Hinscheiden von Gustav Mahler geschaffenen Mahler-Fonds zukommen zu lassen. Dem Kuratorium der Stiftung gehörten Alma Mahler, Ferruccio Busoni, Richard Strauss, Bruno Walter u. a. an[17]). Schönberg war über diese Tatsache sehr erfreut und berichtete am 31. Oktober 1911 darüber Berg: *"Daß ich die Mahler-Stiftung bekommen soll, ist für mich unglaublich ehrenvoll und sehr rührend. Mir ist es fast ein Zeichen, das Mahler mir aus*

---

[10]) Original im Archiv der Universal Edition. Abdruck: Reich, S. 34.

[11]) Brief, undatiert an Hertzka (Universal Edition).

[12]) Brief, undatiert (28. . . .?) an Schönberg (Library of Congress).

[13]) Original im Berg-Nachlaß.

[14]) Frau Mahler wurde im folgenden für den Fonds eine wichtige Hilfe. Die Bemühungen Moll—Mahler waren im einzelnen nicht zu klären.

[15]) Paul Königer, Schüler Schönbergs.

[16]) Berg an Webern, Brief, undatiert (Oktober 1911) (Wiener Stadtbibliothek).

[17]) *Musikpädagogische Zeitschrift*, 3. Jg. (1913), Nr. 2.

dem Grab heraus gibt. Ein Zeichen, daß er mich gerne gehabt und selbst nach seinem Tod noch für mich sorgt. Ich bin darüber sehr glücklich. Das ist etwas, was man gerne annehmen darf . . ."[18]) Die Sache zog sich aber noch bis Frühjahr 1913 hin. Berg war in der Zwischenzeit unermüdlich tätig, Adressaten aufzusuchen, und mußte manchen Mißerfolg vermerken[19]). Neben der Geldbeschaffung, bei der ihm Frau Mahler mit Rat zur Seite stand, oblag ihm auch die Überweisung der jeweiligen Beträge an Schönberg[20]). Man hatte eine Art Fonds gegründet, der auf drei Jahre geplant war. Mäzene sollten sich verpflichten, jedes Jahr eine gewisse Summe einzuzahlen. Nach Eingang der Gelder stellte sich heraus, daß der monatliche Betrag zu gering ausfallen würde, worauf man den Fonds nur auf zwei Jahre berechnete[21]). Zudem waren die Gelder nicht ausschließlich zu Schönbergs persönlicher Verwendung gedacht, sondern sollten auch etwaige Schönberg-Konzerte finanzieren. Im Dezember 1911 erreichte Berg beispielsweise die Nachricht von einem geplanten Schönberg-Liederabend in Berlin. Berg bot sich an, das Konzert mit einem gewissen Betrag aus dem Fonds zu subventionieren. Möglicherweise wurde dann auch das sogenannte *„Morgenkonzert"*, das am 4. Februar im Harmonium-Saal in Berlin stattfand und ein reines Schönberg-Programm brachte, mit einem Betrag aus dem Fonds finanziert[22]). In den Jahren 1912 und 1913 scheint die Fonds-Angelegenheit an Aktualität verloren zu haben, da Schönbergs finanzielle Lage sich in zunehmendem Maße durch Dirigiererfolge besserte und ihm 1913 die Zinsen der Mahler-Stiftung ausbezahlt wurden[23]).

Anfang 1914 betrieb Berg jedoch wieder die Fortführung der Aktion: *„. . . Für Schönberg muß wieder — da es ihm schlecht geht — eine Aktion eingeleitet werden"*, schrieb er an Buschbeck. *„Diesmal soll es so geschehen, daß sich eine größere Anzahl Freunde und Mäcene findet, die sich verpflichten, durch einige Jahre dem Schönberg-Fond (der noch von der Aktion im Jahr 1911 her besteht) eine Monatliche Rate von im Durchschnitt 10 K. anzuweisen (und hoffen auch einige Leute zu finden, die mehr geben). Auf die Weise hoffen wir monatlich eine größere Summe zustande zu bringen, die wir Schönberg dann jedes Monat (durch mindestens 3 Jahre) senden können. . . . Wichtig ist, daß die Unterstützung eine auf länger-hinausgehende ist. Also keine eine momentane Noth lindernde! Wir verfassen dazu einen Aufruf und legen Formulare zum Ausfüllen bei. Unterschrieben wird nur der ‚Schönberg-Fond'. Wir brauchen also Adressen, die Sie gewiß haben*

---

[18]) Original im Berg-Nachlaß.
[19]) Berg an Webern, Brief v. 10. 11. 1913 (Wiener Stadtbibliothek).
[20]) Die Überweisung erfolgte über die Anglo-Österr. Bank, Wechselstube Hietzing, Wien XIII, Hauptstr. 6, an die Deutsche Bank in Berlin. Im Berg-Nachlaß hat sich ein Konvolut Aufzeichnungen, Rechnungen u. dgl. erhalten, woraus Bergs Arbeit für den Fonds ersichtlich ist.
[21]) E. Stein an Schönberg, Brief v. 9. 6. 1915 (Schönberg-Nachlaß).
[22]) Programmzettel im Besitz von Doris Swarowsky, Wien.
[23]) Vgl. Anm. 17.

und um deren Zusendung ich Sie dringendst bitte, damit wir doch wenigstens 100 Leute angehen können. (Wir tun natürlich alle auch mit, daß wenigstens etwas sicher ist!) Wenn wir den Aufruf haben, schicken wir Ihnen auch einige Exemplare, die Sie vielleicht bei Bekannten in Salzburg mit Erfolg benützen können. Jedenfalls bitte ich Sie, mir vor allem die Adressen, die Sie noch von Ihrer Tätigkeit beim Akademischen Verband her haben werden, baldigst zukommen zu lassen . . ."[24]) Um dieselbe Zeit begab er sich auch gemeinsam mit Webern zu Hertzka, der seine Vermittlung beim Wiener Tonkünstler-Verein in Aussicht gestellt hatte[25]).

Für 1914 erhielt Schönberg zwar noch das Mahler-Stipendium — der Betrag wurde ihm erst im Sommer 1914 in einem ausbezahlt —, doch reichte es offensichtlich nicht zur Deckung seiner Kosten. Mit dem Ausbruch des Krieges wurde seine finanzielle Lage besonders prekär, da die Schüler einberufen wurden und Einladungen zu Konzerten ausblieben. Im Herbst 1914 drängten Berg und Webern Hertzka nochmals um Vermittlung beim Wiener Tonkünstler-Verein. *„Als Alban Berg und ich im Winter dieses Jahres bei Ihnen waren"*, heißt es im Schreiben Weberns, *„stellten Sie uns Hilfe vom Wiener-Tonkünstler-Verein in Aussicht, die Sie selbst dort erwirken wollten. Wir lesen in der Zeitung, daß dieser eine Action zu Gunsten durch den Krieg geschädigten Musiker einleite. Das veranlaßt uns neuerdings zu dem Ansuchen an Sie, sich dort für den Schönberg-Fond zu verwenden. Schönberg hat ja auch durch den Krieg materiell zu leiden: er verliert für diese Saison alle Dirigier-Honorare und die Schüleranzahl hat sich abermals verringert. Wir bitten um telefonische Auskunft an Alban Berg . . ."*[26]) Im November fragte Webern nochmals an, und am 20. November mußte er Hertzka berichten, daß die *„eventuelle Hilfe des Tonkünstler-Vereins sich weit ab von dem erwies, was wir in dieser Sache anstrebten"*[27]).

Im Februar 1915 schrieb Berg an Schönberg, daß aufgrund der zu erwartenden Gelder der Fonds noch bis Ende 1915 reiche, er jedoch bestrebt sei, über das Jahr hinaus zu planen[28]). Im April gab es bereits Schwierigkeiten, da manche sogenannte Kunstförderer unter dem Eindruck der Kriegsereignisse ihre Zahlungen einstellten. Berg konnte Schönberg nur die Hälfte des üblichen Monatsgeldes schicken, da auf dem Konto der Anglo-Bank nicht mehr vorhanden war. Er vertröstete Schönberg, daß er *„alle Hebel in Bewegung setzen werde, um auch die andere Hälfte aufzutreiben"*[29]). In der allgemeinen Geldlage sah er die Ursache, daß die Zahlungen nur unregelmäßig einliefen. Zugleich mußte er aber eingestehen, daß er seit Sommer vergangenen Jahres *„kein eigentliches Verfügungsrecht über den Fond*

---

[24]) Akademischer Verband für Literatur und Musik, a. a. O.; Brief v. 6. 1. an Buschbeck (Privatbesitz).
[25]) Vgl. Anm. 26. Schönberg-Gedenkausstellung, S. 260.
[26]) Brief v. 14. 10. 1914 an Hertzka (Universal Edition).
[27]) Universal Edition.
[28]) Brief v. 25. 2. 1915 an Schönberg (Library of Congress).
[29]) Brief v. 7. 4. 1915 an Schönberg (Library of Congress).

besitze"[30]). Näheres darüber kann man seinem Schreiben an Webern entnehmen[31]): *"... Ich war wieder bei Frau Mahler und sprach mit ihr wegen des Fonds. Sie ist mit Schönberg diesbezüglich selbst in Verbindung. Das ist auch gut, da ich immer mehr zur Überzeugung gekommen bin, daß ihr unsere Vermittlung unangenehm ist ... Sie sagte mir auch, daß sie für die nächsten Raten sorgen wird. Dem Hellmann*[32]) *schrieb ich neuerlich, energischer. Sollte das auch nichts fruchten, werde ich ihn anrufen. Wo sie sonst noch Geld auftreibt, weiß ich nicht. Ich konnte es nicht erfahren. Vielleicht Wetzler*[33])?, *Lieser*[34])?. *Hammerschlag*[35]) *bezweifle ich! Kestranek*[36]) *ist ausgeschlossen ... Mit Reininghaus*[37]) *ist sie bös ... Frau Mahler behauptet, sie ist verpflichtet, nur mehr für 3 Raten zu sorgen! Ich widersprach und sagte ihr auch, da Schönberg auf die Ratenzahlung bis Ende dieses Jahres rechnet; also noch 7 Raten ... Sie behauptet aber, daß sie sich nur für 2 Jahre ... verpflichtet habe. Nachdem im Sommer 1914 das Mahler Stipendium dem Schönberg auf einmal ausbezahlt wurde (ohne die Monatsratenzahlung zu unterbrechen) entfallen 4 Monatsraten und statt der noch 7 restlichen Monaten dieses Jahres blieben nur mehr 3 also für Juni, Juli, August 1915 ...*[38]). *Hat Dir Frau Mahler nach dem letzten Sommer zugesichert, daß der Fond bis Ende des Jahres fortgeführt wird? Ich war bei diesen Besprechungen nicht dabei. Wenn ich mit ihr dann später darüber sprach, wurde zwar die Beschaffung des Geldes ventiliert, aber nicht so dediziert bis Ende des Jahres, da ich das ja für so selbstverständlich hielt, sondern überhaupt die Möglichkeit, das noch fehlende Geld zu verschaffen ... es ist also sicher, daß ich mit ihr öfter davon sprach, daß noch so und so viel 1000 Kronen notwendig wären ... und daß sie dem nie widersprach, daß also, hätte sie damals schon die Absicht gehabt, die Ratenzahlung mit August einzustellen ... diese Absicht unbedingt zu entnehmen gewesen wäre. Diese Absicht scheint aber vielmehr erst in letzter Zeit entstanden zu sein, wo ihr die Beschaffung von so viel Geld (3500 K) unbequem geworden ist ..."*

Drei Tage später schrieb er an Schönberg, daß es heutzutage keine echten Gönner mehr gäbe und Mäzene überhaupt nur Frau Mahler zuliebe zu

---

[30]) Ebenda.
[31]) Brief v. 18. 5. 1915 an Webern (Wiener Stadtbibliothek).
[32]) Karl Hellmann, Besitzer einer Weberei in Wien IX.
[33]) Bernhard Wetzler, der Chef der Militär-Konserven-Fabriken.
[34]) Lilly Lieser, die Witwe eines Industriellen. Mit Frau Mahler befreundet; hat sich auch Schönberg gegenüber als Mäzen gezeigt. Im Jänner 1914 überwies sie eine Rate für den Schönberg-Fonds, und auch später zeigte sie sich großzügig (a. a. O.).
[35]) Paul Hammerschlag, Direktor der Österr. Kredit-Anstalt.
[36]) Wilhelm Kestranek, Direktor der Prager Eisenindustriegesellschaft.
[37]) Hans von Reininghaus, Fabriksbesitzer.
[38]) Frau Mahler hat in die Ratenzahlung auch die von Lilly Lieser überwiesenen Gelder einbezogen, wodurch sie selbst eine Rate sparte. Brief v. 30. 5. 1915 an Schönberg (Library of Congress).

Spenden bereit wären. Aber auch Erfreuliches hatte er mitzuteilen: Das Bankhaus Rothschild hatte nach eingeholten Informationen, *„also in Kenntnis Ihrer Persönlichkeit und Leistungen, Ihres Weltrufes ... sich zu einer einmaligen Zahlung von 500 K entschlossen"*[39]).

Schönberg war jedoch über die ganze Fonds-Angelegenheit und insbesondere über die Verzögerung der Geldüberweisung sehr verärgert. Am 9. Juni schrieb nun Erwin Stein über diese Sache an ihn und kam auch auf Berg zu sprechen[40]): Die Wege zu den reichen Leuten hätten seinerzeit Webern und Berg gemacht, da man sich von ihnen einen gewissen repräsentablen Eindruck erhoffte. Berg wäre in der ganzen Sache aber nicht immer geschickt vorgegangen: *„... Berg ist ein Pechvogel. Ich weiß natürlich, daß er sich sehr viel um Ihre Angelegenheiten kümmert, daß er sich sehr bemüht, herumläuft und sich den Kopf zerbricht. Zum Schluß kommt etwas heraus, daß aussieht, als ob er sich um nichts kümmern würde. Auf ihn paßt das: er überwindet die leichtesten Sachen mit der größten Schwierigkeit. Wenn er sie überwindet. Leicht nehmen tut er's nicht. Er macht sich viele Sorgen und ist sehr unglücklich ..."* Stein trug sich an, nach Bergs Einberufung zum Militär[41]) die Fonds-Angelegenheit weiterzuführen. Er selbst war in Sorge, was Frau Mahler zu tun beabsichtigte. Die verworrene Situation hat Berg in einem Schreiben vom 13. Juni 1915 an Webern geschildert[42]): *„Wegen der Fondangelegenheit werde ich mich dieser Tage mit einem wohldurchdachten Brief an Fr. Mahler wenden ... Ich glaube, sie hat für die nächsten 2 Monate gesorgt, obwohl nichts im Fond ist. Das muß rechtzeitig hereinkommen! Aber ich muß ihr auch nochmals den Ernst der Situation vor Augen halten und ihr schreiben, daß der Fond ganz einfach nicht aufhören darf. Von was soll Schönberg leben?? Schönberg weiß davon, daß Frau Mahler die Absicht ausgesprochen hat, den Fond nur mehr 3 Monate (jetzt sind's nur mehr 2 Monate) weiterzuführen. Nun das und die Zuerkennung des Mahlerstipendiums an Bittner zu cachieren, inszenierte sie die Verstimmung*[43])*. ... Schönberg ist natürlich über die ganze Geschichte sehr verbittert. Er ist — was er nie wollte — in die Angelegenheit des Fonds hineingezogen [worden] (die Namen der Beteiligten sind ihm natürlich unbekannt geblieben, aber er weiß von den Schwierigkeiten der Geldbeschaffung und daß Fr. Mahler ihre Pflicht nicht so erfüllt, wie wir es erwarten ...), [nun] kommt noch eine Verspätung der Geldsendung (Juni) dazu, die dadurch geschah, daß die deutsche Bank eine nachgewiesenermaßen rechtzeitig erhaltene telegraphische Geldsendung an Schönberg 7—8 Tage nicht erledigte. Schönberg schrieb darüber an Stein einen sehr erbitterten Brief. Wo er uns (Stein und mich)*

---

[39]) Brief v. 21. 5. 1915 an Schönberg (Library of Congress).
[40]) Vgl. Anm. 21.
[41]) Vgl. S. 118.
[42]) Wiener Stadtbibliothek.
[43]) Ursache für die Verstimmung war auch die Aufführung der *IX. Symphonie* Beethovens unter Leitung von Schönberg und die Folgen dieses Konzerts, vgl. S. 115 f.

der ungeheuerlichsten Dinge beschuldigt: ‚Wir kümmerten uns nicht um seine Existenz, er zweifle an unserer Anhänglichkeit. Was wir für ihn täten, geschehe nur um auf die Nachwelt zu kommen...‘ Wir haben versucht, Schönberg über die Tatsache aufzuklären und so frei aller Schuld zu erscheinen. Mich von den andern moralischen Beschuldigungen rein zu waschen, vermag ich natürlich nicht. Ich kann ihm nicht sagen, daß ich mich seit Kriegsbeginn direkt verzehre bei dem Gedanken an seine Zukunft, ja, daß mir meine ganze Militärangelegenheit wurscht ist im Vergleich zu den Sorgen um seine Existenz. Daß ein vor einem Monat auf eigene Faust unternommener Versuch, dem Fond einen größeren Betrag zu sichern, vollständig fehlschlug...“

Eine Hilfe kam für Schönberg im Sommer 1915, als er von der Industriellenwitwe Lilly Lieser nach Wien eingeladen wurde[44]). Durch diesen Wiener Aufenthalt erhoffte sich auch Berg eine Verständigung mit Frau Mahler[45]). Als Hertzka, der mehrmals um Intervention gebeten worden war, im Juni 1915 mit dem Vorschlag herausrückte, Schönberg leihweise 200 Kronen auf die Dauer des Krieges zur Verfügung zu stellen, reagierten Berg und Webern empört. Auch Frau Mahler war anfangs dagegen, bezog dann aber die 200 Kronen in die laufenden Raten des Fonds ein und verlängerte auf diese Weise die Zahlungen um fünf Monate[46]).

Berg bemühte sich auch weiterhin um den Fortgang der Fonds-Angelegenheit und wandte sich wenige Wochen vor seiner Einrückung an Buschbeck nach Dresden mit der Frage, ob sich nicht dort ein Geldgeber finden ließe: *„... Ich komme in folgender Angelegenheit. Ich höre auf Umwegen, daß Sie einer Dresdener Literaturgemeinde angehören. Mir wurden Namen wie Carl Hauptmann[!] H. Stehr, Täubler[!] etc. genannt. Wichtig erscheint mir aber auch — nämlich wichtig für die Angelegenheit, mit der ich Ihnen komme — daß sich in diesem Kreis ein ‚Mäcen‘ befinden soll. Da ich schon seit einem Jahr auf der Suche nach so jemandem bin, werden Sie begreifen, daß ich diese Gelegenheit nicht vorüber gehen lassen kann — notabene sie sich auch — wie Sie erraten haben dürften — auf Schönberg bezieht. Gottlob daß ich Ihnen nicht sagen brauche, wer Schönberg ist — und daß, sollte Ihr Kreis nicht so durchdrungen von der hohen Persönlichkeit dieses Mannes sein wie wir (vom Kreis Café Gröpl) — daß Sie das Ihrem Kreis leicht beibringen können! Es handelt sich also nur darum, zu erkennen, wie nothwendig es ist, Schönberg zu helfen. Schönberg ist seit Kriegsbeginn ohne jede Verdienstmöglichkeit. Seine Schüler in Berlin sind teils eingerückt, teils in Concentrationslagern, teils Flüchtlinge. Alle seine vor dem Krieg fixierten Dirigierengagements: London, Amsterdam, Paris, Petersburg, Straßburg sind natürlich ins Wasser gefallen. Auch die Möglichkeiten in Deutschland und Österreich! Der Verlag hält außerdem mit dem Erscheinen der Werke*

---

[44]) Schönberg, Gedenkausstellung, S. 270 f.
[45]) Brief v. 22. 6. 1915 an Webern (Wiener Stadtbibliothek).
[46]) Brief v. 27. 6. 1915 an Schönberg (Schönberg-Nachlaß, Los Angeles).

zurück. — So ist also Schönberg ganz auf die Hilfe seiner Freunde ange-
wiesen., d. h. auf das, was mit Hilfe seiner Freunde aufgebracht werden
kann. Sie können sich vorstellen, wie schwer das in dieser Zeit ist und daß
es nicht ausreicht und daß Schönberg trotzdem immer wieder in die äußerste
Verlegenheit geräth. Auch jetzt ist wieder so eine Zeit und auch für die
kommenden Monate keine Aussicht, ihm zu helfen! Also: Wäre es möglich,
diesen Mäcen — oder mehrere für diese gewiß dringende Sache zu erwär-
men. So zu erwärmen, daß etwas Gehöriges für Schönberg geschieht. Gleich-
viel, ob in Monatsraten, oder einer einmaligen größeren Unterstützung.
Wichtig ist, daß die Sache in einer würdigen Form geschieht. (Also keine
kleinliche Bettelei mit so und so viel Namen und vielleicht einem Resultat
von 43 K 57 h, sondern womöglich eine großzügige, insofern anonyme
Unterstützung, daß sie Schönberg in keinerlei Dankbarkeitsverhältnis zu
jemand setzen darf. Also z. Bsp. durch Einzahlung in den noch immer
existierenden (leider ,nothleidenden'!) ,Schönberg Fond'. Das bedingt natür-
lich auch größte Dikretion!!! ... Vielleicht interessiert sich Carl Haupt-
mann[!] dafür; ich weiß ja nicht, was er im Verkehr für eine Persönlich-
keit ist. Ich weiß nur, daß er mir eine ungemeine sympathische Dichter-
erscheinung ist. (Sein Gedicht: Nacht, wirklich prachtvolle deutsche Lyrik,
habe ich seinerzeit componiert). Oder vielleicht findet sich in Ihrem Kreis
wer anderer, der Schönberg's Erscheinung würdigt und mit Ihnen diesen
Mäcen zu bestimmen vermag! Ich stelle mir vor, daß man es erreichen
könnte, durch eine längere Zeit wenigstens 100 M monatlich zu erreichen.
Oder eine einmalige Zahlung von wenigstens 1000 M. Ich sagen ,wenig-
stens!' Und meine, daß mit diesen Beträgen erst die Möglichkeit begänne,
Schönberg zu helfen. Ich meine aber nicht, daß weniger ausgeschlossen ist.
Eine beispielsweise monatliche Rate von 50 M oder eine einmalige von
500 M ist natürlich auch acceptabel! ..."[47]) Über den Erfolg dieser Anfrage ist nichts bekannt[48]), doch ist anzunehmen, daß die Sache auf diesem
Wege keine Förderung erfuhr. Infolge des Krieges war an eine Weiter-
führung des Fonds auch nicht zu denken. — Schönbergs materielle Lage
wurde vor allem wieder ab September 1917 bedenklich. Die Schüler veranstalteten zu diesem Zeitpunkt nochmals eine Kollekte, woran sich auch
Berg und Webern beteiligten[49]). Zemlinsky gelang es, in Prag Gönner
(Bankleute) zu finden[50]), und schließlich erhielt Schönberg 1917 auch ein
staatliches Stipendium[51]).

---

[47]) Brief v. 10. 7. 1915 an Buschbeck (Privatbesitz).
[48]) Möglicherweise steht mit Buschbeck ein im Rahmen der Deutschen Expressionisten-
Ausstellung veranstaltetes Schönberg-Konzert im Zusammenhang, das am 5. Oktober
1916 stattfand (Programm im Berg-Nachlaß).
[49]) Briefe an seine Frau, Nr. 263.
[50]) Zemlinsky an Hertzka, Brief undatiert (Universal Edition).
[51]) Ministerium für Kultus und Unterricht an Schönberg, Brief v. 26. 9. 1917 (Schönberg-
Nachlaß, Los Angeles).

III. Krisen- und Kriegszeit

Eine krisenhafte Zeit nach dem Sommer 1913: Reisen,
unausgeführte Pläne, Schönbergs Kritik

Am 3. Juni 1913 reiste Berg nach Berlin, wo er angenehme Tage im Gespräch mit Schönberg verbrachte, mit ihm den *Pierrot lunaire* studierte — ein Werk, das Berg noch immer rätselhaft geblieben war[1]) — und eigens für ihn arrangierten Proben dieses Melodramenzyklus beiwohnen konnte. Am 11. Juni nach Wien zurückgekehrt, dankte er mit herzlichen Worten und ließ durchblicken, daß ihn in diesen Tagen auch Schönbergs Tadel getroffen hatte[2]). Dies war nur der Beginn einer länger andauernden Verstimmung zwischen ihm und seinem Lehrer, die vor allem künstlerische Ursachen hatte. Berg hat sich später darüber ausführlich geäußert und trachtete, diese Vorwürfe zu widerlegen[3]).

In Berlin hatte er mit Schönberg offensichtlich die Möglichkeiten erörtert, ein Orchesterkonzert unter dessen Leitung zu veranstalten. Der *Akademische Verband für Literatur und Musik,* der noch unter den Folgen des Skandals vom 31. März 1913 litt[4]), kam dafür wohl nicht mehr in Frage. Berg hoffte aber, Buschbeck, der dem Verband nicht mehr angehörte, für diesen Plan zu gewinnen: „... *Ich schrieb (Schönberg), daß ich noch immer hoffe, daß in Wien wenigstens das Mahlerconcert unter seiner Leitung zustande kommt ... Also glauben Sie, daß das zu machen sein wird. Ohne Akad. Verband natürlich! ... Einen Garantie-Fond dafür zu finden wird schwer sein! Es fänden sich vermutlich Leute, die etwas dafür gäben, z. Bsp. diese Freundin der Frau Mahler [Lilly Lieser], Frau Mahler selbst, Redlichs etc ... Schönberg sprach u. a. auch davon, daß er sehr gerne ein klassisches Concert gäbe. Etwa Beethoven Symphonien und Concerte. Letztere auf die einzig mögliche Art, solches auch vollendet heraus zu bekommen: unter vorherigem gründlichen Studium des Clavierparts mit Steuermann. Nicht wie es sonst üblich ist, einen Virtuosen ‚zu begleiten'! ... An Wien dachte Schönberg eigentlich nicht, aber umsomehr ich! ... Schließlich um meine*

---

[1]) In einem Brief an Schönberg heißt es: „*Pierrot (habe ich) noch nicht verstanden, obgleich ich den tiefsten Eindruck habe, blieb mir die Partitur rätselhaft*" (20. 7. 1914. Library of Congress).

[2]) Berg an Schönberg, Brief v. 14. 6. 1913 (Library of Congress). Reich, S. 39 f.

[3]) Siehe weiter unten, S. 111 f.

[4]) Vgl. S. 96 ff.

Phantasie fortzusetzen, dachte ich als drittes dieser Dirigenten Concerte Schönbergs (I. ist Mahler VI und Kindertotenlieder, II. ist Beethoven [Ouverture, Symphonie Concert]) ein Compositions-Concert: Pelleas und die Orchester-Lieder und Orchesterstücke. Diese 3 Konzerte ... über die Monate Oktob. 1913 bis März 1914 vertheilt, gäbe eine schöne Saison! ..."[5]) Auch mit Schönberg korrespondierte er darüber und unterbreitete ihm die Idee der drei Konzerte[6]). Zur selben Zeit aber wandte er sich nochmals an Buschbeck und fragte an, was er bereits unternommen hätte. Schönberg rechnete nun damit und hatte Berg in seinem letzten Schreiben wissen lassen — diesen Brief erhielt Buschbeck zur Einsicht —, daß er die *V. Symphonie* Mahlers mit den von Mahler selbst ergänzten Instrumentationsänderungen dirigieren wollte[7]). Buschbeck sagte aber ab, da er nach Salzburg übersiedelte, worauf Berg den Plan faßte, das Mahlerkonzert allein zu arrangieren. Mit Buschbeck ging ihm eine große Stütze verloren: *„Glauben Sie mir, daß es mir sehr leid tut, Sie von nun an nicht mehr in Wien zu wissen ... Trotzdem verstehe ich Ihre Gründe vollauf — ja mir kam Ihr Entschluß nicht einmal sehr überraschend. — Ich schrieb es gleich an Schönberg, und schlug ihm vor, mir die Entrierung dieses 'eins' oder mehrere Concerte zu überlassen ... Hoffentlich wird wenigstens aus dem Mahler Concert etwas. Zur Aufbringung eines Fonds dafür werde ich Sie gelegentlich um Adressen und verschiedene Tips bitten."*[8]) Die Angelegenheit Mahler-Konzert ging aber nicht voran, und auch ein letzter Versuch, den Berg unternahm, brachte keinen Erfolg. Er hatte sich direkt an Frau Yella Hertzka gewendet: *„... Schönbergs Wunsch, Werke Mahlers zu dirigieren, soll endlich einmal erfüllt werden. Nun stellen sich diesem Plane eines Konzerts die altbekannten Hindernisse entgegen. Die Aufbringung der Kosten — in Form eines Garantie-Fonds — würde wohl auf große Schwierigkeiten stoßen. Ein Verein — auch der Akadem. Verband — oder eine Concert-Unternehmung, die das Risiko auf sich nähme, kommt nicht in Betracht. Bliebe nur die Möglichkeit, daß Schönberg von irgend einem der in Betracht kommenden Orchester eingeladen würde, an einem — sagen wir: außerordentlichen Abend Werke von Mahler zu dirigieren. Das am ehesten dazu berufene Orchester, die Philharmoniker, werden sich hüten! Und ich sehe keine Möglichkeit, sie zu einer solchen Einladung zu bewegen ... Jedenfalls erscheint mir der Concert-Verein resp. deren competente Persönlichkeit, am ehestens einer solchen Idee geneigt. Und dazu bedarf ich nun ... Ihrer Förderung. Man müßte nämlich den Sekretär der Concert-Hausgesellschaft, einen gewissen Dr. Botstieber ... der*

---

[5]) Berg an Buschbeck, Brief v. 12. 7. 1913 (Privatbesitz, Wien).
[6]) Berg an Schönberg, Brief v. 19. 7. 1913 (Library of Congress).
[7]) Berg an Buschbeck, Brief v. 19. 7. 1913 (Privatbesitz).
[8]) Berg an Buschbeck, Brief v. 7. 8. 1913 (Privatbesitz). Die retuschierten Stimmen aus Mahlers Besitz sind heute Eigentum der Universal Edition (als Leihgabe in der Wiener Stadtbibliothek).

auch Schönberg sehr gut kennt, für diesen Plan gewinnen. Da die Concert-Hausgesellschaft mit der Universal Edition geschäftlich verbunden ist, ja diese zu jener gewissermaßen in einem Abhängigkeitsverhältnis stehen soll, wäre der Direktor Hertzka auch eine einflußreiche Mittelsperson für unseren Zweck. Der Grund meines Briefes ist nun, Sie ... zu bitten, entweder den Direktor Hertzka oder den Sekretär Botstieber — oder am besten beide Herrn zu veranlassen, ihren Einfluß in dieser Sache, nämlich Schönberg zum Dirigieren eines Mahler-Concertes einzuladen, geltend zu machen. Ich glaube, man müßte ihnen zu verstehen geben, wie nothwendig es ist, einige Werke Mahlers aufzuführen, wo doch nur die V. und IX. Symphonie in den heurigen Concert-Programmen aufgenommen sind, und daß Schönberg — natürlich mit Ausnahme Löwes! — der berufenste dazu ist. Wird dadurch ja auch Schönberg, dessen Werke wieder einmal in allen Concert-Programmen der kommenden Wiener Saison fehlen, wenigstens Gelegenheit gegeben, in Wien zu dirigieren! ..."[9]) Zu einem Mahler-Konzert unter Schönbergs Leitung ist es auch in späteren Jahren in Wien nicht gekommen.

Im Sommer 1913 fand Berg nun Gelegenheit und Zeit zur Komposition. Nicht ohne Grund berichtete er Schönberg, daß er wieder arbeite, da sein schmales kompositorisches Œuvre bereits beanstandet worden war. Er schrieb jedoch nicht an der von Schönberg vorgeschlagenen *„Suite für Orchester mit Charakterstücken"*, obgleich er *„oft daran gedacht und die Ausführung vorgenommen hatte"*. Vielmehr folgte er einer älteren Anregung seines Lehrers, der ihm gegenüber einmal gesagt hatte, daß *„jeder Schüler auch eine Symphonie geschrieben haben sollte"*[10]). *„Ich sah mich immer wieder gedrängt, einem älteren Bedürfnis, eine Symphonie zu schreiben, nachzugeben — Und als ich diesem Bedürfnis eine Concession machte, und die Suite mit einem Prelude beginnen wollte, so wurde, als ich an dem zu arbeiten begann, wieder der Anfang dieser Symphonie. So arbeite ich halt jetzt daran weiter: — es soll eine große einsätzige Symphonie werden, natürlich mit allen in ihr enthaltenen 4 Sätzen ... So in der Art des Baues der Kammersymphonie. Nebenbei wird aber sicher der Plan zur Suite so weit reifen, daß ich wirklich einmal dazu komme."*[11]) Die Arbeit ging nur langsam voran, und Berg ließ die Komposition schließlich unvollendet liegen[12]).

Im Jänner 1914 reiste Berg nach Prag, wo er mit Schönberg und Webern zusammentraf: Zemlinsky führte am 28. Jänner drei Lieder aus Schönbergs *Orchesterliedern op. 8* — die erste Aufführung überhaupt — in einem

---

[9]) Berg an Y. Hertzka, Brief v. 7. 10. 1913 (Universal Edition).
[10]) Berg an Schönberg, Brief v. 9. 7. 1913 (Library of Congress).
[11]) Ebenda.
[12]) Teile dieses Fragments — bis jetzt war es für Studienzwecke nicht zugänglich — wurden lt. Mitteilung von Frau Berg in den Einleitungstakten des letzten Orchesterzwischenspiels zum III. Akt *Wozzeck* eingearbeitet. Vgl. Redlich, S. 87. Das Original des *Symphonie*-Fragments bzw. Skizzen dazu liegen im Berg-Nachlaß.

Konzert mit gemischtem Programm auf[13]). Bereits am 30. Jänner kehrte er
wieder nach Wien zurück. Im Frühjahr plante er eine größere Reise:
Er wollte zur Aufführung der *Gurrelieder* nach Leipzig und anschließend
mit Schönberg nach Amsterdam und Berlin fahren. Für die Reise erhoffte
er sich eine finanzielle Unterstützung von seiten der Universal Edition. Er
bat Hertzka um den *„für den Führer [Gurrelieder] zugesagten Betrag von
— bei Verkauf von 6000 Exemplaren beider Führer — 300 Kronen"*.
Immerhin wäre er an den Aufführungs- und Verlagsarbeiten der *Gurrelieder* doch stark beteiligt gewesen. Und gerade diese Arbeiten hätten ihm
keine Zeit gelassen und auch keine Gelegenheit geboten, sich einen Neben-
verdienst zu verschaffen[14]).

Berg wurde es ermöglicht, zur Aufführung der *Gurrelieder* (6. März
1914) nach Leipzig zu fahren. Von dort begab er sich mit Schönberg nach
Amsterdam, um auch der dortigen Aufführung unter der Leitung des
Komponisten beiwohnen zu können[15]). An seinen Schüler Polnauer schrieb
er begeisterte Worte: *„Die Aufführung war prachtvoll. Die Werke unsagbar
schön."*[16]) Die Rückreise erfolgte über Berlin[17]). Auf dieser gemeinsamen
Reise fühlte Berg eine deutlich ausgesprochene Kritik Schönbergs. Dieser
„konstatierte" an ihm ein *„Zurückgehen"*, ein *„Nachlassen in künstlerischer Beziehung"*[18]). Die Kritik hatte den Erfolg, daß er sich nach seiner
Rückkehr wieder stärker um seine eigene Arbeit kümmerte. Die *Symphonie*
wurde fallengelassen, und er begann die Komposition der *Orchesterstücke*.
Im besonderen befaßte er sich mit der Niederschrift des *Marsches*. *„Wenn
das, was ich schreibe, nicht das ist, was ich erlebt habe, richtet sich vielleicht
mein Leben einmal nach Kompositionen, die ja dann die reinsten Prophe-
zeiungen wären. Aber ich glaube, diese fehlt mir wie so viele andere und
wenn ich auch aufs äußerste bestrebt bin, einmal die Thränen zu vermeiden,
so wird's vielleicht doch kein Marsch eines aufrechten Menschen, der fröhlich
marschiert, sondern im besten Fall — und dann wäre es wenigstens ein
,Charakterstück' ein ,Marsch eines Asthmatikers', der ich bin und, mir
scheint, ewig bleibe."*[19])

Schönbergs Kritik, die nicht nur seinen künstlerischen Leistungen galt,
sondern auch seiner Lebenseinstellung und Lebensführung, der Art, wie er
sich ausdrückte, wie er sich kleidete oder wie er seine Briefe schrieb, belastete
ihn zusehends. Berg bat herzlich um Verzeihung und teilte Schönberg mit,
daß er *„sich ein Programm der Lebensführung gemacht"* hätte[20]). Die Befan-
genheit Schönberg gegenüber aber blieb und läßt sich noch bis Ende 1915

[13]) Briefe an seine Frau, Nr. 171.
[14]) Berg an Hertzka, Brief v. 24. 2. 1914 (Universal Edition).
[15]) Schönberg dirigierte am 12. März 1914 im Concertgebouw u. a. *op. 16.*
[16]) Berg an Polnauer, Schreiben v. 13. 3. 1914 (Wiener Stadtbibliothek).
[17]) Lt. Berg an Kassowitz, Brief v. 14. 3. 1914 (Original vormals W. Hassfurther, Wien).
[18]) Berg an Schönberg, Brief (November 1915) (Library of Congress).
[19]) Berg an Schönberg, Brief (März 1914) (Library of Congress).
[20]) Berg an Schönberg, Brief v. 8. 6. 1914 (Library of Congress).

verfolgen. Im Frühjahr 1915 hatte er noch an Schönberg geschrieben, daß er *„seit Leipzig und Amsterdam in der Angst lebe, [ihn] selbst durch die bescheidenste Bemerkung zu ärgern, ihm durch seine Anwesenheit unangenehm zu werden“*[21]). Und vom November 1915 stammt jenes Schriftstück[22]), in dem er sein Verhalten, seine Leistungen und seine persönlichen Schwierigkeiten der letzten Jahre Schönberg gegenüber zu erklären versuchte. Aus dem Freundeskreis wären Schönberg falsche Gerüchte über seine Abhängigkeit von seiner Familie zugetragen worden. In Wirklichkeit hätte er sich gänzlich unabhängig mit dringenden Aufgaben befaßt: Unterricht — Stunden an drei Nachmittagen — und diverse *„Aktionen“*: *„Concertveranstaltungen, letzte Korrektur der Harmonielehre, die ganz in meinen Händen liegende Herausgabe der Broschüre ,Arnold Schönberg‘*[23]), *Arbeiten an den Gurreliedern: Auszüge und Materialkorrekturen, die zwei Führer, die Aufführung, außerdem die Auszüge der 2 Lieder aus dem Fis moll Quartett, den theilweise 4händigen Auszug der VIII. Mahler Symphonie, den Transpositionen von Straußliedern*[24]) *- - nur meine kurzen Orchesterlieder (op. 4) und die noch kürzeren Clarinettenstücke (op. 5): im Zeitraum von 2 1/2 Jahren.“*

Berg beschloß, sich gegen den *„Tratsch“* abzuschließen und wollte sich ernsthaft bemühen, *„all die kleinen Sachen“* zu ändern, die Schönberg *„mit Recht“* an ihm aussetzte: die unleserliche Schrift[25]), den unübersichtlichen Briefstil, nachlässige Kleidung ... Und *„schließlich beherzigte ich natürlich die Kritik, die Sie an der Geringfügigkeit und Wertlosigkeit meiner damals neuen Kompositionen übten und das, was Sie an meinen Auszügen tadelten, und in den folgenden Arbeiten: den Orchesterstücken und der Kammersymphonie*[26]) *... Die 3 Orchesterstücke entsprangen wirklich den angestrengtesten und heiligsten Bemühen, in der von Ihnen gewünschten Form Charakterstücke zu arbeiten, von normaler Länge, reicher thematischer Arbeit, ohne jede Sucht, unbedingt was ,Neues‘ zu bringen, und in dieser Arbeit mein Bestes zu geben. Wäre ich nicht überhaupt ein langsamer Arbeiter und wäre nicht der Krieg ausgebrochen und damit die anfängliche Lust zum komponieren [gebrochen?] und die mit den Häusern meiner Mutter und dem Berghof sich geradezu verdoppelten Arbeiten, so hätte ich mehr zustande gebracht ...“*

Schönberg wäre darüber hinaus über Bergs finanzielle Lage nicht richtig informiert gewesen: denn im November 1915 zahlte er noch immer die Amsterdamer Reise ab!

---

[21]) Berg an Schönberg, Brief v. 6. 5. 1915 (Library of Congress).
[22]) Berg an Schönberg, Brief (November 1915) (Library of Congress). Das folgende ist diesem Schreiben entnommen.
[23]) Vgl. dazu das Kapitel „Ein Schönberg-Buch (1912)“.
[24]) Über die hier genannten Arbeiten siehe im einzelnen im Kapitel „Bergs Arbeiten für Schönberg ...“.
[25]) Die Briefe Bergs aus der Zeit sind tatsächlich geradezu kalligraphisch geschrieben!
[26]) Vgl. Anm. 24 bzw. Kapitel „Kriegsjahre“. — Ein Urteil Schönbergs über Bergs *op. 6* ist nicht bekannt.

Kriegsjahre 1914—1918

Als am 28. Juli 1914 Österreich an Serbien den Krieg erklärte und die Extra-Ausgabe der Wiener Zeitung in großen Lettern den Beginn des Krieges ankündigte, weilte Berg in Trahütten, wohin er zehn Tage vorher mit seiner Frau, die von einer Kur aus Karlsbad kam[1]), gereist war. Auch in Trahütten geriet er in den Trubel der Ereignisse: *„Auch hier spürt man viel von dem ausbrechenden Krieg! alles: Mann und Pferde müssen heute fort. Vielleicht werden wir Untauglichen auch noch einberufen..."*[2]) Berg war im Gegensatz zu Schönberg und Webern nicht gerade kriegsbegeistert. Webern hingegen schrieb noch am selben Tag, an dem die Pressemeldung von der Kriegserklärung erschien, an Berg: *„Also Krieg! Bist Du davon betroffen?"*[3]) und knapp zwei Monate später: *„Ich muß in den Krieg. Ich muß. Ich halte es nicht mehr aus!"*[4]) Berg zeigte sich nur beschämt, daß ihm zunächst die Rolle eines Zuschauers zugeteilt war[5]).

Da für ihn die Frage einer Militärdienstleistung noch nicht entschieden war, widmete er sich weiterhin der Unterrichtstätigkeit und regelte seinen Unterrichtsplan[6]). An musikalischen Arbeiten nahm er nach der Fertigstellung der *Thementafel* zu Schönbergs *Kammersymphonie op. 9* den vierhändigen Klavierauszug zu diesem Werk in Angriff[7]).

An eigenen Werken arbeitete er das 2. Stück der *Orchesterstücke*, dessen Fertigstellung er absichtlich hinausgeschoben hatte[8]). Mit der Widmung der ersten beiden bereits vollendeten Stücke an Schönberg — der übrigens darauf nicht antwortete[9]) — kam er auch auf dieses für ihn problematische Stück zu sprechen:

„Es ist seit vier Jahren mein heimlicher, aber starker Wille und Wunsche, Ihnen etwas zu widmen. Die bei Ihnen, Herr Schönberg, gearbeiteten Sachen, Sonaten, Lieder und Quartett, waren, als von Ihnen unmittelbar empfangen, von selbst ausgeschaltet. Meine Hoffnung, etwas selbständiges und den ersten Sachen doch gleichwertiges zu schreiben, und so etwas zu haben, was ich Ihnen widmen könnte, ohne Sie zu ärgern, betrog mich leider durch einige Jahre. Nun hat mir Ihre liebevolle Aufforderung im Frühjahr, auf der Fahrt von Amsterdam nach Berlin, den Mut gegeben, es mit einer Arbeit zu versuchen, die, Ihnen zu widmen, ich mich nicht zu schämen brauchte. Ich kann heute nicht sagen, ob es mir gelang, oder ob es nur ein Versuch blieb. Ich habe mich wirklich bemüht, mein Bestes zu geben,

---

[1]) Briefe an seine Frau, Nr. 190.
[2]) Brief v. 1. 8. 1914 an J. Polnauer (Wiener Stadtbibliothek).
[3]) Webern an Berg, Brief v. 28. 7. 1924 (Berg-Nachlaß, Wien).
[4]) Webern an Berg, Brief v. 3. 9. 1914 (Berg-Nachlaß, Wien).
[5]) Brief v. 24. 8. 1914 an Schönberg (Library of Congress).
[6]) Brief v. 23. 9. 1914 an G. Kassowitz (Original vormals W. Hassfurther, Wien). Berg spricht darin auch von einer Erhöhung des Honorars für neue Schüler um 10 Kronen.
[7]) Vgl. S. 68.
[8]) Über *Orchesterstücke* vgl. S. 110 ff.
[9]) Vgl. S. 112, Anm. 26.

allen Ihren Anregungen und Rathschlägen Folge zu leisten, wobei mir die unvergeßlichen, ja umwälzenden Proben und das eingehende Studium Ihrer Orchesterstücke unendliche Dienste leistete und meine Selbstkritik immer mehr schärfte. Dies ist auch der Grund, warum ich die Fertigstellung des 2ten der 3 Stücke „Reigen", nicht zu dem mir vorgesetzten Termin erzwang und sie auf später hinausschob, wo es mir wahrscheinlich gelingen dürfte, die mir bis jetzt noch nicht klargewordenen Fehler zu verbessern." [10])

Einen weiteren Grund für die Verzögerung sah er in der Unruhe durch den Ausbruch des Krieges. *„Der Drang, dabei zu sein, das Gefühl der Ohnmacht, dem Vaterland nicht dienen zu können, ließen mich dort [in Wien] nicht zur Arbeit kommen."* [11])

Ferner lag noch die Administration der Häuser in seiner Hand[12]), gab es Sorgen wegen Schönbergs finanzieller Lage[13]), und schließlich beschäftigte ihn die Frage, was er für Schönbergs Freistellung vom Militärdienst unternehmen könnte[14]). Am 4. November fuhr er auf den Berghof, um dort fürs erste nach dem Fortgang der Bewirtschaftung zu sehen[15]). Aus den Briefen, die er an seine Frau, die in Wien geblieben war, richtete, spricht die Niedergeschlagenheit, sich mit derartigen Problemen befassen zu müssen. Nur dann klingt seine eigene Neigung durch, wenn er auf literarische und musikalische Themen zu sprechen kommt. Ein Verwalter für den Berghof war nicht so rasch zu finden. Mitte November kehrte er nach Wien zurück. In der Zwischenzeit hatten Anton Webern und Erwin Stein den Stellungsbefehl erhalten[16]). Berg mußte am 27. November zur Musterung, wurde aber angeblich wegen seiner Größe für untauglich befunden. Enttäuscht berichtete er darüber Schönberg[17]). Am 12. Dezember reiste er wieder nach Villach. Mitte Dezember erreichte ihn eine Anfrage Schönbergs, ob er sich an der Kriegsanleihe beteiligen wolle. Berg besaß jedoch keine Vermögen und seine Mutter hatte nicht genug Kapital. Der Zinsertrag der Häuser ging größtenteils auf Hypotheken, Steuern und Ausgaben zur Erhaltung der Häuser auf. Den Rest benötigte sie für ihre Lebensbedürfnisse[18]). Das Kapital seiner Frau, das in nieder notierten Papieren angelegt war, verwaltete deren Vater. — Gegen Ende Dezember gelang es ihm, für den Berghof ein altes Ehepaar als Verwalter zu finden. Daraufhin kehrte er nach Wien zurück.

---

[10]) Brief v. 8. 9. 1914 an Schönberg (Library of Congress).

[11]) Ebenda.   [12]) Vgl. dazu S. 19 f.

[13]) Vgl. Kapitel „Bergs Beitrag zum Schönberg-Fonds".

[14]) Schönberg wurde am 19. Mai 1915 bei der Musterung aufgrund eines Blähhalses zurückgestellt und erst bei der Nachmusterung im November 1915 assentiert. Am 16. Dezember 1915 rückte er zum k. k. Regiment Hoch- und Deutschmeister ein und absolvierte vom März bis Mai 1916 die Brucker Offiziersschule. Auf Antrag der Kunstfürsorge u. a. wurde er im Oktober 1916 enthoben. Im September 1917 wurde er aber abermals kurzfristig einberufen.

[15]) Briefe an seine Frau, Nr. 191, 192.

[16]) Brief v. 15. 11. 1914 an Buschbeck (Privatbesitz).

[17]) Brief v. 27. 11. 1914 an Schönberg (Library of Congress).

[18]) Brief v. 15. 12. 1914 an Schönberg (Schönberg-Nachlaß, Los Angeles).

Dort fand er einen Brief Schönbergs vor, worin von einer geplanten Fortsetzung der *Harmonielehre* die Rede war. Berg antwortete umgehend und mit begeisterten Worten, daß er sich davon *„endlich, endlich — die lang gesuchte Erklärung für die Moderne Harmonik"* erhoffte[19]). Dieser Plan wurde bekanntlich nie ausgeführt. Bergs Gedankenwelt war in dieser Zeit vorwiegend wieder ganz von Schönberg erfüllt. Er lehnte sich mit Schönberg gegen seine Umwelt auf und war ebenso wie dieser erschüttert oder vergrämt. Er wußte, was Schönberg von den Kriegsereignissen hielt, und so bestätigte er ihm nur seine eigene Haltung. In einem Schreiben aus diesen Tagen heißt es einmal: *„Als wäre nichts geschehen, als geschähe nicht stündlich Unerhörtes, wird hier in Wien drauf losgelebt, werden Premieren ‚an die Zeit angepaßter' Operetten und Schwänke aufgeführt, ist jedes Theater und Kino überfüllt und wahrlich … kein Anlaß an den Krieg anders zu denken, als an irgend ein sensationelles Ereignis … Denn, wenn er [der Krieg] das, was man ihm zuschreibt, sein soll, nämlich reinigend, so hat er seine Aufgabe noch lange nicht erfüllt …"*[20])

Zu eigenen Arbeiten kam er nun wenig. Nach der Fertigstellung des *Kammersymphonie-Auszugs* (im Jänner 1915) bot er sich an, Korrekturen zu Schönbergs Monodram *„Erwartung"* zu lesen[21]), wozu er in der Folge auch herangezogen wurde. Gleichzeitig beschäftigte ihn die Idee eines *Tempometer*-Apparates, von dem er einige Skizzen anfertigte[22]). Nur langsam kam er mit der Komposition des zweiten Orchesterstückes voran. Im Februar erfuhr er, daß Frau Mahler Schönberg ein klassisches Konzert in Wien vermitteln wollte und dafür ein Wohltätigkeitskonzert in Aussicht gestellt hatte. Als Programm wurde Beethovens *IX. Symphonie* und die *Egmont-Ouvertüre* vorgesehen[23]). Das Konzert war als Ersatz für das nicht zustandegekommene Mahler-Konzert gedacht[24]).

---

[19]) Brief v. 18. 1. 1915 an Schönberg (Library of Congress).
[20]) Brief v. 27. 1. 1915 an Schönberg (Library of Congress); Schönberg-Gedenkausstellung, S. 261.
[21]) Brief v. 4. 2. 1915 an Schönberg (Library of Congress).
[22]) Brief v. 17. 2. 1915 an Schönberg (Library of Congress). Die Beschäftigung mit diesem Apparat reicht bis Jänner 1914 zurück: *„Ein Apparat, der es ermöglicht, das Tempo eines noch so großen musikalischen Werkes in jedem Takt, jeder Schwankung auf das genaueste — und zugleich einfachste anzugeben, besser gesagt: festzuhalten. Ein (wie bei der Morsetelegraphie) gleichmäßig ablaufender Papierstreifen, auf dem sich der Komponist mittels eines Tasters das ganze Werk vordirigiert … Der Papierstreifen müßte graduiert sein, um die Intervalle zwischen den Tasterzeichen leicht ablesen zu können …"* (Brief v. 6. 1. 1914 an Schönberg. Library of Congress). Schönberg hatte darauf am 1. 2. 1914 an Berg geschrieben, daß er die Idee eines „Tempometerapparates" sehr gut fände und er selbst sich schon damit befaßt hätte: *„es handelt sich um ein präcises Uhrwerk, mit einer Rolle in Verbindung, die gleichzeitig abläuft und in einer Minute einen Streifen von bestimmter Länge abspielt. Dieser Streifen ist graduiert … Und eine Feder … notiert den eingegebenen Niederdruck des Tasters …"* (Berg-Nachlaß, Wien).
[23]) Brief v. 25. 2. 1915 an Schönberg (Library of Congress).
[24]) Vgl. S. 108 f.

Berg hatte anfangs auf die Organisation des Konzerts keinen Einfluß, und Frau Mahler vermied es, ihn zu informieren. Schönberg drängte ihn jedoch, sich von Frau Mahler die Partituren — vor allem Beethovens *IX. Symphonie* mit den eigenhändigen Retuschen Mahlers[25] — zu erbitten, die ihm als Dirigiervorlage dienen sollten. Frau Mahler besaß auch das gesamte retuschierte Material. Berg konnte schließlich Einsicht in Mahlers Partitur nehmen: *„Über die Retouchen Mahlers bin ich ganz weg. Bei vielen Stellen dachte ich mir, daß ein großer Mut dazu gehört, solch eingreifende Veränderung in einem Werk eines der Größten anzubringen."*[26]

Da er über den Fortgang der Organisation des Konzertes nicht oder nur falsch unterrichtet war — *„Frau Mahler arrangiert das Konzert allein mit ihren Beratern"*[27] — traf ihn der Vorwurf Schönbergs, daß er *„träume"*.

Daraufhin wurde er bei Frau Mahler vorstellig und erzwang seine Mitarbeit an den Vorbereitungen des Konzertes. Er brachte in Erfahrung, daß der Singverein abgesagt hatte, und so mußte der Philharmonische Chor dafür gewonnen werden[28]. Schönberg wurden nur drei Proben zugesichert. Am 12. und 16. April konnte Berg ihm noch Details von den Vorproben (vor allem über die Sänger) berichten[29]. Das Konzert fand schließlich nach einer öffentlichen Generalprobe am 16. April statt und wurde nur wenig akklamiert. Die Presse wandte sich geschlossen gegen den Dirigenten Schönberg und vor allem gegen die Tatsache, daß er die schon seinerzeit bei der Aufführung unter Mahler (22. Februar 1900) als bedenklich erachtete retuschierte Fassung brachte. Schönberg konnte seine Enttäuschung nicht verbergen: *„Mein Konzert hat mir nicht viel Glück gebracht. Der Erfolg war nicht sehr groß — wenigstens bei der Presse: Am Abend war ja kolossaler Beifall. Aber ich war mit der Aufführung nicht zufrieden. In der Generalprobe habe ich viel durchgesetzt, in der Aufführung hat das Orchester gespielt, was es wollte; also das, was es von (Ferdinand) Löwe, und (Franz) Schalk und (Oskar) Nedbal her kennt. Das hat dann offenbar einem Teil des Publikums sehr gefallen. Was ich Persönliches geleistet habe, (was auch zum Teil herausgekommen ist): mein Rubato scheint ja kaum recht bemerkt worden sein . . ."*[30] In Bergs Bericht an Buschbeck liest man: *„Das Concert war sehr schön. Die Nachfolgen scheußlich!!! Die Recensionen!!! Das Gerede! Alles von d e r Seite, die ein Festsetzen Schönbergs als Dirigent fürchtet! Löwe, Nedbal und deren Protektionen!! So dürfte das Concert keine posi-*

---

[25] Die Partitur mit den eigenhändigen Retuschen Mahlers befindet sich heute im Besitz der Universal Edition (als Leihgabe in der Wiener Stadtbibliothek).

[26] Brief v. 30. 3. 1915 an Schönberg (Library of Congress).

[27] Brief v. 10. 4. 1915 an Schönberg (Library of Congress).

[28] Vgl. Anm. 27. Die Proben des Philharmonischen Chors leitete angeblich ein Schreker-Schüler.

[29] Original in Library of Congress.

[30] Schönberg an Zemlinsky, Brief v. 24. 5. 1915 (Privatbesitz, London). Schönberg-Gedenkausstellung, S. 263.

tiven Folgen für Schönberg haben. Es muß noch Zeit vergehen, bis die Welt ihren größten Dirigenten die Gelegenheit zum Dirigieren gibt . . ."[31])

Das Konzert hatte überdies noch andere unangenehme Folgen. Nachdem Schönberg die berüchtigten Retuschen in sein eigenes Dirigierexemplar übertragen hatte, gab er die Partituren Mahlers an Zemlinsky weiter, und zwar im Glauben, Zemlinsky hätte die Einwilligung von Frau Mahler erhalten. Auch Berg wurde in die Sache hineingezogen, da ja er die Partituren von Frau Mahler ausgeborgt hatte[32]) und die Egmont-Ouvertüre nicht an Frau Mahler selbst, sondern an die mit dieser befreundeten Lilly Lieser weitergegeben hatte[33]).

Am 28. März war Berg im *Schönberg-Mahler-Liederabend* von Emmy Heim. Am Flügel spielte der von ihm sehr geschätzte Eduard Steuermann. Die nächsten Wochen waren mit der Lesung der 3. Korrektur von Schönbergs *Erwartung* ausgefüllt, die er gemeinsam mit Erwin Stein durchführte. Am 21. Mai war diese Arbeit, der er auch ein Fehlerverzeichnis beilegte, beendet[34]).

Seine Hauptsorge galt neben der Fonds-Angelegenheit Schönbergs Musterung[35]). Er vertrieb sich seine Zeit mit Überlegungen und Erkundigungen, auf welchem Weg er ihm den Militärdienst ersparen oder doch erleichtern könnte. Da Schönberg nicht als Maturant eingestuft wurde — er hatte vorzeitig die Realschule verlassen müssen[36]) —, wollte man für ihn als Künstler zumindest das Einjährige-Freiwilligen-Recht erreichen. Adolf Loos hatte geraten, daß Schönberg sich bei seiner Musterung auf seine seinerzeitige Professur an der Wiener Akademie berufen sollte. Schönberg wiederum wollte als ungarischer Staatsbürger in einem österreichischen Regiment dienen. Auf eine diesbezügliche Anfrage bei dem Reichstagsabgeordneten Josef Redlich hatte Berg am 12. April 1915 folgende Antwort erhalten: *„Ich finde den Wunsch Arnold Schönbergs, in einem österreichischen Regiment zu dienen, da er trotz seiner ungarischen Staatsbürgerschaft ja immer Wiener gewesen, sehr begreiflich und will auch gerne versuchen, ihm dabei zu helfen . . . Es wird wohl darauf hinauslaufen, daß ich mich persönlich an den Landesverteidigungsminister wende . . .*"[37])

Schönberg erhielt dann nach § 21 Punkt 3 des Wehrgesetzes das Einjährige-Freiwilligen-Recht zuerkannt, wurde aber fast zur selben Zeit aufgrund seines Blähhalses vom Militärdienst zurückgestellt[38]).

---

[31]) Brief v. 19. 5. 1915 an Buschbeck (Privatbesitz).
[32]) Vgl. Berg an Schönberg, Brief v. 7. 5. 1915 (Library of Congress).
[33]) Schönberg an Alma Mahler, undatiert (Frühjahr 1915); Schönberg-Nachlaß.
[34]) Brief v. 21. 5. 1915 an Schönberg (Library of Congress).
[35]) Schönberg wurde bekanntlich bei der Musterung am 19. Mai nicht behalten. Vgl. Anm. 16.
[36]) Durch den Tod des Vaters Samuel Schönberg (31. 12. 1890) war er zum Gelderwerb gezwungen.
[37]) Original der Bergschen Abschrift im Schönberg-Nachlaß, Los Angeles.
[38]) Vgl. Anm. 16.

Der Eintritt Italiens in den Krieg am 23. Mai 1915 machte eine Nachmusterung der älteren Jahrgänge nötig, die auch Berg traf. Am 9. Juni
wurde er als *„tauglich"* befunden und erhielt den Bescheid, am 15. Juli in
der Landstraßer Hauptstraße Nr. 146 seinen Dienst anzutreten[39]). Ein
Dokument tiefster Depression hinterließ er in einem Schreiben an Schönberg, das er einen Tag später verfaßte[40]). Diese Depression hielt auch weiterhin an und fand im selben Jahr nochmals den Niederschlag in einem ausführlichen Bericht an Schönberg[41]).

Als Webern von Bergs Einberufung erfuhr, riet er ihm, beim Landwehr-
Infanterie-Regiment 4 Ersatz-Bataillon in Peggau (Steiermark) einzu-
reichen[42]). Berg lehnte ab: *„... Ich danke Dir ... vielmals für Deinen lieben
besorgten Rat wegen meiner Regimentswahl! Aber ich glaube, nicht davon
Gebrauch machen zu können. Die Arbeit mit den Häusern meiner Mutter,
welche jetzt in Kriegszeiten noch bedeutend angewachsen ist, kann ich nur
ganz in Stich lassen, wenn es sein muß, d. h. wenn ich z. Bsp. an die Front
muß. So lang das aber nicht ist, muß ich doch trachten, die Häuser im Auge
zu behalten, was nur möglich ist, wenn ich in Wien abgerichtet werde. Ich
muß auch mit der Möglichkeit rechnen, daß ich infolge der Hitze die Abrichtung nicht so gut aushalte, wie etwa im Winter und also zeitweise
andere militär. Dienstleistungen versehen muß. Ich muß natürlich alles
tun, diese Leistungen in Wiener Ämtern oder Kasernen zugeteilt zu bekommen, wenn ich schon zu dieser weniger verlockenden Arbeit herangezogen
werde ... So sehr mir vor dem Aufenthalt jetzt in Wien graut, so muß ich
noch froh sein, hier bleiben zu können. Momentan bin ich den Deutsch-
meistern zugeteilt. Ob ich mich zu den Landwehrregim. No 1 (Hütteldorf)
melden soll, weiß ich nicht. Es soll dort alles besetzt sein ... Wir rücken am
15. Juli ein ..."*[43])

Zwischendurch dachte er, sich zur Artillerie zu melden[44]). Grundsätzlich
aber sah er in seiner Einberufung eine *„Unentrinnbare und nicht unglück-
liche Phase seines Lebens"*[45]). Zur Artillerie zu kommen, erwies sich als unmöglich, und so schrieb er an Webern, daß er sich für die Landwehr 1
(Kaserne Baumgarten/Hütteldorf) entschlossen hätte[46]). Die Einberufung
verzögerte sich, und Berg ging noch im Juni nach Trahütten, um dort an den
Orchesterstücken weiterzuarbeiten[47]).

---

[39]) Brief v. 9. 6. 1915 an Schönberg (Library of Congress).
[40]) Brief v. 10. 6. 1915 an Schönberg (Library of Congress). Darin spielt er auch auf seine
    Unglückszahl „23" an. Erwähnenswert ist in diesem Zusammenhang, daß der Kriegs-
    eintritt Italiens, der indirekt Bergs Einberufung nach sich zog, sich ebenfalls an einem
    23. ereignete!
[41]) Vgl. S. 112, Anm. 22.
[42]) Webern an Berg, Brief v. 10. 6. 1915 (Berg-Nachlaß, Wien).
[43]) Brief v. 13. 6. 1915 an Webern (Wiener Stadtbibliothek).
[44]) Lt. Schönberg an Berg, Brief v. 17. 6. 1915 (Berg-Nachlaß, Wien).
[45]) Brief v. 20. 6. 1915 an Schönberg (Library of Congress).
[46]) Brief v. 22. 6. 1915 an Webern (Wiener Stadtbibliothek).
[47]) Brief v. 13. 7. 1915 an Webern (Wiener Stadtbibliothek).

Am 12. August reiste er nach Wien zurück und am 13. mußte er zur Assentierung nach Hütteldorf. Seine Einrückung war nun mit 16. August, und zwar zur 4. Ersatzkompagnie, endgültig geregelt. Die Tage bis dahin verbrachte er mit Besuchen u. a. bei Frau Mahler, wo er auch mit Stein und Steuermann zusammentraf[48]). Bei der Wahl der Kompagnie war ihm übrigens ein Zufall zu Hilfe gekommen: in einem Café gab ihm ein Einjährig-Freiwilliger den Rat, die Kompagnie zu wählen, die eine Zweigkompagnie beim „Weißen Engel" bildete und zur Künstlerkompagnie gehörte[49]).

Berg hatte „nette, gebildete Leute als Abrichter". Auf einen Tag Schule folgten zwei andere mit Exerzierübungen auf der Schmelz, die ihm körperlich sehr zusetzten[50]). Webern bestärkte ihn darin, die 3—4 Monate Ausbildungszeit durchzuhalten, um nach Beendigung zum Kader zu gelangen[51]). Nachdem er „nach Aufbietung aller Willenskräfte die Abrichtung in Wien überstanden hatte"[52]), kam er Anfang Oktober auf dem Wege eines Militärtransportes an die Reserve-Offiziers-Schule nach Bruck a. d. Leitha[53]). Er gehörte dort zur Landwehrgruppe 3. Komp. I. Zug, Res. Offiz. Schule, altes Lager Baracke 14 in Bruck Kiralyhida[54]). Die Befürchtung seiner Freunde, er würde die Ausbildungszeit aus gesundheitlichen Gründen (Asthma) nicht durchhalten, war berechtigt. Rudolf Baldrian, der ihm in Bruck begegnete[55]), erinnerte sich, daß er häufig marode gewesen war, aber die militärischen Übungen bis zum Zusammenbruch mitmachte. Näheres erfährt man auch aus Bergs Schreiben vom 16. November an Buschbeck[56]): „Den körperlichen — aber auch den moralischen Anforderungen war ich nun nicht mehr gewachsen. Ich habe sehr viel mitgemacht. Vor 2 Wochen circa brach ich vollständig zusammen." Am 6. und 10. November wurde er von einem Militärarzt untersucht[57]). Das militärärztliche Zeugnis ist mit 15. November datiert und hat folgenden Wortlaut[58]): „Asthma bronchiale mit Lungenblähung und chronischer Bronchitis als Folgezustand; Lungenränder reichen bis überhandbreit unter den Angulus scapulae. Kleinblasiges dichtes Rasseln über der ganzen Lunge, Lungenspitzen etwas gedämpft, das Atemgeräusch dortselbst rauh; Herz sehr klein (cfr. Röntgen). Patient klagt über typische Anfälle von Asthma bronchiale mit hochgradiger Atemnot und reichlichem Auswurf während des Anfalls; ferner Atemnot und Herzklopfen bei geringeren körperlichen Anstrengungen."

---

[48]) Briefe an seine Frau, Nr. 205, 206.
[49]) Ebenda, Nr. 208.
[50]) Brief v. 18. 8. 1915 an Schönberg (Schönberg-Nachlaß, Los Angeles).
[51]) Webern an Berg, Brief v. 27. 9. 1915 (Berg-Nachlaß, Wien).
[52]) Brief v. 16. 11. 1915 an Buschbeck (Privatbesitz).
[53]) Briefe an seine Frau, Nr. 214.
[54]) Ebenda, Nr. 213.
[55]) R. Baldrian, in: ÖMZ, 7. Jg. (1952), H. 10, S. 311 (Korrespondenz) (R. Baldrian war übrigens der Schwiegervater des Wiener Musikforschers Alfred Orel).
[56]) Vgl. Anm. 52.
[57]) Hauptgrundbuchblatt (Nr. 1526) für Alban Berg (Kriegsarchiv, Wien).
[58]) Beilage zum Hauptgrundbuchblatt (Kriegsarchiv, Wien).

Mit selbem Datum wurde der Antrag gestellt, ihn der Superarbitrierungs-Kommission vorzustellen. „*Ich komme vermutlich in Kürze nach Wien zur Superarbitrierung. Was da für mich herausschaut, ist natürlich ganz unberechenbar. Jedenfalls mußte ich diesen Brucker Turnus unterbrechen und mich einstweilen mit dem ‚Gefreiten-Titel' begnügen . . .*", schrieb er an Buschbeck[59]).

Am 16. November wurde er zur Kompagnie entlassen und am 1. Dezember in Wien XIII, Hütteldorfer Straße 173, der Landwehr Mannschafts-Superarbitrierungs-Kommission vorgeführt, die folgende Klassifikation feststellte: „*Tauglich zu Hilfsdiensten, auch zum Wachdienst geeignet.*"[60]) Fünf Tage später wurde er trotz Berufung bei der Intendantur zur V. Ersatzkompagnie überstellt, und am 11. Dezember gab er seinem Schüler Kassowitz darüber einen ersten Bericht[61]):

„*Eben erfahre ich folgendes: Am Montag werde ich zum Wachdienst kommandiert, d. h. mit einem Teil der Mannschaft, die ich jetzt circa 14 Tage abgerichtet habe, werde ich Wache antreten. Ausgerechnet mich muß es treffen! . . . Ob das in Wien ist, oder ob ich vielleicht in den allernächsten Tagen abtransportiert werde (etwa nach Serbien, wo sehr viel Wache benötigt wird), weiß ich nicht, werde ich wohl auch erst frühestens Montag früh 7 Uhr erfahren! — Wenn es in Wien ist, besteht mein Dienst in folgendem: Antreten 7 Uhr früh, gewöhnlicher Dienst, wie ausrücken, exercieren etc., in der Kaserne dann von 2 Uhr Mittag zur Wache antreten, die ich dann irgend wo hinführen muß und die ich dann 2stündlich abzulösen habe als Wach-Kommandant. Das dauert bis nächsten Tag 2 Uhr Mittag (also die Nacht durch!) Dann frei den Nachmittag oder die Nacht und nächsten (Tag) früh 7 Uhr wieder antreten und das alles wie früher! — Also alle 2 Tage Dienst von 31 Stunden ununterbrochen. Dabei bin ich jetzt infolge des auch in diesen Wochen geleisteten Dienstes wieder viel schlechter beisammen. Ein neuerlicher Katarrh (der 10te in dem Herbst und Winter), dabei muß ich morgen früh (Sonntag, wo die ganze Kompagnie dienstfrei hat) auch um 7 Uhr früh in die Kaserne, dort 2 Mann abholen, die zur Franz Josefs Bahn bringen und von dort 2 Kohlenwagen in die Hütteldorfer Landwehrkaserne zu Fuß begleiten. Eine Tätigkeit, die vielleicht bis 4 Uhr nachmittag dauert . . . Also Sie sehen . . . wie der Befund des Reg. Arztes in Bruck hier berücksichtigt wird! Bitte um irgend eine Mitteilung, wie's mit meiner Berufung an die Intendantur steht. Sollte ich vielleicht abtransportiert werden, kämen Sie vielleicht zu spät . . . Ich befinde mich noch immer in der V. Ersatz-Komp. des Landwehr Regim. No. 1 Wien XIII Reinlgasse. Zu erwähnen ist vielleicht noch, daß meine Bestimmung zu diesen Diensten wohl nur willkürlich geschehen ist. Obwohl später dieser Kompagnie zugeteilt als andere wurde ich dazu bestimmt. Ohne jede Berücksichtigung meines Gesundheitszustandes . . .*"

---

[59]) Vgl. Anm. 52.
[60]) Konsignation, als Beilage zum Hauptgrundbuchblatt (Kriegsarchiv, Wien).
[61]) Original vormals bei W. Hassfurther, Wien.

Kurz vor Weihnachten kam von Webern ein Schreiben mit der Nachricht[62]), daß er bis April vom Militärdienst enthoben wurde. Berg reagierte nicht auf die Aufforderung eines Zusammentreffens, offensichtlich war es zu einem Zerwürfnis zwischen den beiden Freunden gekommen, deren Ursache noch nicht geklärt ist[63]). Ein Jahr lang unterblieb jeglicher Kontakt.

Durch den aufreibenden Wachdienst verschlechterte sich Bergs Gesundheitszustand. Kassowitz wurde bestürmt, bei der Intendantur auch weiterhin in seiner Sache zu intervenieren[64]):

„... Was ist mit dem Intendanten? Ich glaube, Sie sagten, daß er zu Weihnachten zurückkommt. Es wäre mir natürlich noch immer sehr recht, wenn ich meine Lage verändern könnte. Vor allem vom Wachdienst zum Hilfsdienst (Kanzleidienst) transferiert zu werden, was ja innerhalb unserer Kompagnie auch möglich ist — wenn z. Bsp. unser Kompagniekommandant oder ein noch höherer dazu veranlaßt wird. Ich habe, wie Sie wissen, das gute Recht, zum Hilfsdienst verwendet zu werden, da mein Superarbitrierungsbefund vor allem die Hilfsdiensttätigkeit betont und erst in 2ter Linie mich auch für Wachdienst geeignet erklärt. Außerdem irgendwo ein Gesetz besteht, daß Einj. Freiwillige nicht zum Wachdienst, sondern nur zu Kanzleidiensten verwendet werden sollen. Wenn ich trotzdem zum Wachdienst kommandiert worden bin, so ist es ganz einfach eine Ungerechtigkeit, die noch umso krasser ist, als ganz gewöhnliche Wachdienstler durch Protektion in Kanzleien gesteckt wurden und dort nach jedem Monat avancieren! Noch dazu ist der Wachdienst derart, daß sich meine Gesundheit wieder verschlechtert hat und sich immer mehr verschlechtern muß. Ärztlich zu meinem Recht zu kommen, ist auch ausgeschlossen, da Plattfüße, Brüche etc. eher Berücksichtigung finden als innere Leiden. Und mein Leiden ist aber derart, daß man immer noch (wenn auch mit Müh und Noth) Dienst tun kann bis man eben zusammenbricht (wie's ja in Bruck der Fall war!). Bei einer Marodenvisite (zu der man erst nach stundenlangem Warten in eiskalten Gängen zugelassen wird) unlängst, erkannte mich der Chefarzt (ein Zahnarzt) ganz einfach für „dienstbar" und drohte noch, daß man alle diese Wachdienstler ganz einfach noch einmal vor eine Superarbitrierungskommission stellen wird und sie dann auch für felddiensttauglich erklären wird! Dieses fortgesetzte Unrecht muß man sich neben dem Dienstmachen noch ruhig gefallen lassen. Und worin der Dienst besteht, muß ich Ihnen doch näher ausführen, damit Sie verstehen, warum ich so stark danach dränge, meine Lage zu verändern. 3/4 7 Uhr früh antreten, 1 Stunde Gelenksübungen, Kommandieren, dann ausrücken auf ein Exercierfeld, wo ich bis 10, 1/2 11 Uhr cirka mit exercieren muß, dann zurück in die Kaserne, Menagieren: Fleisch genießbar, Zuspeise nicht, da alles mit alten Schöpsenfett zubereitet wird. 1, 2 Tage

---

[62]) Webern an Berg, Brief v. 21. 12. 1916 (Berg-Nachlaß, Wien).
[63]) Frau Berg erinnerte sich nicht mehr an diesen Vorfall.
[64]) Brief v. 25. 12. 1916 an Kassowitz (Original vormals W. Hassfurther, Wien). 1. Abdruck dieses Briefes in: *Der Wiener Tag*, 25. 12. 1936, S. 8 f.

der Woche ist überdies Schöpsernes, das schauerlich zubereitet wird. Um 12 Uhr circa abmarschieren zur Wache, die beiläufig eine halbe Stunde entfernt ist. Die Tätigkeit in der Wache ist gleich Null. Das ist ein 24stündiges Herumsitzen in einem durch und durch tabakqualmigem kleinen Raum, wo sich circa 10 Rekruten aufhalten, von denen ich alle 2 Stunden einen aufführen muß, das heißt irgendwo den dort befindlichen Wachposten abhole und einen anderen hinbringe. Das geht also von 1/2 1 Uhr Mittags bis 1/2 1 Uhr Mittag des folgenden Tages. In der Nacht kann ich 4 Stunden schlafen —, da es aber vor 10 Uhr nicht ruhig ist, eigentlich nur 3 Stunden. Also von 9 Uhr resp. 10 Uhr bis 1 Uhr nachts. Um 1 Uhr muß ich also von der Holzpritsche aufstehn und wieder den irrsinnigen Dienst versehn ununterbrochen bis zum Mittag. Wie ich mich dabei fühle, wie ich mit dem Schlaf kämpfen muß, Unmengen von schwarzen Café trinken muß, um nicht sitzend einzuschlafen, können Sie sich vorstellen! Also wieder Mittags 1/2 1 Uhr circa (des 2ten Tages) werden wir abgelöst, marschieren in die Kaserne zurück, menagieren und warten dann, bis wir nachhause gehn können, was um 2 Uhr, 1/2 3 Uhr aber auch erst um 1/2 4 Uhr sein kann.

Nächsten Morgen um 3/4 7 Uhr muß ich wieder gestellt sein, muß also zuhaus um 5 Uhr, 1/2 6 Uhr aufstehn und es beginnt dieselbe Reihenfolge wie ich's Ihnen beschrieben habe. Und so fort unbekümmert um Sonn- und Feiertage alle 2 Tage 31 bis 33 Stunden Dienst, wenn man die paar Stunden Liegen nicht abrechnet, die einen ja nur rädern statt erquicken. Es ist nun auch gar nicht ausgeschlossen, daß wir Wachdienstler von hier abkommandiert werden und diesen schönen Dienst etwa in Serbien fortsetzen oder in Brest-Litowsk. Das kann unter Umständen in 2, 3 Wochen sein, oder erst später. Da ich also dann über kurz und lang dort erkranken würde und nicht in einem serbischen Spital verrecken möchte oder mich zumindestens ganz zugrund richten möchte für mein Leben (das Vaterland hat ja davon auch nichts), wäre es mir wichtig, bald in einer Kanzlei unterzukommen, wo ich notabene dem Vaterland besser dienen könnte als beim Wachdienst; Und wichtig, ob ich auf die Vermittlung des Intendanten noch rechnen kann, d. h. bestimmt rechnen kann[65]*). Ist der Intendant schon in Wien? Wann kommt er? Wenn er bald kommt, etwa nach Neujahr, glauben Sie, daß er die Sache in die Hand nehmen wird und so energisch, daß sie bestimmt von Erfolg begleitet ist? Oder: Wenn er vielleicht noch 2, 3 Wochen am Semmering bleibt, glauben Sie, daß er die Sache von dort mit Erfolg durchführen könnte (vielleicht wenn Sie ihm am Semmering besuchten und er schriftlich oder durch seinen Stellvertreter im Amt etwas unternimmt. Das muß ich, lieber Kassowitz, wissen. Wenn ich auch momentan keinen anderen Weg wüßte, meine unhaltbare Lage zu verbessern oder zu verändern, so muß ich doch wissen, ob ich auf eine Veränderung von Seiten des Intendanten bestimmt rechnen kann. Ich schreib Ihnen nochmals genau meine Daten aus: Einj. Freiw. Gefreiter Berg Alban, Landwehr Infanterie*

---

[65]) Der Name des Intendanten konnte nicht festgestellt werden.

Reg. No. 1 V. Ersatz Kompagnie 1. Zug Wachdienst ... Unser Komman-dant ist ein Oberleutnant Adolf Mössl, der Bataillonskommandant Oberst-leutnant Richter. Ich schreibe Ihnen ... von einer Wache, die von heute Feiertag vormittag bis morgen Sonntag nachmittag dauert. Alle anderen Soldaten in Wien hatten 3 Tage dienstfrei. Der Wachdienst erlaubt dies natürlich nicht ..."

Anfang Jänner war Berg in der Landwehrkaserne in der Hütteldorfer Straße 188 und führte dort die Kasernenbereitschaft an. Er befürchtete, durch eine neue bevorstehende Nachmusterung der Hilfsdienstkompagnie auf Frontdiensttauglichkeit als Wachdienstler allein behandelt zu werden und seiner Rechte als Hilfsdienstler verlustig zu gehen[66]). In die Konsig-nation vom 22. November wurde jedoch am 26. Jänner 1916 ein Nachtrag eingefügt: *„Der Befund und Antrag der Superarbitrierungskommission wer-den geändert: Tauglich zu Hilfsdiensten als Schreiber, Kanzleidienst."*[67]) Daraufhin wurde er am 29. Jänner 1916 in die Volksschule in der Reinlgasse überstellt[68]), und wenig später erfolgte seine Kommandierung als Schreiber in die Personalsammelstelle am Bisamberg[69]). Im April 1916 kam er als Schreiber in die „Musterungskommission" nach Wien: *„Ich bin jetzt Schreiber bei der ‚Musterungskommission', eine ganz interessante Beschäfti-gung. Bevor hatte ich eine Kommandierung als Schreiber in der Personal-stelle am Bisamberg. Bruck ist — ohne Übertreibung — ein Paradies da-gegen gewesen. Wenn ich geblieben wäre, wäre ich dieser Tage nach Triest gekommen ..."*[70])

Nach Aussage von Erich Alban Berg[71]) kam über Charly Berg, Alban Bergs ältesten Bruder, eine Vermittlung an das Kriegsministerium zustande. Mit 11. Mai 1916 ist das Ansuchen um Kommandierung an das Kriegsmini-sterium verbürgt: *„Das Kriegsministerium erlaubt sich, den diensthöflichen Antrag zu stellen, den Landsturm-Einj.-Freiw. tit. Gfrt. Alban BERG als K.K.L.I.R. Nr. 1, 5. Ersatzkomp. zu Hilfs- und Kanzleidienst geeignet, in das Kriegsministerium 10. Abteilung zu kommandieren, da bei dem derzeit außerordentlich starken Geschäftsgange ein Mangel an intelligenten Schrei-bern herrscht und bei den k. u. Ersatzkörpern derartige Leute nicht zur Verfügung stehen."*[72]) Als Verfasser zeichnete Major Steiner. Das Schreiben wurde als *„sehr dringend"* am 11. Mai expediert. Am 19. Mai — mit Expedit am 23. Juni 1916 — kam es zur endgültigen Kommandierung an das Kriegsministerium. Major Steiner hatte ein Schreiben mit folgendem Wortlaut dem Minister zur Einsicht und Kenntnisnahme vorgelegt:

---

[66]) Brief v. 8. 1. 1916 an Kassowitz (Original vormals W. Hassfurther).

[67]) Konsignation. Landwehrgruppe des k. k. Militärkommandos in Wien, Nr. 80845/15 (Kriegsarchiv, Wien).

[68]) Brief v. 29. 11. 1916 an Kassowitz (Original vormals W. Hassfurther).

[69]) Nach Auskunft von Dr. Egger, Kriegsarchiv, läßt sich diese Zeit aktenmäßig nicht belegen.

[70]) Brief v. 15. 4. 1916 an P. Hohenberg (Pierpont Morgan Library, New York).

[71]) Alban Bergs Neffe, der in Wien lebt.

[72]) Sign. 10. A. 38⁶/6⁴ (Kriegsarchiv, Wien).

„Der Ldstpfl. m. E. F. Abzeichen tit. Gefrt. Alban Berg der V/1. Ldw. Ers. Komp. ist — falls nur ,zu Hilfs- und Kanzleidiensten' geeignet — unter Berufung auf KM Erl. Abt. Nr. 735536 von 1916 sofort als Schreiber zur 10. Abteilung des K. K. Kriegsministeriums dauernd zu kommandieren."[73]) Aber erst am 31. Juli 1916 konnte Berg seiner Frau berichten, daß er im *„k. und k. Kriegsministerium in Wien, Abteilung 10, Zimmer 15, 2. Stock"* sitze[74]). Die Abteilung 10 war eine der wichtigsten und größten im Kriegsministerium. In der *Geschäftseinteilung der Präsidialbüros, der Abteilungen und Hilfsämter, dann der sonstigen selbständigen Ämter ... des Kriegsministeriums*[75]) findet man (auszugsweise) folgenden Aufgabenbereich dieser Abteilung: *„Kriegszustände, Neuformationen, Ausbau der Organisation der Artillerie und Kavallerie, Rollender Einsatz ... Allgemeine Regelung der Offiziersverwendung und der Offiziers- und Mannschaftsbeurlaubungen ... Standesfestsetzungen und Reduzierungen ... (u. a.)."*

Seine neue Tätigkeit fand Berg wohl angenehmer als in Bruck, in der Reinlgasse oder auf dem Bisamberg, aber doch demütigend durch den *„zwecklosen Zwang im Amt"*[76]). Am 20. August reiste er kurz nach Trahütten, war aber bereits zwei Tage später wieder im Amt und hatte einen *„komplizierten Akt"* zu bearbeiten[77]).

Er machte im Kriegsministerium auch Sonntagsdienst. Abends pflegte er gesellschaftlichen Umgang, besuchte Alma Mahler und musizierte. Am 22. August spielte er beispielsweise bei Frau Mahler seine *Sonate op. 1*[78]). Ein Besuch bei Schönberg in der Gloriettegasse 43 führte ihm wieder dessen Schwierigkeiten vor Augen. Gerade damals lief das nochmalige Ansuchen der Kunstfürsorge um eine Enthebung Schönbergs vom Militärdienst[79]). Berg scheint in diese Angelegenheit mit hineingezogen worden zu sein. Das Ansuchen kam mit Befürwortung des Unterrichtsministers in die Abteilung 10 im Kriegsministerium. Im Nachlaß von Berg haben sich Aufzeichnungen über dieses Ansuchen auf dem Papier des Kriegsministeriums gefunden. Berg hat den Wortlaut des Antrags auf dem Vordruck in die entsprechende Rubrik eingetragen. Entweder war er bei der Antragstellung behilflich, oder er hatte die Akte in der Abteilung 10 zu Gesicht bekommen und kopierte sie. Am 11. September berichtete er jedenfalls Polnauer über das Nachtragsgesuch der Kunstfürsorge und gab ihm eine Übersicht über den Stand der bisherigen Angelegenheit[80]). Der erste September 1916 brachte

---

[73]) Sign. 10. A. 38⁶/6⁶ (Kriegsarchiv, Wien).
[74]) Briefe an seine Frau, Nr. 225.
[75]) Wien 1917, 1. Auflage, S. 17.
[76]) Briefe an seine Frau, Nr. 231.
[77]) Da Berg nur als Konzeptshilfskraft beschäftigt war, ist über die Art der Akten, die er zu erledigen hatte, nichts nachzuweisen (lt. Auskunft von Dr. Egger, Kriegsarchiv, Wien).
[78]) Briefe an seine Frau, Nr. 240.
[79]) Vgl. Anm. 14.
[80]) Ebenda.

eine Beförderung: Berg wurde Freiw. tit. Korporal[81]). Seine Büroarbeit belief sich auf 11 bis 13 Stunden täglich mit einer Stunde Mittagspause, die er meist im naheliegenden Ringcafé verbrachte. *„Er kam zu gar nichts anderem."*[82]) Damit meinte er seine Arbeit am *Wozzeck*, die ganz *„verschüttet"* war[83]), und weniger seine Teilnahme am Wiener Musikleben der Zeit, denn *„nichts, aber auch gar nichts [geschieht] in der Wiener Kunstwelt, was uns angeht. Hierin ist ein nicht zu unterbietender Tiefpunkt erreicht."*[84])

Ende November reiste er auf den Berghof, um nach dem rechten zu sehen[85]). Am 1. Februar 1917 wurde Berg zum Einjährigen Freiwilligen Zugsführer befördert[86]).

Einer Einladung, mit Schönberg und Webern nach Prag zur Premiere von Zemlinskys Oper *Eine florentinische Tragödie* zu fahren, konnte er wegen seines Dienstes im Kriegsministerium nicht Folge leisten[87]). Statt dessen wohnte er am 25. März 1917 einer Aufführung von Schönbergs *Quartett op. 7* durch das Rosé-Quartett bei und war auch bei den Proben mit Schönberg anwesend[88]). Das Konzert hatte trotz einer kleinen *„Entgleisung"* Erfolg, worauf Schönberg Rosé mit den Worten dankte: *„... Mir ist wichtiger, dem Geist eines Werkes so nahe wie möglich zu kommen. Und ich muß sagen, ich habe nicht geglaubt, daß man das so bald kann, wie es diesmal schon der Fall war ..."*[89])

Laut einer Eintragung im Hauptgrundbuchblatt soll Berg am 1. Juni 1917 zum Hauskommando zur Beschaffung von Kriegsmaterial (etc.) abkommandiert worden sein. Diese Eintragung scheint fehlerhaft zu sein, da derartige Aufgaben nicht zu den Belangen der Abteilung 10 zählten[90]). Überdies berichtete Berg zur selben Zeit, daß er mit Arbeit im Büro *„überhäuft"* war[91]).

Wie für viele Künstler war auch für Berg die Verpflegungsfrage problematisch. Eugenie Schwarzwald hatte einen Verein zur Errichtung von Gemeinschaftsküchen gegründet, der in einer aufgelassenen Gastwirtschaft eine Küche eröffnete. Auch Schönberg war dort zu finden. Als bekannt wurde, daß dieser seinen Platz aufgeben wollte, bewarb Berg sich darum[92]). Näheres ist allerdings nicht verbürgt.

Mit Juli 1917 wurde er im Kriegsministerium auch zu Diensten für den Oberst herangezogen. Erschwerend war für ihn, daß er beim Diktat von

[81]) Hauptgrundbuchblatt (Kriegsarchiv, Wien).
[82]) Vgl. Anm. 52.
[83]) Briefe an seine Frau, Nr. 239.
[84]) Vgl. Anm. 52.
[85]) Briefe an seine Frau, Nr. 248.
[86]) Hauptgrundbuchblatt (Kriegsarchiv, Wien).
[87]) Lt. Schönberg an Zemlinsky, Brief v. 21. 2. 1917 (Privatbesitz, London).
[88]) Brief v. 26. (?) 3. 1917 an Buschbeck (Privatbesitz).
[89]) Schönberg an A. Rosé, Brief v. 26. 3. 1917 (Pierpont Morgan Library, New York).
[90]) Lt. Auskunft von Dr. Egger, Kriegsarchiv, Wien.
[91]) Briefe an seine Frau, Nr. 249, 250.
[92]) Ebenda, Nr. 251.

Akten Stenographie nicht beherrschte[93]). Anfang August ging er auf
20 Tage auf Urlaub nach Trahütten. Er befand sich dabei auf Kranken-
urlaub, der ihm infolge *„Lungenspitzenkatarrh, hochgradige[r] Blässe, Ab-
magerung und Blutarmut"* gewährt wurde[94]). Noch im August war sein
Ansuchen um Beförderung zum tit. Feldwebel im Laufen[95]). Ein diesbezügliches Schreiben ist in den Archivbeständen des Kriegsministeriums aber
nicht vorhanden. Das Gesuch blieb offensichtlich bei Major Steiner liegen,
und auch Bergs Urgenz nach seiner Rückkehr von Trahütten blieb erfolglos[96]). Die Beförderung wurde nicht erledigt. Im September erreichte ihn die
Nachricht von der Annullierung der Enthebung Schönbergs vom Militärdienst, worauf er bei Frau Mahler und Schwarzwald intervenierte[97]). Über
die nächstfolgenden Monate gibt es keine Aufzeichnungen. Vermutlich
wird er sich in erster Linie mit der Sache Schönbergs befaßt haben.

Am 12. Februar 1918 wurde er nochmals der Stellungskommission vorgeführt, worauf seine Hilfsdiensttauglichkeit bestätigt wurde[98]). Da Berg
seit seines Dienstbeginns wohl befördert, aber noch nicht dekoriert worden
war, lief seit dem 15. März 1918 ein von Oberst Klose unterzeichneter
Belohnungsantrag: *„Vom 16. 8. 15 bis 15. 5. 1916 in Dienstesverwendung
beim Ersatzkörper, seit 15. 5. 1916 kommandiert in der 10. Abt. des K. M.
Eine unermüdliche fleißige, vollkommen verläßliche, tüchtige Konzeptshilfskraft, die in jeder Hinsicht vorzüglich entspricht. Dieser brave pflicht-
getreue, vorzüglich verwendbare Unteroffizier ist einer Belobung durch das
K. M. vollauf würdig."*[99]) Das Dekret wurde erst am 20. August 1918 ausgestellt: *„Das kaiserliche und königliche Kriegsministerium spricht Ihnen
für vorzügliche Dienstleistung während der Kriegszeit die belobende Anerkennung im Namen des allerhöchsten Dienstes aus. Wien, am 20. August
1918. An den Einjähr. Freiwilligen Zugsführer des k. k. Schützenregiments
Nr. 1 bei K. u. k. Kriegsministerium Alban Berg."*[100]) Berg hatte jedoch von
seinem Bruder Charly erfahren, daß er vom Major Steiner für sein Wirken
im K. M. zum Silbernen Verdienstkreuz eingegeben worden war — in der
Liste der Belobungsanträge ist darüber allerdings kein Vermerk zu finden[101]) —, *„aber der Staat es vorgezogen hätte, ihm statt Silber ein Papier-
diplom zu geben"*[102]).

Im Juni 1918 wurde er Zeuge eines musikhistorisch bedeutenden Ereig-
nisses: Auf Anregung seines Schülers Erwin Ratz hielt Schönberg öffentliche
Proben der *Kammersymphonie op. 9* mit abschließender Aufführung ab.
Berg war bei allen Proben anwesend, wie auch Rudolf Ploderer, Webern,

---

[93]) Ebenda, Nr. 259.
[94]) Brief v. 3. 8. 1917 an Kassowitz (Original vormals W. Hassfurther, Wien).
[95]) Hauptgrundbuchblatt (Kriegsarchiv, Wien).   [96]) Briefe an seine Frau, Nr. 259.
[97]) Vgl. Anm. 14.   [98]) Wie Anm. 95.
[99]) Sign. 10. Abt. 1918 Präs. $\dfrac{5—16}{12}$ (Kriegsarchiv, Wien).
[100]) Als Beilage zum Dokument unter Anm. 99.
[101]) Belobungslisten vgl. Anm. 99.   [102]) Briefe an seine Frau, Nr. 292.

Loos, Karl Wiener, Hugo Kauder u. a., und wurde von Schönberg mehrmals über seine Eindrücke befragt[103]). Dieses Ereignis gab den Anlaß zur späteren Gründung des *Vereins für musikalische Privataufführungen*[104]). Dadurch kam Berg wieder in engere Berührung mit Schönberg. Bald war er häufig Gast in dessen Heim in Mödling in der Bernhardgasse 6, wo ihm nach einem Musikabend mit Webern, Steuermann und Königer — er spielte seine *Klaviersonate* — von Schönberg das Du-Wort angetragen wurde[105]).

Berg war durch die musikalischen Eindrücke der letzten Wochen überaus bewegt, wie er Schönberg wissen ließ: *„Infolge des jahrelangen Frohndienstes auf das tiefste gedrückt, ja erniedrigt bis zur Selbstverachtung entstand in mir ganz langsam die Ahnung des wirklichen Lebens ... in dem Geschenk jener Glücksgüter: der Arbeit an der Kammersymphonieanalyse, den immer schöner werdenden Proben, der unvergeßlich letzten Aufführung ...“*[106])

In diese Zeit fiel Bergs Ansuchen um einen längeren Urlaub vom Kriegsministerium. Als Grund gab er seine nötig gewordene Hilfe der Bewirtschaftung des Berghofs an[107]). Steiner ließ das Ansuchen längere Zeit liegen, worauf Berg versuchte, die Dringlichkeit durch ein Schreiben von Helene oder deren Eltern, eventuell auch des Bürgermeisters, zu unterstreichen. Sein an Helene gerichteter Brief vom 29. Juni 1918 gibt darüber im Detail Aufschluß[108]): *„Nun ist mein Gesuch gestern nachmittag zum Steiner ge-*

---

[103]) Näheres über die Proben zur *Kammersymphonie* vgl. S. 130.

[104]) A. a. O.; vgl. das Kapitel „Bergs Tätigkeit im ‚Verein für musikalische Privataufführungen‘“.

[105]) Briefe an seine Frau, Nr. 275.

[106]) Brief v. 24. 6. 1918 an Schönberg (Library of Congress). Vgl. Anm. 109.

[107]) Briefe an seine Frau, Nr. 271.

[108]) Briefe an seine Frau, Nr. 276. — Zur selben Zeit richtete Johanna Berg, die Mutter Alban Bergs, ein Ansuchen an das Kriegsministerium an die Abteilung III, worin sie auf die Situation am Berghof aufmerksam machte und gegen die Requirierung des Besitzes durch Truppen protestierte. Alban Berg wird in diesem Schreiben nicht erwähnt, und doch ist es von Interesse, hier Auszüge daraus zu zitieren: *„Ich ... bin Besitzerin des am Ossiachersee gelegenen Grundbesitzes „Berghof“ und des anschließenden Besitzes „Denishube“. Auf letztgenannten Besitze befindet sich nur das in sehr baufälligem Zustand stehende Wohnhaus. Ich habe schon im Vorjahre mit der Gemeinde Villach, durch den Villacher Holzhändler Karl Kneschaurer einen Kontrakt geschlossen, und liefere der Gemeinde Villach, durch obgenannten Holzhändler, mein gesamtes Brennholz ... Für die grossen Holzschlägerarbeiten benötige ich nun dringenst, weit über die Hälfte des genannten Wohnhauses der Denishube als Unterkunft. Die restlichen Räumlichkeiten verwende ich, nach Einbringung der Ernte zum Aufstapeln der Vorräte, sodass ich das Haus voll und ganz benötige. Am 1. oder 2. Juli l. J. erschienen nun vollständig unangemeldet 1 Feldwebel mit 50 Mann und ergriffen von dem Hause Besitz, Mein Wirtschafter, Peter Herndl, ersuchte den Feldwebel um den Einquartierungsschein, resp. um Vorweisung eines Befehles ... Der Feldwebel erklärte, daß er von seinem Herrn Leutnant nur einen mündlichen Befehl erhalten habe ... Der Herr Leutnant als Kommandant des ‚Holzlager-Kommando Ossiach‘ erklärte nun meinem Wirtschafter, daß er das Haus für seine Mannschaft benötige und ließ sich auf weitere Erklärungen desselben nicht ein. — Schon im Vor-*

kommen (das ist übrigens sehr gut von Dir und vom Bürgermeister ge-
schrieben und ausgefertigt) ... Nehmen wir an, daß also die Sache ... ins
Rollen kommt, Steiner sich entscheidet, bis das wieder in der landwirt-
schaftlichen Gruppe einläuft, die Anfertigung des Urlaubsscheines promptest
gemacht wird, so geht daraus hervor, daß ich vor Mitte der kommenden
Woche (1.—7. Juli) nicht wegkomme ..."

Aus Dienst- und Krankheitsgründen (Grippe-Epidemie, Furunkelanfall)
trat er seinen Urlaub erst am 15. Juli an. Er reiste nicht auf den Berghof,
sondern nach Trahütten, wo er sich mit der Komposition von *Wozzeck*
befaßte[109]). Am 31. August mußte er wieder zurück nach Wien. Neben der
Büroarbeit kam er zu keiner anderen Arbeit. Zudem wurde er in den
Abendstunden und in seiner freien Zeit ins gesellschaftliche Leben hineingezogen. Besuche bei Alma Mahler und Schönberg, wo musiziert wurde, und
Theaterbesuche — wie am 11. September Mozarts *Entführung aus dem
Serail* — nahmen ihn voll in Anspruch[110]). Am 13. September fuhr er zu
Schönbergs Geburtstag nach Mödling: *„Schönberg hatte eine große Freude,
daß ich ihm persönlich (unangesagt) gratulieren kam ... Schönberg will
alles dransetzen, daß ich endlich vom Dienst im Kriegsministerium los-
komme. Drei Möglichkeiten wurden erwogen: Für die Gurre-Lieder in der
Schweiz entheben[111]). (Die Aufführung ist am 4. November.) ... Eine Enthebung dafür ginge zweifellos, aber das wäre doch nur auf ein paar
Monate ... Der Gedanke, daß da Tausende von Menschen mit meinem
Führer[112]) sitzen werden, hunderte mit meinem Auszug, und diese so ver-
trauten Töne in 12 Proben und einer Aufführung erklingen werden ...
macht mich wütend und traurig zugleich. Die zweite Enthebungsidee Schönbergs wäre die: Hermann Bahr soll mich für die Komposition einer Bühnen-
musik für eines seiner aufzuführenden Theaterstücke reklamieren! Schließlich Kriegspressequartier! Sobald ich weiß, daß die Sichtungen bei uns und
im Kriegspressequartier vorüber sind, werde ich doch versuchen, dort unterzukommen ... Sollte das auch nicht gelingen, gehe ich in den Offizierskurs.
Und bin ich einmal Offizier, wird es noch leichter sein, irgendwo in Wien
unterzukommen ... Vor Oktober kann ich noch nichts machen. Aber endlich einmal muß ich wieder zum Arbeiten — und Verdienen kommen ..."[113])*

---

*jahre, wo wir das Haus nicht benötigten bequartierten wir durch 4 Wochen 68 Mann
russische Kriegsgefangene, dann durch 6 Wochen 65 Mann österreichische Soldaten
als Holzschläger, ohne auch nur einen Heller als Entschädigung zu bekommen ..."*
Frau Berg ersuchte um Räumung, und die Angelegenheit wurde als dringend auch von
Seiten des Kriegsministeriums behandelt und kam im September zur Erledigung
(exh. Nr. 324212/1918 Kriegsarchiv, Wien). Die in diesem Schreiben genannte
„Denishube" war vor allem nach 1920 ein beliebter Aufenthalt Bergs.

[109]) Über *Wozzeck* vgl. Einführung.
[110]) Briefe an seine Frau, Nr. 297.
[111]) Die Schweizer Aufführung der *Gurrelieder* war als Propagandakonzert gedacht. Zu
diesem Zwecke wurde Schönberg vom Militärdienst enthoben. Die Aufführung kam
aber nicht zustande.
[112]) Über *Führer* zu den *Gurreliedern* vgl. S. 65 f.
[113]) Briefe an seine Frau, Nr. 299.

All diese Pläne wurden nicht verwirklicht, und unterdessen war es auch nicht mehr nötig geworden, denn am 6. November kam auch für ihn der lang ersehnte Augenblick, wo er aus dem Kriegsdienst entlassen wurde und sagen konnte: *„Seit gestern bin ich wieder Mensch und ein großes Bedürfnis, mit Menschen zusammenzukommen, erwacht in mir . . .“*[114])

---

[114] Brief v. 7. 11. 1918 an Buschbeck (Privatbesitz).

IV. Neue Anfänge

Bergs Tätigkeit im „Verein für musikalische Privataufführungen"

Am 1. Juli 1918 berichtete Berg seiner Frau von der Idee Schönbergs, in der nächsten Saison einen Verein zu gründen, *„der es sich zur Aufgabe macht, Meisterwerke aus der Zeit Mahler bis jetzt seinen Mitgliedern allwöchentlich vorzuführen, eventuell auch öfters als einmal dasselbe Werk, wenn es schwer ist"*[1]). Der Vereinsidee waren die von Erwin Ratz initiierten öffentlichen Proben der *Kammersymphonie op. 9* von Schönberg vorangegangen[2]). Auf diese Weise hatte sich ein interessiertes Publikum zusammengefunden, das auch später dem Verein die Treue hielt. Am 23. Juli 1918 fragte Berg bei Schönberg an, *„was die Vereinsgründung mache. Ich habe an einige Leute diesbezüglich geschrieben und Propaganda gemacht."*[3]) Am 7. November lud Schönberg mit einem gedruckten Rundschreiben zu einer Besprechung am 23. November ein. Darin wies er erstmals auf die Bedeutung und die Ziele des Vereins hin: *„Der Zweck dieses Vereins ist, anzustreben, daß seine Mitglieder die moderne Musik wirklich und genau kennen lernen. Zu diesem Zweck sollen in jeder Woche an einem festzusetzenden Vereinsabend Vorführungen stattfinden, zu denen nur die Mitglieder Zutritt haben. Hiebei soll keine Richtung bevorzugt und nur das Wertlose ausgeschlossen werden. Im übrigen aber alle moderne Musik, von Mahler und Strauss bis zu den Jüngsten, dargebracht werden . . . Besonderes Gewicht wird auf die Güte der Aufführung gelegt werden . . . Die Aufführungen sind in jeder Hinsicht nichtöffentlich . . ."*[4]) Am 6. Dezember 1918 fand die erste Generalversammlung statt. Aus dem Protokoll[5]) ist ersichtlich, daß die von Schönberg verfaßten Statuten[6]) verlesen und zur Kenntnis genom-

---

[1]) Briefe an seine Frau, Nr. 278; zum Verein vgl. auch die Arbeit von W. Szmolyan, Schönbergs Wiener Verein für musikalische Privataufführungen, in: Schönberg-Gedenkausstellung, S. 71—82. Sie ist wohl die erste größere Untersuchung über den Verein, die jedoch nicht sehr ins Detail geht.

[2]) Vgl. Briefe an seine Frau (aus der Zeit Juni 1918). Über die Proben berichtete H. v. Kralik: Ein musikalisches Sommersemester, in: *Neues Wiener Tagblatt*, 4. 7. 1918.

[3]) Original in Library of Congress.

[4]) Wiener Stadtbibliothek.

[5]) Ebenda.

[6]) Typoskript mit eigenhändigen Ergänzungen von Schönberg im Schönberg-Nachlaß, Los Angeles.

men wurden und hierauf der vom Präsidenten — Schönberg stand als Präsident von vornherein fest — vorgeschlagene Vorstand, bestehend aus Ernst Bachrich, Otto und Hugo Breuer, Alban Berg, Max Deutsch, Paul Amadeus Pisk, Josef Polnauer, Dr. Prager, Karl Rankl, Erwin Ratz, Eduard Steuermann, Josef Travnicek, Viktor Ullmann, Anton v. Webern, Roland Tenschert u. a., gewählt wurde. Zu „Vortragsmeistern" wurden Webern, Berg und Steuermann bestellt. Pisk war Sekretär und Polnauer hatte die Funktion des Archivars. Ferner gab es noch Schriftführer, Kassier und Ordner. Zum Musikausschuß gehörten Webern, Berg, Steuermann, Pisk, Novakovic, Bachrich, Deutsch, Rankl und Travnicek.

Dem Protokollbuch im niederösterreichischen Landesarchiv läßt sich entnehmen, daß die Vereinsbehörde erst am 23. Dezember 1918 durch Paul Amadeus Pisk in Kenntnis gesetzt wurde. Die Erledigung und Genehmigung trägt das Datum 16. Jänner 1919[7]). Weitere Unterlagen haben sich nicht erhalten, da die Akte mit Abtretung an den Magistrat der Stadt Wien (1922) verlorengegangen ist[8]). Nach amtlichen Eintragungen (Vereinsbehörde)[9]) hat der Verein offiziell bis 1930 bestanden, obgleich er bereits 1922 seine Wirksamkeit einstellen mußte.

Die Mitglieder des Vereins verpflichteten sich, Sänger und Instrumentalisten zu werben, worauf Probespiel und Probesingen (jeweils am ersten Montag des Monats) folgten. Im übrigen waren die Mitgliedskarten nur mit eingeklebtem Lichtbild gültig. Diese Karten wurden nur gegen vorgeschriebene Beträge ausgestellt[10]). Die Geldgebarung lief über das Bankhaus „Kompass" am Graben. Sitz des Vereins war anfangs die Privatwohnung von Paul Amadeus Pisk in der Proschkogasse 1 in Wien VI.

Berg ersuchte Schönberg am 30. November, ihn von seiner Stellung als Vortragsmeister zu entheben, da „meine Gesundheit in den 3 1/2 Jahren meines Militärdienstes derart gelitten hatte, daß ich fortwährend Narkotika zu mir nehmen mußte"[11]). Berg hatte darüber noch zu niemandem gesprochen. Die Ärzte rieten zu Liegekuren und zu einer Mastkur. Da der Verein zu diesem Zeitpunkt noch nicht designiert und die Wahl der Vereinsleitung noch nicht erfolgt war, erschien ihm der Augenblick günstig. Er trug sich nur noch an, den Don Quixote von Richard Strauss einzustudieren. Schönberg ging darauf nicht ein. Mitteilungen über die in Aussicht genommenen Werke mußten entworfen und verschickt werden und Proben waren abzuhalten. Berg war unabkömmlich. Am 23. Dezember berichtete er Schönberg: „Don Quichote wurde 2 mal von Steuermann und Bachrich allein, 1 mal in meiner Gegenwart geprobt[12]); wird Dir Freitag den 27. vor-

---

[7]) Nö. Landesarchiv, Akte K. K. nö. Statthalterei IV/3196-XI/158 d 2 ex 1918.
[8]) Nachforschungen im Archiv der Stadt Wien blieben ergebnislos.
[9]) Auskunft der Polizeidirektion, Vereinswesen (Registratur).
[10]) Lt. Protokoll, vgl. Anm. 5.
[11]) Berg an Schönberg, Brief v. 30. 11. 1918 (Library of Congress).
[12]) Bearbeitung für Klavier zu 4 Händen.

gespielt. Schreker Vorspiel (zu einem Drama, für Klavier vierhändig arran-
giert): Als Ausführende hab ich endlich — nachdem 5erlei andere Kombi-
nationen in den letzten 8 Tagen geplant, deren Zustandekommen versucht,
und als nicht durchführbar wieder aufgegeben werden mußten — wieder
Rosenstock und Petierek fixiert[13]*). Petierek kommt (am) 2. Jänner zurück,*
hat die Sache schon studiert. Dem Rosenstock habe ich die Noten, ebenfalls
zum Studium schicken müssen, so daß in den allerersten Tagen des Jänner
von mir und dann von Dir geprobt werden kann. Das sehr kurze und gar
nicht schwere Werk kann somit leicht zum 4ten Abend fertig werden. Berg
Lieder (op. 2): Auch hier eine Verzögerung von 8—10 Tagen . . ."[14]) In den
Mitteilungen Nr. 1 des Vereins, die nicht datiert sind, war überdies auch
die Bergsche *Klaviersonate op. 1* angekündigt[15]). Die erste Veranstaltung
des Vereins fand am 29. Dezember 1918 statt, die zweite folgte am 5. Jänner 1919.

Im Jänner scheint Berg sich neben der Vereinsarbeit auch noch mit dem
Gedanken befaßt zu haben, eine Aufführung der *Gurrelieder* zu betreiben[16]). Jedenfalls besprach er dies mit Schönberg, der ihn wissen ließ, daß
er im Falle einer Aufführung unter seiner Leitung etwa 60 Proben benötigen
würde[17]). Es ist nicht bekannt, wie weit Berg sich an der Sache, die im Juni
1920 in der Staatsoper zustandekam, tatsächlich beteiligt hat.

Seine Zeit opferte er in erster Linie der Tätigkeit für die Aufführungen
im Verein. Schönberg verlangte, daß man ihm über den Probenfortgang
ausführlich berichtete. Und in diesem Zusammenhang ist jene Briefstelle
interessant, in der Berg sich vielmals für das Versäumnis entschuldigte, über
seine Probenarbeit nicht genauestens Mitteilung gemacht zu haben: *„Verzeih*
mir, daß ich Dir über den Verlauf der . . . Proben zu Schrekers Vorspiel
nicht referiert habe. Aber das kam so: Montag abends telephonierte ich Dir,
daß ich Dienstag nachmittag Probe hätte. In fast 2 stündiger Probe nahmen
wir dann auch das Ganze nochmals durch und erzielten meiner Meinung
nach auch einen guten Fortschritt . . . Ich sehe ein, daß ich verpflichtet ge-
wesen wäre, es doch auch meinerseits zu versuchen, mit Dir eine telephoni-
sche Verbindung zu erreichen. Entschuldige bitte diese Gedankenlosigkeit!
Donnerstag drauf (also gestern) wollte ich das dann bei der Sitzung berich-
ten, bzw. von Dr. Pisk, dem ich damit telephon. beauftragte, berichten las-
sen, nachdem ich mit den Schrekerschülern noch eine Probe vor der Auf-
führung im Saal geplant hatte . . . Ich werde morgen wieder anrufen, wie's
Dir geht und zugleich fragen, ob ich Montag vormittag zu Dir hinaus kom-
men darf, nachdem Steuermann zur Probe meiner Sonate von Dir bestellt

---

[13]) Die Pianisten Josef Rosenstock und Felix Petyrek, beide Schüler von Franz Schreker.
[14]) Berg an Schönberg, Brief v. 23. 12. 1918 (Schönberg-Nachlaß, Los Angeles).
[15]) Mitteilungen Nr. 1 (Wiener Stadtbibliothek).
[16]) Der Plan einer Aufführung reicht bis 1918 zurück. Vgl. Schönberg-Gedenkausstellung,
     S. 285.
[17]) Schönberg an Berg, Brief v. 9. 1. 1919 (Berg-Nachlaß, Wien).

ist. Jedenfalls nehme ich sie morgen allein mit Steuermann durch!"[18]) Im weiteren berichtete er über andere Vereinsprobleme, im besonderen über die Raumfrage. Zu dieser Zeit fanden die Veranstaltungen meist im Kaufmännischen Festsaal in der Johannesgasse 4 in Wien I statt. Man hielt aber Ausschau nach Räumen, die für die Vereinsabende nach Möglichkeit unentgeltlich zu haben waren.

Der Verein versandte bekanntlich *Mitteilungen* an die Mitglieder. Wer sie im einzelnen verfaßte, ist unbekannt. Da sie zum größten Teil Programme enthielten, darf Bergs Mitarbeit als ziemlich sicher angenommen werden. — In den *Mitteilungen Nr. 2* gab Schönberg bekannt, daß er über seine Gedankengänge, die ihn zur Gründung des Vereins bewogen hätten, eigens für die Mitglieder Vorträge halten würde, woran sich Diskussionen schließen sollten[19]). Der erste Vortrag war für den 16. Jänner angesetzt worden. Das Thema lautete: *Eindruck, Urteil, Beifall und Kritik.* Es ist nicht verbürgt, ob dieser oder auch andere Vorträge auch tatsächlich stattgefunden haben. Leider gibt darüber die Korrespondenz keine Auskunft. Die Schönbergschen Vorstellungen wurden dann letztlich in dem Vereinsprospekt niedergelegt, den Berg verfaßte. Dieser Prospekt erschien am 16. Februar 1919[20]), zugleich mit einem Beiblatt, in dem auf den Zweck des Vereins zusätzlich hingewiesen wurde: *„Der im beiligenden Prospekt gekennzeichnete Verein beabsichtigt, seinen Mitgliedern zu zeigen, daß die mehrmalige Aufführung eines Werkes im Stande ist, einen anderen Eindruck zu verschaffen, als die übliche bloß einmalige und will durch ausgezeichnete, gut studierte Vorführungen das ersetzen, was sonst nur durch Selbststudium erreicht wird: eine genaue Kenntnis der Werke. Im Allgemeinen wird der Verein bestrebt sein, den Mitgliedern das an solchen Werken darzutun, die geeignet sind, das Schaffen eines Komponisten von seiner charakteristischen und zunächst womöglich ansprechendsten Seite zu zeigen. Es kommen daher nebst Liedern, Klavierstücken und Kammermusik auch Orchesterwerke in Betracht, welche anfangs allerdings nur in guten und gutstudierten Arrangements dargebracht werden können."*[21]) Möglicherweise stammt auch dieses Beiblatt von der Hand Bergs.

In den *Mitteilungen Nr. 4* wurde darauf hingewiesen, daß Pisk seine Stelle als Sekretär niedergelegt hatte und nun Josef Rufer an dessen Stelle trat[22]). Das nächste Mitteilungsblatt vom 16. März 1919, in dem sich auch Schönberg zu Wort meldete, enthält eine Übersicht über *„das gesamte bisherige Repertoire sowie die derzeit in Vorbereitung befindlichen ... Werke".* Da die Tage der Konzerte an keiner Stelle angegeben sind, gibt es keine ver-

---

[18]) Berg an Schönberg, Brief v. 24. 1. 1919 (Schönberg-Nachlaß, Los Angeles).
[19]) *Mitteilungen Nr. 2* (Wiener Stadtbibliothek).
[20]) Am 17. Februar berichtete Berg Erwin Stein von seiner Autorschaft. Vgl. Reich, Schönberg, S. 161 (der Abdruck des Prospektes bei Reich, S. 44 ff., ist unvollständig).
[21]) Vgl. Schönberg-Gedenkausstellung, S. 276. — Das Beiblatt ist Besitz der Wiener Stadtbibliothek.
[22]) *Mitteilungen Nr. 4* (Wiener Stadtbibliothek).

läßlichen Aufführungsdaten. Berg war jedenfalls mit der *Sonate op. 1* (gespielt von Eduard Steuermann), *Vier Lieder op. 2, Streichquartett op. 3* und *Drei Orchesterstücken op. 6* — nur *Nr. 2 (Reigen)* wurde gespielt[23] — in einer Bearbeitung für zwei Klaviere zu acht Händen vertreten.

Als Kuriosität ist zu vermerken, daß gewisse Vorstandsmitglieder auch einen Telephondienst zu versehen hatten. Eine handschriftliche Aufzeichnung vom 3. März 1919 gibt Auskunft, daß Berg beispielsweise von *„früh bis 1 h Mittag"* und *„die übrige Zeit des Tages bis 1/2 10 h abends"* erreichbar war[24]).

Ab Februar 1919 fanden die Vereinsabende aus Platzgründen im Kleinen Musikvereinssaal statt, und zwar an Sonntagen um 10 Uhr vormittags. In den *Mitteilungen Nr. 6* vom 30. März heißt es, daß ab 28. Mai *„die wöchentlichen Vereinsveranstaltungen jeden Mittwoch Abend im kleinen Musikvereinssaale"* stattfinden werden[25]). In den nächsten *Mitteilungen* wurde jedoch der Freitag angegeben.

Wie ungezwungen sich bei aller Strenge in künstlerischen Fragen das Vereinsleben gestaltete, zeigt eine Einladung Schönbergs an die Mitglieder mit Datum vom 10. April 1919, worin er ankündigte, den Vereinsabend am Ostermontag ausfallen zu lassen, und als Ersatz dafür einen ganztägigen Ausflug in die Mödlinger Gegend vorschlug[26]). Auf diesen Ausflug bezieht sich auch Berg in einem Schreiben an Webern: *„... Gestern Charfreitag nm. war ich bei der Probe zur VI. (Mahler) bei Schönberg: muß noch sehr viel geprobt werden, damit es d. 27. fertig wird*[27]). *Nächste Proben: falls kein Ausflug Ostermontag nachm; Dienstag vm. heute vm. 2 1/2 Stunden den 3. Satz des Cl. Quintetts (Reger?) studiert. (Sehr schwer!) und das Scherzo wiederholt, was mäßig ging ..."*

Im April (?) 1919 ließ Schönberg Berg wissen, daß er sich mit der Absicht trage, Propaganda-Abende zu veranstalten. Das Briefzitat, in dem er Berg gegenüber dieses Vorhaben begründete, wurde dann in den *Mitteilungen Nr. 8* abgedruckt[28]). Das kann überdies als Beweis gelten, daß Berg sich bei der Abfassung der *Mitteilungen* beteiligt hat. In dem erwähnten Schreiben heißt es: *„Zweck dieser Konzerte ist, die Besucher wieder auf das Bestehen und die Ziele des Vereines aufmerksam zu machen und durch die Programme einen Überblick über die bisherigen Leistungen zu geben ..."* Außerdem wurden darin auch *„Neun Propaganda-Konzerte mit großem Orchester"* angekündigt[29]). Die Programme wurden von Schönberg selbst oder

---

[23]) Siehe unten, Anm. 30 und 31.

[24]) Schönberg-Nachlaß, Los Angeles.

[25]) *Mitteilungen Nr. 6* (Wiener Stadtbibliothek).

[26]) Schönberg-Nachlaß, Los Angeles.

[27]) Die *VI. Symphonie* von G. Mahler wurde in der Bearbeitung von A. v. Zemlinsky für Klavier vierhändig von Steuermann und Ernst Bachrich gespielt.

[28]) Original in Wiener Stadtbibliothek.

[29]) Ebenda; die Konzerte kamen nicht zustande. Schönberg probte im Mai wiederum öffentlich die *Kammersymphonie op. 9* (vgl. *Reichspost*, Wien, 23. 5. 1919).

auf seine Anregung hin entworfen, wie aus Aufzeichnungen von Schönbergs Hand im Nachlaß Berg ersichtlich ist. Auf dem Programm des 4. Propaganda-Konzerts stand Bergs *Reigen* aus den *Orchesterstücken*, dessen Aufführung Berg aber nicht beiwohnen konnte. Er hatte nur die Vorproben geleitet und das Werk *„in ganz unvollendeter Wiedergabe zurückgelassen"*[30]). Am dritten Abend am 30. Mai wurde seine *Sonate op. 1* gespielt. Webern berichtete seinem Freund über den Erfolg dieser beiden Aufführungen: *„Dein Reigen gefällt mir außerordentlich gut. Ein prachtvolles Stück. Auch Schönberg hatte einen solchen Eindruck. Die Aufführung ist gut geworden. Ich hatte noch 5 ausgiebige Proben ... Deine Sonate hat Steuermann wieder sehr schön gespielt ..."*[31])

Berg hatte aus gesundheitlichen Gründen einen Urlaub antreten müssen und war auf den Berghof gefahren: *„... Es geht mir auch schon besser",* berichtete er kurz darauf. *„Aber noch nicht so, daß ich getrost nach Wien fahren könnte. Deshalb bat ich Schönberg um Verlängerung meines Urlaubes: ich möchte mich einmal so auskurieren, daß ich wieder leistungsfähig (körperlich und geistig) werde. Nachdem ich mich seit meinem Einrücken 1915) so verdorben habe; das sind 4 Jahre und erfordern eben doch ein paar Monate der Erholung. Im Herbst glaub' ich bestimmt wieder gesund zu sein und vor solchen Anfällen gefeit zu sein. Wenn etwas für den Verein zu machen ist, was aus der Entfernung möglich ist, so schreib' es mir bitte. Schönberg wollte einmal einen Jahresbericht: Vieles davon könnte ich von hier machen: Alle Programme, der 26 Abende, alle in Aussicht genommenen Werke. Eine Tabelle der aufgeführten Werke mit Probenzahl (Vorproben, Proben mit Vortragsmeistern, mit Schönberg) Daten der 1. Aufführung und der Wiederholungen; Tabelle der Vortragsmeister und Mitwirkenden und deren Proben eventuell (??). Besondere Ereignisse: Ausflug, Besuch Zemlinskys ... Propaganda Abende etc. Kassa gebahrung (Rechnungsabschluß) ..."*[32]) Schönberg verlängerte Bergs Urlaub bis 10. September 1919 und gab den Auftrag, ein Verzeichnis *„aller aufgeführten und aufzuführenden Werke des Vereins anzulegen"*[33]).

Für die nächste Saison des Vereins ab Herbst 1919 — das Vereinsjahr lief zwar ab 1. Dezember — waren Aufführungen verschiedener Quartette, unter anderem auch das von Berg, geplant. Ausführende sollte das Feist-Quartett sein. Berg erhielt noch im Sommer vom Verein für seine Tätigkeit als Vortragsmeister u. dgl. 800 Kronen, worüber er an Schönberg schrieb, daß er in dieser Zeit doch nichts geleistet hätte[34]). Er hatte vielmehr nur

[30]) Berg an Schönberg, Brief v. 1. 6. 1919 (Library of Congress). Überdies war dies die erste Aufführung aus *op. 6* in der Bearbeitung für zwei Klaviere zu acht Händen.

[31]) Webern an Berg, Brief v. 9. 6. 1919 (Berg-Nachlaß, Wien).

[32]) Berg an Webern, Brief v. 18. 6. 1919 (Wiener Stadtbibliothek). Ein regelrechter Jahresbericht kam nicht zustande.

[33]) Berg an Webern, Brief v. 28. 7. 1919 (Wiener Stadtbibliothek). — Zum Verzeichnis vgl. Anm. 44.

[34]) Berg an Schönberg, Brief v. 5. 7. 1919 (Library of Congress).

Pläne und dachte in erster Linie an den oben zitierten Jahresbericht. *„Den Jahresbericht über den Verein"* — so schrieb er an Webern — *„könnte ich ja auch im Einvernehmen mit Dir machen. Das Einsetzen aller Probedaten hätte ich ohnehin Dir überlassen müssen. Also Deinen Werkzetteln[35]). Aber alles andere hätte ich auch aus meinem Material, das ich mir hierher mitgenommen hatte, ersehen können . . ."[36])*

Im August 1919 arbeitete er an einem neuen, kurzgefaßten Prospekt, in dem er wiederum die besonderen Aufgaben des Vereins hervorhob und zudem eine Übersicht über die erste Konzertsaison brachte. *„Daß manches in der Sprache holpert, fühl' ich selbst, will ihn aber nicht noch länger verzögern . . .",* schrieb er am 19. August an Schönberg[37]). Der Prospekt lag Anfang September vor[38]). Demnach wurden in der ersten Saison, die sechs Monate gedauert hatte, in 26 Konzerten 45 Werke gespielt. Unter den aufgeführten Komponisten waren B. Bartók, Berg (mit 3 Werken), J. Bittner, F. Busoni, C. Debussy (4), F. Finke, J. M. Hauer (4), E. W. Korngold, G. Mahler (3) u. a.

Das erste Konzert in der neuen Saison fand am 19. September statt. Man hatte nun als Aufführungstag den Freitag gewählt und war in den kleinen Konzerthaussaal übersiedelt. Auf dem Programm standen Franz Schmidts *II. Symphonie* in einer vierhändigen Bearbeitung und Mahlers *Lieder eines fahrenden Gesellen.* Berg schrieb seiner Frau, daß der *„Verein im besten Gange"* wäre und Schönberg sich mit dem Prospekt einverstanden erklärt hätte. Im übrigen wäre seine Anwesenheit erwünscht[39]). Seine erste Arbeit war die Einstudierung der *Beethoven-Variationen* von Max Reger, die gleichfalls im Konzert am 19. September gespielt wurden. Am 5. Oktober 1919 erschienen die *Mitteilungen Nr. 10,* worin der von Berg verfaßte Prospekt zur Sprache kam: *„Wir haben einen neuen Prospekt aufgelegt, in welchem die Ziele unseres Vereines in einer für die Propaganda besser geeigneten Art dargelegt werden. Auch sind eine Reihe von Veränderungen mitgeteilt, die für die Mitglieder nicht ohne Wichtigkeit sind. Wie die Vereinsleitung erfährt, lehnen viele Mitglieder die Anschaffung eines Prospektes, welcher den für die heutigen Verhältnisse unerschwinglichen Betrag von 30. Heller kostet, mit der Begründung ab, daß sie ‚dies ohnehin schon kennen'. Die Vereinsleitung möchte diesen Mitgliedern zu bedenken geben, daß die Herstellung solcher notwendigen Drucksachen nur aus dem Fond bestritten werden kann, der uns auch für die Aufführungszwecke zur Verfügung steht. Erzielen wir durch den Verkauf dann nicht den Betrag, der jene Kosten annähernd hereinbringt, so sind wir bei der Berechnung unserer Ausgaben für die musikalischen Vorführungen genötigt, auf solche Ausfälle*

---

[35]) Weberns Werkzettel konnten nicht aufgefunden werden.
[36]) Siehe Anm. 35.
[37]) Library of Congress.
[38]) Abschrift siehe Anhang 5.
[39]) Briefe an seine Frau, Nr. 308.

Rücksicht zu nehmen. Es liegt daher nur im Interesse der Mitglieder, dem Verein diese Druckschriften abzunehmen."[40]) Der Duktus dieses Schreibens läßt Schönbergs Hand erkennen.

Die Beschaffung des Aufführungsmaterials war eine wichtige Aufgabe, mit der oft auch Berg betraut wurde. In einem Schreiben Bergs an die Universal Edition heißt es etwa: „*... Wir benötigen im Verein f. m. Privatauff. eine Anzahl Werke von Debussy, die dzt. nicht erhältlich sind. So namentlich die letzten Werke, u. a. die Sonate für mehrere Instrumente. Da Sie in Ihren Konzerten gerade aus dem letztgenannten Cyklus Teile aufgeführt haben, vermuten wir Sie im Besitz dieser Noten ..."*[41])

Der 17. Oktober 1919 war für Berg ein denkwürdiger Tag: Die *Klarinettenstücke op. 5* wurden im Verein uraufgeführt. Die Ausführenden waren Franz Prem und Eduard Steuermann[42]).

Am 31. Oktober erschienen die *Mitteilungen Nr. 12*, die ein Sammelprogramm der „*bisher im Verein aufgeführten und der in Vorbereitung befindlichen und für die nächsten Monatte in Aussicht genommenen Werke*" beinhaltete. Berg war zweifellos an der Abfassung dieser Mitteilungen beteiligt, denn schon am 19. August hatte er Schönberg angekündigt, daß er sich diesbezüglich mit Rufer beraten würde[43]). Insgesamt sind darin 100 Programmnummern angeführt. Darunter sind von Berg folgende Werke — und deren Ausführende — genannt[44]):

Sonate für Klavier op. 1. Eduard Steuermann.

Vier Lieder op. 2. (Ohne Angabe der Ausführenden.)

Streichquartett in zwei Sätzen op. 3. Das Feist-Quartett.

Vier Stücke für Klarinette und Klavier op. 5. Franz Prem (Volksoper), Eduard Steuermann.

Am 28. November fand mit Ablauf des ersten Vereinsjahres eine ordentliche Generalversammlung statt, in der die Erhöhung der Mitgliedsbeiträge um 80 Prozent gefordert wurde, andernfalls der Verein sich auflösen müßte. Bei den meisten Mitgliedern überwog das Bestreben, „*dem Verein die Existenzmöglichkeit zu erhalten*". Der Vereinsleitung wurde das Vertrauen ausgesprochen[45]). Mit selbem Datum (28. November) wurde eine „*Übersicht über die Programme der Vereinsabende im ersten Vereinsjahr (29. Dezember 1918—28. November 1919)*" vorgelegt[46]). Aus dieser Statistik geht hervor, daß Berg in diesem Jahr die Einstudierung folgender Werke übertragen bekommen hatte:

Franz Schreker, *Vorspiel zu einem Drama.* Bearbeitung für Klavier zu vier Händen. Gespielt von Josef Rosenstock und Felix Petyrek (5., 8. Konzert)

---

[40]) Original in Wiener Stadtbibliothek.
[41]) Berg an O. Schneider, Brief v. 1. 10. 1919 (Universal Edition).
[42]) *Mitteilungen Nr. 10* (Wiener Stadtbibliothek).
[43]) Library of Congress.   [44]) Original in Wiener Stadtbibliothek.
[45]) Ebenda.   [46]) Ebenda.

Alban Berg, *Klaviersonate op. 1*. Gespielt von Eduard Steuermann (7., 10., 23. Konzert)

Josef Suk, *Ein Sommermärchen op. 29*. Bearbeitung für Klavier zu vier Händen von R. Vesely. Gespielt von Etta Werndorff und Ernst Bachrich. Einstudierung von Schönberg und Berg. (13. Konzert)

Egon Wellesz, *Geistliches Lied op. 23*. Gesungen von Emmy Heim. Ausführende: Hugo Gottesmann, Hugo Kauder und Rudolf Réti (15. Konzert)

Richard Strauss, *Sinfonie domestica op. 53*. Bearbeitung für zwei Klaviere zu vier Händen. Gespielt von Cesia Dische und Ernst Bachrich (15. Konzert)

Max Reger, *Variationen und Fuge über ein Thema von Beethoven für zwei Klaviere zu 4 Händen op. 86*. Gespielt von Olga Novakovic und Ernst Bachrich (27. Konzert)

Franz Schmidt, *II. Symphonie Es-Dur*. Bearbeitung für Klavier zu vier Händen von Alexander Wunderer. Gespielt von Selma Stampfer und Paul Pisk. Einstudierung von Schönberg und Berg (30. Konzert)

Alban Berg, *Vier Stücke für Klarinette und Klavier op. 5*. Gespielt von Franz Prem bzw. Karl Gaudriot und Eduard Steuermann (31., 32. Konzert)

Paul Dukas, *Variations, Interlude et Finale für Klavier*. Gespielt von Selma Stampfer (34. Konzert)

Vorstudiert hat Berg noch *Don Quichote* von Richard Strauss und den *Reigen* aus seinen *Orchesterstücken op. 6*[47]).

Die ordentliche Generalversammlung für das beginnende Vereinsjahr 1919/20 fand am 17. Dezember 1919 statt. Im Vorstand befand sich wiederum Berg. Schönberg machte anschließend Mitteilung von diversen Plänen des Vereins, u. a. von einem Preisausschreiben für das beste Werk in der Besetzung für Kammerorchester und für das beste Arrangement für ein Kammerensemble, das aus Klavier, Harmonium, Streicher und eventuell Bläser bestehen sollte[48]).

Berg reiste im Jänner auf den Berghof, da seine Anwesenheit dort erforderlich geworden war[49]). Er war damit der Vereinsarbeit auf unbestimmte Zeit entzogen und hoffte, daß sich in der Zwischenzeit klären würde, *„ob der Verein Zukunft hat und in der Lage sein wird, die Arbeitsleistungen entsprechend zu honorieren"*[50]). Die Sorge um seine Zukunft spricht aus zwei Schreiben mit dem selben Datum — dem 16. März 1920 —, wovon eines an Gottfried Kassowitz und das andere an Webern gerichtet ist. Berg wollte noch vor seiner Rückkehr nach Wien, die er im April vermutete, Klarheit in sein Verhältnis zum Verein schaffen und war ent-

---

[47]) Vgl. Anm. 30.
[48]) Schönberg-Nachlaß, Los Angeles.
[49]) Es ging um den Verkauf des Berghofs, a. a. O.
[50]) Briefe an seine Frau, Nr. 321.

schlossen, eventuell auch nicht mehr mitzuarbeiten. „... *Zu diesem Zweck möchte ich mich vorher genau über den derzeitigen Stand des Vereins informieren*", heißt es im Schreiben an Kassowitz. „*In künstlerischer Beziehung bin ich es dank Ihrer liebenswürdigen Mitteilungen und Nachrichten aus Prag so ziemlich*[51]). *Bliebe nur zu erfahren, was für die nächsten Zeiten geplant ist. An Werken, Arrangements des Kammerorchesters und sonstiges! z. Bsp. plant Schönberg nicht in der Musikfestwoche im Juni den Verein öffentlich hervortreten zu lassen mit ein paar feinen Konzerten? Die Idee wäre naheliegend!*[52]) *... Aber ebenso wichtig, oder noch wichtiger zu erfahren, ist mir ein Bericht über den materiellen Stand des Vereins. Ob Aussicht besteht, daß er weiter geht; und wenn: ob dies in derselben pauvren Art und Weise oder auf einem finanziell höheren Niveau geschehen soll, so daß daraus tatsächlich — wie Schönberg plant — für ein paar Menschen, ‚Lebensstellungen' draus werden, in Ziffern ausgedrückt: ob Sie den Eindruck haben, daß der Verein bei seinen Gehältern von höchstens 400 K mtl. bleibt oder wenigstens solche zu 1000 K in Aussicht stehen. Sie müssen nämlich wissen, daß ich, nachdem die Finanzen meiner Mutter durch den Verkauf saniert sind*[53]), *ich auf nichts mehr von zuhaus rechnen kann, also gezwungen bin, mir den Lebensunterhalt ganz zu verdienen, was mit einer mir die ganze Arbeitszeit beanspruchenden Stellung zu 400 K mtl. nicht möglich ist. Sollte sich also in der Lage des Vereins nichts geändert haben, wäre ich gezwungen — in dem Augenblick, wo ich bestimmt weiß, daß hier verkauft wird*[54]) *— Schönberg meine Mitarbeit abzusagen.*

Vielleicht steht es aber so, daß der Verein langsam seiner Auflösung entgegengeht und übern Sommer einschläft, d. h. die noch vorhandenen Beträge aufgebraucht werden und Mitglieder, die eventuell auf längere Zeit gezahlt haben, aus der ‚Konkursmasse' (das wertvolle Notenarchiv etc.) befriedigt werden. In diesem Falle bliebe mir erspart, Schönberg mit einer Absage zu kränken ... Was ich sonst in Wien plane: natürlich Stundengeben und musikschriftstellerische Arbeiten, wofür ich mehr als genug Aufträge hätte[55]). *Und wenn Gott will: vielleicht bliebe mir einmal auch Zeit zum Komponieren ... Wissen Sie, daß Webern mit dem Feist-Quartett das Studium meines Quartetts begonnen hat ... Ich möchte nicht aufführungshungrig erscheinen, da ich's im Grunde auch nicht bin! Trotzdem ich aber nicht verhehlen möchte, daß mich die Aufführung meines Quartetts unter Feist und unter dem Studium Webern's ungemein beglücken würde*[56])! *... Meine heruntergekommene Gesundheit verdanke ich nicht nur den körper-*

---

[51]) Der Verein gab am 8. März in Prag ein Gastspiel. U. a. wurde dort auch Bergs *Sonate op. 1* von Steuermann gespielt (Programmzettel in Wiener Stadtbibliothek).

[52]) Siehe weiter unten, vgl. S. 140, Anm. 65.

[53]) Verkauf Berghof, vgl. S. 20.

[54]) Siehe Anm. 53.

[55]) Vgl. das Kapitel „Bergs musikschriftstellerische Tätigkeit ...".

[56]) Eine Aufführung war in Aussicht genommen, fand jedoch nicht vor Oktober 1920 statt.

*lich, geistig und seelisch unhaltbaren Zuständen in den ersten 2 Monaten
hier, sondern auch dem zunehmenden Alter. Es will nicht mehr recht auf-
wärts gehen mit der Gesundheit . . .*"[57])

An Webern schrieb er, daß der Verein sich seiner Meinung nach Ende
dieses Frühjahrs auflösen werde. Er hatte Anfang Jänner Schönberg um
Beurlaubung und Enthebung auf unbestimmte Zeit gebeten, hatte aber dennoch ungerechtfertigter Weise ein Honorar bezogen. Er vertraute Webern
an, daß er nicht die Absicht hätte, seine Stellung im Verein wieder anzutreten. Seine Gesundheit wäre geschwächt, und es wäre nicht möglich, neben
der Vereinstätigkeit seinen Lebensunterhalt zu verdienen. In erster Linie
wollte er sich der Musikschriftstellerei widmen und auch Klavierauszüge
schreiben — Arbeiten, die auf höherem Niveau stünden als seine Tätigkeit
im Verein[58]). Er vermutete, daß dies auch bei Webern zutreffen würde. *„Ich
habe eben dann den Anfang gemacht, den Anfang eines Endes, das unauf-
haltsam ist . . .*"[59]).

Webern verstand Bergs Bedenken und teilte seinem Freund mit, daß er
den Eindruck hätte, daß auch Schönberg nicht mehr unbedingt an die Möglichkeit des Weiterbestehens des Vereins glaubte. Webern hatte diesbezüglich auch an Schönberg geschrieben, der ihm daraufhin versicherte, daß er
sich nicht an den Verein gebunden fühlen müßte[60]).

Berg schob seine Erklärung an Schönberg hinaus — vor allem, als ihm
bekannt wurde, daß die finanzielle Frage in der Generalversammlung am
30. April 1920 erörtert werden sollte[61]). Darin wurde die Erhöhung der
Beiträge gefordert, was sich auch auf die Gagenzahlungen auswirkte[62]).
Bergs Wiedereintritt in den Verein ist mit dem 7. Mai 1920 zu datieren[63]).

In der Generalversammlung am 30. April wurde die Beteiligung des
Vereins an den Veranstaltungen des Wiener Musikfestes mit zwei Abenden
von Wiener Komponisten und zwei Propaganda-Abenden mit internatio-
nalem Programm beschlossen. Am zweiten Abend (2. Juni) sollte Berg mit
den *Klarinettenstücken* zu Wort kommen[64]). Am 7. Mai erhielt er jedoch die
Nachricht, daß die Verhandlungen mit dem Wiener Musikfest-Komitee,
*„welche sich bereits in einem vorgeschrittenen Stadium befunden hatten,
nicht zu dem gewünschten Resultat geführt"* hätten. Infolgedessen unter-
blieben die öffentlichen Veranstaltungen des Vereins[65]).

Im Sommer 1920 übernahm Erwin Stein nach dem Abgang Weberns nach
Prag dessen Stelle im Verein. Stein kam mit dem Vorsatz von Darmstadt

---

[57]) Berg an Kassowitz, Brief v. 16. 3. 1920 (A. Dermota, Wien).
[58]) A. a. O., vgl. Anm. 55.
[59]) Berg an Webern, Brief v. 16. 4. 1920 (Wiener Stadtbibliothek).
[60]) Webern an Berg, Brief v. 19. 3. 1920 (Berg-Nachlaß, Wien).
[61]) Bericht über die Generalversammlung im Schönberg-Nachlaß, Los Angeles.
[62]) Die wachsende Inflation machte eine Erhöhung der Gagen notwendig.
[63]) Berg an Schönberg, Brief v. 8. 5. 1920 (Library of Congress).
[64]) Programmzettel in Wiener Stadtbibliothek.
[65]) *Mitteilungen Nr. 17* des Vereins (Schönberg-Nachlaß, Los Angeles).

nach Wien, vor allem Schönbergs Werke im Verein spielen zu lassen und setzte auch den *Pierrot lunaire*[66]) aufs Programm.

Berg befaßte sich bis zum Herbst 1920 mit anderen Aufgaben[67]). Ende August erlitt er einen heftigen Asthma-Anfall, erhielt zwei Injektionen und mußte sich schließlich für drei Wochen ins Parksanatorium in Hütteldorf-Hacking zu Dr. Berliner in Behandlung begeben[68]). Man verordnete ihm Ruhe, doch hielt er sich wegen anderer Verpflichtungen nicht daran[69]). Schönberg hatte ihm am 1. Oktober vor seiner Abreise nach Holland die „*Vollmacht*" über wichtige Entscheidungen im Verein übergeben: „*Für die Zeit meiner Abwesenheit übertrage ich das Recht zur Entscheidung in allen dringenden und laufenden Angelegenheiten an Alban Berg. In Dingen der Programmbildung, Probendisposition, Besetzung, Notenbeschaffung und alles, was damit zusammenhängt, ist Herr Erwin Stein, im Einverständnis mit Alban Berg berechtigt zu entscheiden. An diesen gehen auch die Alban Berg übertragenen Rechte über für den Fall, daß dieser irgendwie verhindert ist. In allen administrativen Angelegenheiten entscheidet Herr Josef Rufer im Einvernehmen mit Alban Berg resp. Erwin Stein . . .*"[70]) Am selben Tag erschienen die *Mitteilungen Nr. 19*, in denen auch Maurice Ravels Besuch in Wien angekündigt wurde: „*Wir . . . dürfen annehmen, daß Ravel sich für unsere Tätigkeit interessieren wird, und haben bei ihm angefragt, ob er Zeit haben wird, zwei oder drei Abende bei uns zu verbringen.*"[71]) Ravel bekundete tatsächlich Interesse am Verein und hatte Gelegenheit, in einem Konzert „*zu seinen Ehren*" auch Werke von Schönberg, Berg — Karl Gaudriot und Steuermann spielten die *Klarinettenstücke op. 5* — und Webern zu hören[72]). Die Hauptarbeit der Organisation dieser außerordentlichen Veranstaltung war Bergs Aufgabe gewesen. Die Folge war ein neuerlicher körperlicher Zusammenbruch, der einen längeren Aufenthalt im Sanatorium nötig machte. So konnte Berg erst Tage später Schönberg „*wegen des Ravelkonzertes*" berichten. Er hatte „*eine Unzahl außertourlicher Besprechungen, Proben, Vereinbarungen . . . Aber wenigstens kann ich mir sagen, daß ich an dem Gelingen des Ravelabends keinen geringen Anteil hatte . . . Vorher hatte ich aber des öfteren mit Ravel Fühlung genommen, hatte ihn — Dich gerne vertretend — eingeladen, seine Wünsche entgegengenommen. Er wollte nur Deine Musik hören, etwas, was bei dem bisherigen Repertoire auf große Schwierigkeiten stieß . . . Eine Zeitlang versuchten wir, eine vierhändige Vorführung der Kammersymphonie . . .*"[73]) Die vier-

---

[66]) Vgl. Anm. 86.

[67]) Er befaßte sich mit Redaktionsarbeiten, vgl. S. 156.

[68]) Berg an Schönberg, Brief v. 8. 9. 1920 (Library of Congress).

[69]) Siehe unten.

[70]) Original im Schönberg-Nachlaß.

[71]) *Mitteilungen Nr. 19* in Wiener Stadtbibliothek.

[72]) Das Konzert fand am 23. Oktober statt. Das Programm umfaßte Berg, Webern, Schönberg und Ravel. Vgl. W. Szmolyan, Schönbergs Wiener Verein . . ., a. a. O., S. 80.

[73]) Berg an Schönberg, Brief v. 29. 10. 1920 (Library of Congress).

händige Fassung der *Kammersymphonie op. 9* stammte von Berg, erwies sich aber als zu schwierig und war in zwei bis drei Proben nicht zu bewältigen. War Ravel auch sehr befriedigt vom Programm — die *Klarinettenstücke* nahm er zum Studium mit nach Paris! —[74]), hatte das Konzert doch weit weniger Erfolg als allgemein erwartet. Als Trost blieb, daß auch das in Wien offiziell veranstaltete Ravel-Konzert nicht gut besucht war.

Berg war bis zum 8. November 1920 im Sanatorium[75]). Infolge seiner Krankheit wurde ihm die Vollmacht über die den Verein betreffenden Entscheidungen entzogen. Überdies verzögerte sich durch sein Fernbleiben von den Vereinsgeschäften die Herstellung eines Sammelprogramms. Da er daran mitarbeiten und auch die Probeabzüge lesen sollte[76]), konnte es erst in der zweiten Hälfte November erscheinen. Darin sind 189 Werknummern in alphabetischer Reihenfolge (nach Komponisten) abgedruckt[77]).

Nach seiner Genesung wurde er anfangs nicht so intensiv in die Vereinsarbeit hineingezogen. Erwin Stein berichtete am 28. November an Schönberg: „... *Mit Berg verstehe ich mich ausgezeichnet. Er hat jetzt Bedenken, weil er zu wenig mitarbeiten kann ... Es ist mir ungemein wertvoll, mich mit ihm zu beraten, daß ich sagen kann: ‚Ja, da muß ich erst den Berg fragen‘ und überhaupt, daß einer da ist, der sich nicht in täglicher Arbeit verbraucht. Der dadurch mehr über der Situation stehen kann.*"[78])

Bei den Sitzungen bzw. der Generalversammlung am 16. Dezember 1920, worin man über Preisausschreiben debattierte, war er anwesend[79]). Ferner beteiligte er sich an den Vorbereitungen eines Kammerorchester-Konzerts am 20. Jänner 1921[80]), bei dem Erika Wagner die Uraufführung der *Lieder op. 14* von Schönberg sang. Darüber und über die geplante *Pierrot-lunaire*-Aufführung gibt ein Briefkonzept von seiner Hand Auskunft, worin in erster Linie Besetzungsfragen erörtert werden. Schönberg wünschte für den Pierrot Gutheil-Schoder, Berg war eher für Erika Wagner[81]). Auch Stein schloß sich der Ansicht an, daß Wagner sich besser für den *Pierrot* eigne[82]).

Im Jänner 1921 gab es Schwierigkeiten bei der Administration des Vereins. Stein berichtete an Schönberg, daß Rufer beabsichtigte, die Sekretärstelle niederzulegen. Die Probenbesprechungen, Fragen der Saalmiete und Instrumententransporte besorgte bereits Felix Greissle. So kamen Berg und Stein unabhängig voneinander auf den Gedanken, Greissle dafür zu entschädigen und mit dem Sekretärsposten zu betrauen[83]). Berg schrieb darüber

---

[74]) Ebenda.
[75]) Berg an Buschbeck, Brief v. 8. 11. 1920 (Privatbesitz, Wien).
[76]) Benno Sachs an Schönberg, Brief v. 18. 11. 1920 (Schönberg-Nachlaß, Los Angeles).
[77]) Original in Wiener Stadtbibliothek.
[78]) Schönberg-Nachlaß, Los Angeles.
[79]) B. Sachs an Schönberg, Brief v. 16. 12. 1920 (Schönberg-Nachlaß, Los Angeles).
[80]) Rundschreiben vom 29. 12. 1920 (Wiener Stadtbibliothek).
[81]) Original des Konzepts im Berg-Nachlaß, Wien.
[82]) Berg an Schönberg, Brief v. 13. 1. 1921 (Library of Congress).
[83]) Ebenda.

ausführlich an Schönberg: „... *Administrativ steht die Sache so, daß wir auf Rufer immer weniger rechnen können. Dies hat dazu geführt, daß wir zu vielen Arbeiten, die eigentlich ihn angingen, den Greissle heranziehen mußten und vieles (namentlich Korrespondenz ganz allein erledigten). Ohne Reibung ist das natürlich nicht abgegangen ... Die Ursache mag vielleicht die gewesen sein, daß er — wie er selbst sagt — an der Stellung eines Sekretärs gar kein Interesse hatte und hat. Außerdem fehlt ihm die allgemeine Initiative ... Freilich sind uns auch seine nicht zu unterschätzenden Vorteile bekannt. Vor allem seine Fähigkeit des Verkehrs mit Behörden ... Greissle stürzt sich mit wahrem Feuereifer auf diese Stellung ..."*[84]) Schönberg, der auf der mitgesandten Zweitschrift die wichtigsten Fragen beantwortete, bedauerte diese Vorgangsweise und kam mit dem Gegenvorschlag, das Amt des Sekretärs in zwei Funktionen aufzuteilen. *„Ich glaube, Stein hat Rufer vielleicht zu scharf angefaßt. Ich habe nämlich nebst Strenge doch auch immer wieder Milde angewendet ..."* Man übertrug Greissle aber doch den Posten des Sekretärs. In dem erwähnten Schreiben teilt Berg Schönberg mit, daß in Kürze eine neue *Mitteilung* erscheinen würde. Es war dies die *Mitteilung Nr. 22*, in der auf ein Preisausschreiben des Vereins hingewiesen wurde[85]). Als Preisrichter fungierten Schönberg, Berg, Webern, Stein und Steuermann. Die Manuskripte sollten bis zum 1. Juni 1921 eingesendet werden. Aus dem Preisausschreiben ging später der Berg-Schüler Fritz Heinrich Klein mit seiner Komposition *Die Maschine* als Preisträger hervor.

Über Bergs Tätigkeit in den folgenden zwei Monaten sind die Aufzeichnungen lückenhaft. Die Vereinsarbeit konzentrierte sich vor allem auf die Aufführungen von *Pierrot lunaire*, die am 30. April, 3., 7. und 12. Mai stattfanden[86]). Am 21. Februar hatte Max Deutsch an Schönberg geschrieben: *„Im heutigen Vereinsabend wurde nach einigen erklärenden Worten des Herrn Berg der Kartenverkauf für die 3 Aufführungen des ‚Pierrot lunaire' durchgeführt."*[87]) (Drei Aufführungen dirigierte Erwin Stein, die vierte stand unter Schönbergs Leitung.)

Die schon seit Herbst 1920 geplante *Serie B* des Vereins (für außerordentliche Veranstaltungen, deren Programm sich von den übrigen abhob) wurde am 22. Mai 1921 mit der Lesung von Schönbergs *Jakobsleiter* eingeleitet. Zweck dieser *Serie B* war, *„klassische, oft und schlecht gespielte Werke gut zu spielen: unter Kontrolle unserer Vortragsmeister ... Diese Veranstaltungen bezwecken, jenen kultivierten unter unseren Mitgliedern, welche verwöhnt durch unsere Aufführungen, an den landesüblichen Konzerten kein Vergnügen mehr finden können, den Genuß klassischer Musik wieder zu verschaffen"*[88]).

---

[84]) Berg an Schönberg, Brief v. 16. 1. 1921 (Library of Congress). Mit Antwort Schönbergs: Doppelautograph (Berg-Nachlaß, Wien).

[85]) *Mitteilungen Nr. 22* (Wiener Stadtbibliothek).

[86]) Programmzettel (Wiener Stadtbibliothek).   [87]) Schönberg-Nachlaß, Los Angeles.

[88]) Prospekt vom November 1920, a. a. O., vgl. Anm. 77.

Die Serie B wurde in der Folge für außerordentliche Abende verwendet, wie eben beispielsweise für die Lesung der *Jakobsleiter*. Berg hat an den Vorproben dieser Lesung teilgenommen: in seinem Exemplar des Textbuchs finden sich Randbemerkungen, die Schönbergs während der Arbeit mit dem Schauspieler Wilhelm Klitsch entstandene Korrekturen beinhalten[89]). Über die Vorlesung berichtete Berg an Erwin Stein am 2. Juni 1921: *„Jakobsleiter war herrlich. Klitsch hat wirklich Unerhörtes geleistet und Fähigkeiten gezeigt, deren ich ihn nie für fähig hielt. Es war prachtvoll und Du hast viel versäumt! Besuch war sehr schlecht, und Schönberg sehr deprimiert darüber . . .“*[90]) Als zweite Veranstaltung der *Serie B* war Schuberts *Winterreise* in der Einstudierung von Webern mit Arthur Fleischer und Eduard Steuermann vorgesehen[91]). Fleischer sagte aber wegen beruflicher Verhinderung ab, worauf man für den 27. Mai 1921 einen „Walzerabend" aufs Programm setzte, *„an welchem Johann Strauss'sche Walzer von Berg, Schönberg, Webern etc. angefertigten Bearbeitungen von den Vortragsmeistern unseres Vereines in folgender Besetzung gespielt werden: Klavier: Steuermann, Harmonium: Berg, 1. Geige: Kolisch und Schönberg, 2. Geige: Rankl, Bratsche: Steinbauer, Cello: Webern . . . An diesem Abend, welchen die Vortragsmeister des Vereines als ein neues, dem Verein und den Mitgliedern gebrachtes Opfer zugunsten der Vereinskasse veranstalteten, nimmt die Vereinsleitung diesmal Überzahlungen . . . entgegen . . . Die Überzahlung wird durch ein zu diesem Zwecke ausgefertigtes Gedenkblatt quittiert, welches die eigenhändigen Unterschriften der Mitwirkenden tragen und von diesem selbst an den Abendkassen ausgegeben werden wird. Ebenfalls zugunsten der Vereinskasse werden dann die Originalmanuskripte der Bearbeitungen durch den Präsidenten versteigert. Der Ausrufungspreis wird pro Exemplar 500 Kronen betragen . . .“*[92])

Für Berg war es eine Zeit angespanntester Tätigkeit: *„. . . Dies war überhaupt die kritischste Zeit: innerhalb neun Tagen vier Veranstaltungen: Jakobsleiter / 23. Mai Vereinskonzert / Walzerabend (öffentlich) / 30. Mai Vereinskonzert. — Die Arbeitsleistung aller, die das ermöglichten, war ungeheuer. In dieser Zeit arbeitete ich täglich vierzehn Stunden und mehr für den Verein . . . Vereinskonzerte: Das Repertoire war unglaublicherweise in beiden Konzerten ganz interessant, obwohl wir eine Unzahl Absagen hatten . . . Pijper-Sonate: Sonate: Schönberg hat einmal mit viel Lust . . . geprobt; ich habe fertiggestellt und damit eine recht gute Aufführung zuwege gebracht. — Weberns Orchesterstücke keine sehr gute Aufführung . . . Am 30. Mai: Busonis Toccata . . . Meine Klarinettenstücke nicht sehr gut aufgeführt . . . Walzerabend: Das war wohl sehr gelungen. Aber die Arbeit!!! Fünf fünfstündige Proben. In drei, vier Tagen so einen Riesen-*

[89]) W. Reich, Vom Wiener „Schönberg-Verein". Mit unbekannten Briefen von Alban Berg, in: *Schweizer. Musikzeitung* XI/XII (1965).

[90]) Siehe Anm. 89.

[91]) *Mitteilungen Nr. 25* (Wiener Stadtbibliothek).

[92]) *Mitteilungen Nr. 26* (Wiener Stadtbibliothek).

walzer instrumentieren! Die Stimmen herausschreiben! Der Wust von administrativen Vorarbeiten. — Am Abend selbst verkauften wir . . . Gedenkblätter, die zugleich als Eintrittskarten galten . . . Anwesend waren: ca. 160 Mitglieder und 30—40 Gäste . . . Die Walzer klangen durchwegs fabelhaft gut, sogar mein ‚Wein, Weib, Gesang!' Schönbergs Instrumentation überragte natürlich die meine weit. Ich hatte freilich nicht so viel gewagt . . . Schon nach meinem Walzer setzte frenetischer Beifall ein . . . — Kürzlich gab es eine ausgiebige Vorstandsitzung, in der Schönberg vor allem seine administrativen Reformen erörterte und Dr. [Benno] Sachs eine Art finanzielle Kontrollstelle erhielt . . . Dann gab Schönberg anderweitige Pläne kund. Nächste Saison einen oder mehrere Ballettabende: Debussy, Webern, Berg — letztere sollen über den Sommer etwas diesbezügliches schreiben: — Zur Programmbildung kam's, wie immer bei Schönberg, nur wenig. Dies und die Ausgabe des Repertoires an alle Mitwirkenden werden Webern und ich an Hand dreier Listen und der uns bekannten Wünsche Schönbergs in einer eigenen Sitzung erledigen . . ."[93]) Dieser Satz läßt den Schluß zu, daß für die Programmgestaltung in erster Linie Berg und Webern (neben Stein) zuständig waren.

Der in dem Schreiben genannte Plan einer Ballettkomposition blieb unausgeführt. Berg kam auch mit anderen Arbeiten nur langsam voran. So schrieb er an Schönberg über seine mißglückten Sommerpläne: *„(Die) Komposition eines Ballets und Beendigung des Wozzeck sind schon in der ersten Etappe gescheitert. In der Verzweiflung darüber habe ich — angeregt durch unseren Walzerabend und Deine Ballet-Idee — etwas Tanzmusikartiges geschrieben . . ."*[94])

Am 6. Juni hatte das letzte Konzert der Saison stattgefunden. Die Mitteilung über die nachfolgende Einstellung der Vereinsabende bis zum Herbst des Jahres hat Berg verfaßt: *„Die letzte Veranstaltung dieser Saison hat Montag den 6. Juni stattgefunden. Mitte September werden die regelmäßigen Konzerte wieder aufgenommen. Das genaue Datum wird den Mitgliedern rechtzeitig bekanntgegeben werden. Anfang Juni 1921. Die Vereinsleitung."*[95])

Im Herbst nahm der Verein seine Tätigkeit für kurze Zeit wieder auf, Berg ließ sich aber von Schönberg wegen der Komposition des *Wozzeck* beurlauben[96]). Als zusätzliche Begründung gab er an, daß er bis Juli hinein mit der Vereinsarbeit befaßt gewesen und erst am 25. Juli von Wien abgereist war. Für die kommende Saison gab es noch verschiedene Projekte, aber nur wenige wurden realisiert. Am 26. September sollte das erste Konzert sein, von dem man nicht weiß, ob es auch tatsächlich stattgefunden hat.

---

[93]) W. Reich, Vom Wiener „Schönberg-Verein", a. a. O., S. 342.
[94]) Berg an Schönberg, Brief v. 28. 7. 1921 (Library of Congress); dieses Tanzmusikartige fand dann vermutlich Aufnahme in der „Wirtshausszene" im II. Akt *Wozzeck*.
[95]) Wiener Stadtbibliothek.
[96]) Berg an Schönberg, Brief v. 1. 9. 1921 (Library of Congress).

Nachweisen läßt sich hingegen ein *Pierrot-lunaire*-Gastspiel in Prag am
28. November. In den *Mitteilungen Nr. 29* wird noch Bezug auf die letzte
Generalversammlung genommen, in der die Mitgliedsbeiträge auf das
Zehnfache erhöht wurden[97]). Die Vereinsleitung sistierte die Veranstaltungen bis zum Eingang der Beiträge. Da die Mitglieder offensichtlich säumig
waren und die Einnahmen überdies wegen der Inflation nicht kosten-
deckend sein konnten, mußten weitere Konzerte unterbleiben.

Berg als Lehrer

Der Beginn von Bergs privater Lehrtätigkeit fällt mit Schönbergs Weggang
von Wien und der Wiener Musikakademie zusammen. Schönberg dachte
daran, Berg als seinen „*Stellvertreter*" an die Wiener Akademie zu empfehlen. Dieser war von dieser Aussicht beglückt: „*Wie ehrt ... mich Ihre
Wahl dieses Wortes ... es steckt ja soviel Herrliches darin, der Berufene zu
sein, der Träger, der Mitkämpfer Ihrer Ideen, Ihrer Ideale, Ihrer künstlerischen Absichten.*"[1]) Er sah in dieser Aufgabe gleichsam ein „*Priester-Amt*".
Zu einer offiziellen Anstellung an der Akademie kam es aber nicht, auch
hat sich ein Empfehlungsschreiben Schönbergs an Karl Wiener, den Präsidenten der Wiener Musikakademie, nicht finden lassen[2]). Dagegen ist verbürgt, daß Schönberg seine Privatschüler und jene, die seine Kurse an der
Akademie besucht hatten, an Berg verwiesen hat. Im Juni 1911 kam auf
diese Weise beispielsweise Josef Schmid als Schüler zu Berg[3]).
    Im September schrieb Schönberg an Josef Polnauer, der an der Akademie
bei ihm Kontrapunkt gehört hatte, daß „*er Berg bestimmen wird, daß er
ihn weiter unterrichtet. Es wäre wohl das Beste (für ihn), denn Berg ist
außerordentlich talentiert, versteht sehr viel und ist sehr praktisch.*"[4]) Und
als im Frühjahr 1912 Gottfried Kassowitz bei Schönberg wegen Unterricht
anfragte, erhielt er ein Antwortschreiben mit den Worten: „*Ich empfehle
Ihnen zu diesem Zweck Alban Berg, ... einen meiner begabtesten und mir
daher liebsten Schüler. Er unterrichtet genau in meiner Art, denn er hat bei
mir vom Anfang an gelernt.*"[5]) Unter den Schülern, die über Schönberg zu
Berg kamen, waren noch Karl Linke, Paul Königer, Rudolf Heller, Else
Rethi, Robert Kolisko, Wilhelm Winkler, Ernst Galitzinstein und Jenny

---

[97]) Wiener Stadtbibliothek.
 [1]) Berg an Schönberg, Brief (undatiert, 1911) (Library of Congress).
 [2]) Berg sandte an Wiener nur eigene Kompositionen, denen er folgendes Begleitschreiben
     beilegte: „*Herr Schönberg, dessen Schüler ich bin, beauftragt mich, Ihnen ... meine
     eben erschienen[en] op. 1 und 2, eine Klavier-Sonate und ein Heft Lieder, zu über-
     senden*" (Brief, undatiert, Österr. Nationalbibliothek).
 [3]) Berg an Schönberg, Brief v. 26. 6. 1911 (Library of Congress).
 [4]) Schönberg an J. Polnauer, Brief v. 5. 9. 1911 (Wiener Stadtbibliothek).
 [5]) Schönberg an Kassowitz, Brief v. 26. 11. 1912 (Wiener Stadtbibliothek). Vgl. auch
     Schönberg-Gedenkausstellung, S. 228.

Steiner[6]). Von Robert Weishut, Ernst Kraus, Egon Brunner und Karl Blau weiß man nur, daß sie beabsichtigten, den Schönbergschen Harmonielehre-Kurs bei Berg fortzusetzen[7]). In Bergs Notizbuch, in dem Namen und Stunden der Schüler vermerkt sind, scheinen sie aber nicht auf[8]).

Bergs Lehrtätigkeit kam in keiner Weise jene Bedeutung zu wie der seines Lehrers Schönberg. Mit wenigen Ausnahmen — wie beispielsweise Kassowitz — haben die Schüler auch keine wesentliche Rolle in seinem Leben gespielt. Für ihn waren es in erster Linie finanzielle Erwägungen, die ihn zum Unterrichten bewogen. Als Lehrer war er in der ersten Zeit einerseits auf Schönbergs Vermittlung angewiesen, andererseits trachtete er selbst — und mehrfach auf Betreiben seiner Mutter[9]), durch Inserate in Zeitschriften und Tageszeitungen auf seine Unterrichtstätigkeit aufmerksam zu machen[10]). Ein Angebot, im Volksheim in Wien einen Harmonielehrekurs abzuhalten, lehnte er jedoch aus nicht weiter bekannten Gründen ab[11]).

Mit dem Unterricht hat Berg auch nach Kriegsende zum größten Teil seinen Lebensunterhalt bestritten. Seine finanzielle Lage hatte sich vor allem um 1920 so sehr verschlechtert, daß er auf diesen Verdienst nicht verzichten konnte. Als er sich in diesem Jahr zur Ausheilung seines Asthmas in Spitalspflege begeben mußte, sah er sich buchstäblich vor dem Ruin[12]). Zu seinen Schülern zählten seit 1918 u. a. Josef Rufer, Josef Trauneck, Herbert Strutz, Bruno Seidlhofer, Otto Jokl, Julius Schloß, Fritz Mahler, Willi Reich, Fritz Heinrich Klein, Theodor Wiesengrund-Adorno, Felix Greissle, Franz Wittenberg, Helmut Schmidt-Garré, Hans Erich Apostel, Ferdinand Merklein, Georg Watza und ein Rumäne namens Saltar[13]).

Ausgenommen sind hier die Besucher des *Seminars für Komposition,* das von Schönberg 1917 gegründet wurde und in dem Berg nur aushilfsweise Kurse abhielt. Er wurde dort vor allem während Schönbergs Aufenthalt in Holland zu Unterrichtsstunden in Formenlehre und Instrumentation herangezogen. Gelegentlich findet sich sein Name in diesem Zusammenhang gegen seinen Wunsch in öffentlichen Ankündigungen[14]).

---

[6]) Schönberg an Berg, Brief v. 22. 9. 1911 (Berg-Nachlaß, Wien). Berg an Schönberg, undatiert (Library of Congress). Ferner Empfehlungsschreiben Schönbergs im Kolisko-Nachlaß (jetzt Gesellschaft der Musikfreunde, Wien).

[7]) Berg wußte davon von H. Botstiber (nach einer Notiz im Berg-Nachlaß, Wien).

[8]) Berg-Nachlaß, Wien.

[9]) Berg an Polnauer, Brief (undatiert) (Wiener Stadtbibliothek).

[10]) Berg an Webern, Brief (Oktober 1912) (Wiener Stadtbibliothek). Die Annonce war nicht auffindbar. Berg versprach sich davon wenig Erfolg. Er berichtete Webern, daß sich daraufhin ein Dienstmädchen gemeldet hätte, das Zither lernen wollte.

[11]) Lt. Polnauer an Schönberg, Brief (undatiert) (Schönberg-Nachlaß, Los Angeles). Um welches „Volksheim" es sich dabei handelte, konnte nicht festgestellt werden.

[12]) Vgl. S. 142.

[13]) Lt. Notizbuch im Berg-Nachlaß; ferner Berg an Schönberg, Brief v. 29. 10. 1920 (Library of Congress).

[14]) *Musikblätter des Anbruch*, 3. Jg. (1921), Nr. 15/16, S. 299; Berg an Webern, Schreiben v. 28. 9. 1921 (Wiener Stadtbibliothek).

In welcher Weise Berg den privaten Unterricht regelte, läßt sich einem Schreiben an Kassowitz entnehmen: *„Ich möchte bei allen meinen Schülern die Honorierung meiner Stunden so regeln, daß sie am Ende eines jeden Monats geschieht. Da jeder Monat so ziemlich gleich viel ‚Stunden' ergibt, läßt sich das leicht abrunden. Es ist selbstverständlich, daß ich mich damit auch verpflichte, ... alle vereinbarten ‚Stunden' zu geben, d. h. wenn ich gezwungen bin abzusagen, oder Sie mich rechtzeitig um eine Verschiebung der Stunde bitten, die verlorengegangenen Stunden einzuholen. Sollte ich mich einmal auf längere Zeit von Wien entfernen ... werden natürlich die versäumten und nicht einzubringenden Stunden abgezogen."*[15])

Über Bergs Vortragsweise und Lehrmethode weiß man im Gegensatz zu Schönberg nur wenig. Die Schüler haben sich selten zu Wort gemeldet, und wenn, weichen ihre Aussagen beträchtlich voneinander ab. Gottfried Kassowitz hat beispielsweise berichtet, daß Berg zur Demonstrierung seiner Ideen niemals eigene Werke herangezogen hat[16]). Von Helmut Schmidt-Garré stammt hingegen die Mitteilung, daß er im Laufe des Unterrichts häufig auf eigene Werke zu sprechen kam[17]). Sicher ist, daß Berg zum Unterschied von Schönberg seinen Schülern von Anfang an mehr Freiheit eingeräumt hat und sie auch „modern" komponieren ließ. Von Kassowitz, der im übrigen auch von Schönberg unterrichtet wurde, wissen wir, daß er zur Stunde eigene Kompositionen mitbrachte und Berg sie mit ihm durchmachte. *„Berg war d e r wirkliche Lehrer unter allen Persönlichkeiten des Schönberg-Kreises. Es fehlte ihm weder die Liebe und das Einfühlungsvermögen noch die Geduld mit dem Schüler. Er lehrte Harmonielehre nach Schönbergs Methode, sah aber von Anfang an alle meine Kompositionen durch und urgierte solche, wenn ich später zögerte, sie ihm vorzulegen. Bei der Korrektur solcher Beispiele bemerkte er jeden Anflug von epigonalem Denken — sofort begab er sich zu seiner Bibliothek, holte dort eine Partitur und machte mich darauf aufmerksam, daß diese oder jene Wendung schon viel besser von diesem oder jenem Meister gebraucht worden war. Mit nachtwandlerischer Sicherheit hat er alles Unausgereifte, Nicht-zu-Ende-Gehörte herausgefunden. Es war ein Verhängnis, daß dieser ideale Lehrer nicht an der Wiener Akademie unterrichten durfte. Leider war man damals in unglaublicher Weise gegen ihn eingestellt."*[18])

Bergs Vorliebe galt der Harmonielehre, der Analyse und Formenlehre, weniger dem Kontrapunkt, was er selbst bestätigte[19]). Sein analytisches Denken und die Befähigung, das Charakteristische eines Werkes durch eine Analyse hervorzuheben, hat er in mehreren Publikationen, den sogenannten *Führern* zu Schönbergs Werken, unter Beweis gestellt[20]). In der Harmonie-

---

[15]) Berg an Kassowitz, Brief v. 23. 9. 1914 (Original vormals W. Hassfurther, Wien).
[16]) G. Kassowitz, Lehrzeit bei Alban Berg, in: ÖMZ, 23. Jg. (1968), H. 6/7, S. 323 ff.
[17]) Melos, 22. Jg. (1955), H. 2, S. 40.
[18]) G. Kassowitz, Lehrzeit bei Alban Berg, a. a. O., S. 323.
[19]) Berg an Schönberg, Brief, undatiert (Frühjahr 1912?) (Library of Congress).
[20]) Vgl. S. 65 ff.

lehre hatte er sich dank der Lehrzeit bei Schönberg und des genauen Studiums von dessen *Harmonielehre* umfassende Kenntnisse erworben. Dieses Werk, zu dem er auch ein vorbildliches Sachregister anlegte[21]), kannte er nach eigenen Worten *„wie kein zweiter"*[22]). Sein Unterricht war folglich ganz im Sinne der Schönbergschen Theorie.

Bergs Harmonielehrekurs hat sich in den Aufzeichnungen seiner Schüler leider nicht erhalten. Hingegen gibt es Material zu seiner Kontrapunktlehre, und auf diese wird im folgenden näher eingegangen[23]). Kontrapunkt unterrichtete Berg wie Schönberg nach den Grundprinzipien des Lehrbuches von Heinrich Bellermann, die nach Schönbergs Worten *„noch immer die besten waren"*[24]). Da eine Datierung der einzelnen Übungsbeispiele nicht gegeben ist, ist der Aufbau im Sinne des Bellermannschen Lehrganges angenommen. Über die Anfänge im strengen zwei- und dreistimmigen Satz fehlen die Unterlagen. Im zweistimmigen Satz finden sich nur Beispiele von Inventionen, im dreistimmigen Satz dagegen Übungen über einen Cantus firmus und im freien imitatorischen Satz, woran sich dreistimmige Inventionen schließen. Hiebei ist wiederum beim Einsetzen der Stimmen zwischen nebeneinander- bzw. außenliegenden Stimmen unterschieden. Im vierstimmigen Satz läßt sich der Lehrgang deutlicher verfolgen. Über einen Cantus firmus bewegen sich zwei Stimmen im Verhältnis Note gegen Note, die vierte hingegen läuft in Synkopen. In den folgenden Beispielen bewegen sich zwei bzw. drei synkopiert, und darauf folgt eine Übung mit zwei bewegten Stimmen und einer synkopierten über einen Cantus firmus. Beispiele dieser Gattung gibt es sowohl im 4/4- wie auch im 6/4-Takt. Bei falschen oder ungeschickten Fortschreitungen ist Bergs korrigierende Hand zu sehen. Der nächste Schritt wird erreicht, indem eine Stimme den Cantus firmus singt, eine zweite diesen stützt oder in halben Noten läuft, eine dritte sich in Synkopen und eine vierte in Viertelnoten bewegt. Auch diese Gattung wird in beiden Taktarten geübt, wobei der Cantus firmus in verschiedenen Tonlagen steht. Gelegentlich hat Berg bessere Stimmführungsmöglichkeiten am Rande notiert. Der Kontrapunkt wird immer reicher und bewegter, da in zwei Stimmen Viertelnoten eingefügt werden und auch die dritte Stimme sich freier zu bewegen beginnt. Vom vierstimmigen kontrapunktischen Satz ohne Cantus-firmus-Melodie folgt der Schritt zur Imitation. Abgesehen von der Übung von zwei durchimitierten Stimmen im vierstimmigen Satz gibt es Beispiele, die vom Schüler schon eine Systematik in der Konzeption verlangen. Die Übung beginnt mit einer Imitation im zweistimmigen Satz. Zu diesem zweistimmgen Satz tritt in der Folge eine dritte Stimme hinzu. Dieser dreistimmige Satz mit den Stimmen a, b, c

---

[21]) Vgl. S. 69, 159.
[22]) Berg an Schönberg, Brief (undatiert) (Library of Congress).
[23]) Ein Konvolut von Aufgaben im Kontrapunkt von der Hand Kassowitz' mit eigenhändigen Eintragungen von Berg befand sich im Besitz des Musikantiquars W. Hassfurther, Wien.
[24]) G. Kassowitz, Lehrzeit bei Alban Berg, a. a. O., S. 323.

bleibt weiterhin unverändert, nur wird ihm eine vierte Stimme d hinzu-
gefügt. Berg ließ dies mit verschiedenen Varianten üben, bis er als nächste
Aufgabe die Kopfimitation durch alle vier Stimmen stellte, und zwar in
Verbindung mit Modulationen von der Tonika zur Dominante oder auch
von C-Dur nach D-Dur oder C-Dur nach H-Dur. Modulationen nehmen
einen relativ großen Raum ein. Bei den Beispielen fällt überdies auf, daß auf
die inneren melodischen Zusammenhänge der Stimmen — sofern nicht eine
direkte Imitation vorliegt — besonderes Augenmerk gerichtet wurde. Ver-
größerungen, Umkehrungen, einem Themenkopf verwandte Melodiefolgen
sind stets besonders gekennzeichnet.

Erst wenn der Schüler den vierstimmigen Satz beherrschte, wurden
Canon und Fuge erarbeitet. Auf einem Notenblatt in Bergs Handschrift
heißt es: „1) 2 stimmige Canons (auch unendliche) 2) zu 2 stimmigen Canons
eine 3te Stimme, dann dazu eine 4te . . . im selben Beispiel die neuen Stimmen wechseln . . .“ An Kanons, die unter seiner Anleitung gearbeitet wurden, hat sich vor allem eine Reihe von zweistimmigen erhalten. Wei bei
allen anderen Beispielen handelt es sich um alte Sätze, wofür auch alte
Schlüssel (Sopran-, Alt- und Tenorschlüssel) verwendet werden. Die Themen
bewegen sich vorzugsweise im Bereich der Quart, der einleitende Quart-
sprung mit nachfolgender Terz als das klassische Beispiel für den Beginn
eines Themas ist hier nahezu zur Regel erhoben. Gelegentlich begegnen
auch Themen von Schönberg, die nicht näher bezeichnet sind und sich auch
nicht in Schönbergs gedruckten Werken nachweisen ließen. Es handelt sich
jedoch zweifellos um Beispiele, die bei Berg und nicht bei Schönberg gearbeitet wurden, da sie Korrekturen von der Hand Bergs aufweisen. Vom
Satz her sind die Beispiele im strengen respektive in dem nach Johann
Sebastian Bachs Werken orientierten Stil geschrieben.

Ferner wurden im Kontrapunktkurs auch Choralbearbeitungen geübt.
Ein erhaltenes Übungsbeispiel aus der Matthäus-Passion von Bach zeigt
enge Zusammenhänge der kontrapunktischen Figuration mit dem Original-
thema.

Wie zu Bergs Unterricht in der Formenlehre und Instrumentation fehlen
auch die Quellen zu seiner Kompositionslehre. Eine kennzeichnende Formulierung einer diesbezüglichen Unterrichtsstunde — und diese nur mündlich[25]) — hat einmal Fritz Heinrich Klein gegeben: „Der Schüler brachte
eine neue Komposition in die Stunde und trug sie vor. Mitunter spielte auch
Berg die ihm vorgelegte Arbeit durch. Was Berg nach Durcharbeit des
Ganzen in erster Linie beanstandete, waren Fragen der musikalischen Form.
Er belehrte den Schüler, die Logik im Aufbau nicht zu mißachten und sich
auf die thematische Entwicklung zu konzentrieren. Melodische Verschwen-
dung schätzte er nicht, sondern wichtig erschien ihm die zwingende Funktion
eines einmal gewählten thematischen Einfalls. Seine eigene Befähigung zum

---

[25]) Mündliche Mitteilung von F. H. Klein (Linz) an den Verf.

*analytischen Erfassen einer Komposition versuchte er auch auf den Schüler
zu übertragen. Bisweilen konnte es geschehen, daß er mit dem Schüler die
Komposition umarbeitete.*

Nach Abschluß seiner eigenen Lehrzeit hat es Berg verständlicherweise
bei der Beurteilung von fremden „modernen" Werken an Erfahrung ge-
fehlt. So revidierte er gelegentlich selbst mehrmals seine eigene Meinung.
Die Gattin des Schönberg-Schülers und späteren Karikaturisten Fred Dolbin,
selbst eine Komponistin, hat uns hiezu ein bemerkenswertes Dokument
hinterlassen. Sie wollte ihre Arbeiten Schönberg vorlegen, da dieser aber
nicht erreichbar war, ging sie zu Berg: *„Also wir kamen zu Berg, spielten
und sangen ihm meine Sachen vor und er sagte sofort, ‚das können Sie ruhig
aufführen'. Später fand er (wie ich es erwartet hatte) formale Fehler und
behielt sich vor, sich nach Durchsicht der Lieder das Nähere zu äußern.
Über mein Talent sagte er mir sehr Schönes, so daß ich höchst stolz davon
ging. Dann schrieb er und sprach er meinen Mann, riet von der Aufführung
ab ... da formale Schwächen da seien, deren Kritisierung mir für später
schaden könne ..."*[26])

Interessant ist auch hier, daß Berg vor allem am formalen Aufbau
Mängel entdeckte. Form und Aufbau einer musikalischen Komposition
waren für ihn maßgebend, und darin hat er seinen Schülern wohl das
Wesenlichste gelehrt.

Wie Schönberg gab auch Berg Aufträge an seine Schüler weiter, die seine
eigenen Werke betrafen. Kassowitz arbeitete beispielsweise an der Kopiatur
der *Orchesterstücke op. 6* bzw. überwachte die Arbeit der Kopisten[27]). Von
seiner Hand stammt auch die erste Abschrift des Bergschen Klavierauszugs
zu den *Orchesterliedern op. 4*[28]). Ferner wurde er zu Korrekturarbeiten an
dem von Berg selbst herausgegebenen *Streichquartett op. 3* und den *Klarinettenstücken op. 5* herangezogen[29]). Die *Wozzeck-Bruchstücke* hatte er
gleichfalls zu kollationieren[30]), hingegen Herbert Strutz und Fritz Mahler
mit der *Wozzeck-Partitur* und den Stimmen beschäftigt waren[31]). Fritz
Heinrich Kleins Klavierauszug zum *Wozzeck* entstand als Schülerarbeit
unter Bergs Aufsicht[32]), die so gut ausfiel, daß Klein später auch den Auszug zum *Kammerkonzert* herstellen durfte.

Fehlte Berg auch die Schönbergsche *„Leidenschaft zum Unterricht"*, besaß er doch die Begabung, seine Schüler mit Geschick an die verschiedensten
Probleme der Theorie und Praxis heranzuführen.

---

[26]) Else Dolbin an Schönberg, Brief (undatiert) (Schönberg-Nachlaß, Los Angeles).
[27]) Vgl. S. 94, Anm. 108.
[28]) Originalmanuskript und verschiedene Korrespondenzstücke darüber befanden sich im
  Besitz von W. Hassfurther, Wien.
[29]) Vgl. Anm. 28.
[30]) Vgl. Anm. 28.
[31]) Entnommen der Korrespondenz Bergs mit Strutz (Originale im Besitz von I. Nebehay,
  Wien); zu F. Mahler vgl. E. Hilmar, a. a. O., S. 28.
[32]) Vgl. Anm. 25.

Bergs musikschriftstellerische Tätigkeit in den Jahren 1918 bis 1925

Pläne und Ausgeführtes

Anläßlich eines Besuches bei Alma Mahler und Werfel im Juni 1918 schlug man Berg vor, er solle sich *„der Schreiberei widmen"*[1]). Zunächst dachte man an seine Beteiligung an der erst 1917 gegründeten Zeitschrift *Der Friede*. Auch Schönberg, der 1919 darin zu Wort kam, versuchte Berg für die Musikschriftstellerei zu erwärmen[2]). Eine Mitarbeit Bergs am *Friede* ist nicht nachweisbar. Vermutlich blieb ihm keine Zeit, da der *Verein für musikalische Privataufführungen* ihn zu verschiedenen Aufgaben heranzog und er sich dort durch die Abfassung von Prospekten publizistisch betätigte[3]).

Als im Jahr 1919 im Rahmen der Universal Edition die Herausgabe einer Zeitschrift ins Auge gefaßt wurde, die dann unter dem Titel *Musikblätter des Anbruch* erschien, wurde Berg zur Mitarbeit eingeladen. Am 16. Juni 1919 gab er dem verantwortlichen Herausgeber Otto Schneider zu verstehen, auf welche Weise er sich diese vorstellen könnte: *„Auf Ihre Einladung vom 3. Juni d. J., teile ich Ihnen mit, daß ich zur Mitarbeit an den Musikblättern gerne bereit bin und Ihnen gelegentlich diesbezügliche Vorschläge oder Aufsätze einsenden werde. Ich kann Ihnen schon heute sagen, daß ich mich hauptsächlich auf musiktheoretischem Gebiete betätigen will und — soweit dies einzelne Werke oder dessen Autor tangiert — es auch in Form von Essays, Einführungen oder lediglich Besprechung geschehen wird . . ."*[4]) Am 12. August ließ er Schneider jedoch wissen, daß er nicht in der Lage wäre, sich an der ersten Nummer zu beteiligen[5]). Erst im Juniheft 1920 erschien ein Aufsatz aus seiner Feder[6]).

Kurz vor seiner Abreise auf den Berghof im Dezember 1919 erreichte ihn ein Auftrag der Universal Edition, einen Führer zu Schönbergs *Pelleas und Melisande* bis Jänner 1920 herzustellen[7]). Wenig später kam ein Schreiben Schönbergs, das ein verlockendes Angebot beinhaltete: *„Der Verlag E. P. Tal & Co. schreibt mir, daß er in einer Reihe von Monografien über führende Künstler (Debussy, Reger, Marx etc.) als erstes Buch eines über mich im Umfang von ungefähr 10 Bogen in Romanformat (ca. 160 Seiten) veröffentlichen möchte und ersucht mich, jemand dafür vorzuschlagen. Ich frage Dich als Ersten: Die Arbeit müßte jedoch, wie er schreibt, sofort in Angriff genommen werden, da das Buch im September herauskommen soll. Ich*

---

[1]) Briefe an seine Frau, Nr. 266.
[2]) Ebenda, Nr. 271. A. Loos' „Richtlinien für ein Kunstamt" erschienen im Band 3 (1919), Nr. 62; Schönberg schrieb darin das Kapitel über die Musik.
[3]) A. a. O.; vgl. das Kapitel über den „Verein für musikalische Privataufführungen".
[4]) Original im Archiv der Universal Edition.
[5]) Universal Edition.
[6]) Vgl. S. 152, Anm. 15.
[7]) Berg an Johanna Berg, Brief v. 28. 12. 1919, in: Briefe an seine Frau, Nr. 314.

stelle mir vor, daß es dann wohl spätestens Ende März (Anfang April) in Druck müßte . . ."[8])

Berg war jedoch wegen der Bewirtschaftung des Berghofs und der bevorstehenden Verkaufsverhandlungen[9]) zu seinem größten Bedauern nicht imstande, die Arbeit anzunehmen: *„Über Dich einmal etwas Größeres schreiben zu dürfen, mir hiefür Zeit und alle Kraft zu nehmen . . . war mir immer . . . der größte Wunsch. Ich möchte — neben dem Komponieren — am liebsten überhaupt nichts anderes tun als Führer, Analysen, Aufsätze über Dich und Dein Werk und Auszüge Deiner Kompositionen herstellen . . .*"[10]) Schönberg wollte eine rasche Zusage, und Berg war in großer Verlegenheit[11]). Schließlich sagte er aber Schönberg am 21. Jänner 1920 ab[12]). Mitte Februar arbeitete er dann an der endgültigen Fassung des kurzen Führers zu Schönbergs *Pelleas und Melisande,* in dem er nach Reich *„mit Notenbeispielen den symphonischen Aufbau des Werkes nachwies*"[13]).

Obgleich mit Arbeiten am Berghof und später im Verein überhäuft, ließ ihn der Gedanke an die Musikschriftstellerei nicht los. Kassowitz und Webern berichtete er ausführlich von seinen Absichten[14]). Im Juni 1920 erschien in den *Musikblättern des Anbruch* sein polemisch gehaltener Aufsatz mit dem Titel *Die musikalische Impotenz der ‚neuen Ästhetik' Hans Pfitzners*[15]). Anlaß zu dieser Auseinandersetzung war Pfitzners Schrift *Die neue Ästhetik der musikalischen Impotenz. Ein Verwesungssymptom?*[16]), worin dieser gegen die zeitgenössische Musik zu Felde zieht und ihr Einfall, Melodik, Harmonik, Gefühl, kurz: echte musikalische Eingebung abspricht. Da diese Spitze auch gegen Schönberg gerichtet war, zeigte Berg sich verärgert und versuchte eine „Rehabilitierung" der Moderne. Er hielt Pfitzner die einseitige Betrachtungsweise vor, die Mängel in seiner sachlichen Darstellung, und verwies darauf, daß es auch in der zeitgenössischen Musik *„schöne und gesangliche"* Melodien gäbe, wie beispielsweise das Seitenthema der Schönbergschen *Kammersymphonie op. 9.* Webern und auch Schönberg gefiel der Aufsatz, aber nicht Frau Mahler, die einer derartigen Polemik ausweichen wollte[17]). Berg selbst fand den Beitrag nicht scharf genug und äußerte Bedenken. Er hatte eigentlich daran gedacht, nur den äußerlichen Respekt zu wahren und das Buch vollinhaltlich zu brandmarken. *„Das ist alles viel zu mild"*, schrieb er darüber an Schönberg[18]).

---

[8]) Schönberg an Berg, Brief v. 12. 1. 1920 (Berg-Nachlaß, Wien).
[9]) Vgl. dazu S. 20.
[10]) Berg an Schönberg, Brief v. 15. 1. 1920 (Library of Congress).
[11]) Zu dieser Zeit war er überdies noch mit Vereinsarbeit beschäftigt.
[12]) Library of Congress.   [13]) Reich, Schönberg, S. 25.
[14]) Vgl. das Kapitel über den „Verein . . .", Anm. 57.
[15]) *Musikblätter des Anbruch,* 2. Jg. (1920), Nr. 11—12, S. 399—407.
[16]) München 1920.
[17]) Webern an Berg, Brief v. 14. 7. 1920 (Berg-Nachlaß, Wien). Berg an Schönberg, Brief v. 21. 7. 1920 (Library of Congress).
[18]) Brief v. 9. 7. 1920 (Library of Congress).

Im Juni 1920 verhandelte er mit Otto Schneider von der Universal Edition und entschloß sich zur ständigen Mitarbeit an den *Musikblättern des Anbruch*. Über die Redaktion des *Anbruch* erfuhr er auch von einer geplanten Broschüre über Alexander v. Zemlinsky. „*Ich habe (dazu) kolossale Lust und hätte über diese Musik, die mir so sehr ans Herz gewachsen ist, sehr vieles und Aufschlußreiches zu sagen ...*"[19]) Er dachte daran, im *Anbruch* vorerst einmal einen Aufsatz „*als Vorübung für eine Monographie*" zu schreiben und dann erst mit dem Studium der Werke zu beginnen sowie biographische Daten zu sammeln[20]). Das Buch sollte im Verlag Tal & Co. erscheinen. Berg konnte es ebensowenig wie die Monographie über Schönberg verwirklichen. Stattdessen war er „*seit Wochen*" mit den Vorarbeiten für die von ihm zu redigierenden Hefte des *Anbruch* beschäftigt. „*Mein Bestreben hiebei ist, mir zu Beginn meiner Tätigkeit bei der U. E. einen Vorrat von Artikeln für mindestens 3, 4 Nummern zu verschaffen, um immer in der Lage sein zu können, die einzelnen Nummern bewußt und absichtlich zu gestalten.*"[21]) Am 24. Juni 1920 war zwischen ihm und der Universal Edition ein Vertrag geschlossen worden, wonach er ab 1. September 1920 die Leitung der Wiener Redaktion des *Musikblätter des Anbruch* übernehmen sollte[22]). Berg war berechtigt, in den Monaten Juli, August von Wien fern zu bleiben, hatte jedoch dafür Sorge zu tragen, „*daß die beiden in diesen Monaten erscheinenden Nummern ordnungsgemäß herausgebracht werden können*"[23]).

Am 14. Juli erbat er sich von der Universal Edition das Buch von Walter Krug über *Die neue Musik*[24]). „*Ich beabsichtige, im Anschluß an diese Schmähschrift, eine Reihe von höchst aktuellen und zeitgemässen Artikeln über die von Krug angegriffenen Komponisten Debussy, Strauss, Mahler, Reger und Schönberg für die Anbruchblätter zu verfassen ...*"[25])

Berg hatte große Pläne. Unter anderem dachte er an die Herausgabe einer Schönberg-Nummer und an einen Beitrag über Webern. Das Schönberg-Heft sollte noch 1920 erscheinen[26]). An Webern schrieb er: „*... Ich wollte schon immer das Verzeichnis Deiner Werke. Nun, wo es sich möglicherweise ergeben wird, daß ich etwas über Dich schreiben werde können, benötige ich es geradezu. Mein langjähriger Wunsch, dies zu tun, wird sich jetzt vielleicht mit der Absicht Hertzkas, einen Autor der Universal Ed(ition) zu propagieren, decken und mir die Erfüllung dieses meines Wunsches ermöglichen. Also bitte: ein Verzeichnis alle Deiner Werke, mit Jahreszahlen, Aufführungen ev. Bearbeitungen. Dann, wenn Du so gut wärst, auch die wichtigsten Daten Deines Lebens ...*"[27]) Zugleich bat er ihn um seine Mitarbeit am *Anbruch* und im besonderen am Schönberg-Heft.

---

[19]) Siehe Anm. 18.   [20]) Ebenda.
[21]) Berg an O. Schneider, Brief v. 14. 7. 1920 (Universal Edition).
[22]) Abschrift siehe Anhang 6.   [23]) Ebenda.
[24]) Erschienen bei Rentsch in Erlenbach b. Zürich 1920.   [25]) Vgl. Anm. 21.
[26]) Berg an Hertzka, Brief v. 23. 7. 1920 (Universal Edition). Ein Schönberg-Heft kam 1920 nicht zustande. Am Heft 1924 arbeitete Berg mit (vgl. S. 160 f.).
[27]) Berg an Webern, Brief v. 26. 7. 1920 (Wiener Stadtbibliothek).

*„Du mußt mir auch für den Anbruch schreiben. Du hast so viel zu sagen
über Musik und über Kunst; über Deine Auffassung der Welt auf Grund
der Entsprechungen. Und mir ist alles recht, worüber Du schreiben willst;
ja mehr als das, ich sehne mich menschlich und künstlerisch darnach — und
brauche es auch, wenn ich mein Ziel, das mir mit dem Anbruch vorschwebt,
erreichen will. Bilde Dir nicht ein, daß Du ‚nicht gut schreibst‘. Ich wollte,
ich könnte mich so kurz und klar ausdrücken wie Du. Wie kompliziert
kommt das alles bei mir heraus — und wie leicht wird es also mißverstan-
den . . . Wenn es Dir also irgendwie möglich ist, schreibe bitte etwas. Glaub’
mir: neben Schönberg, wärst Du mir der erwünschteste Mitarbeiter."*[28])

Indessen war er wohl selbst voller Zweifel, ob er die an ihn herankom-
menden Aufgaben bewältigen würde. Drei Wochen nach dem oben zitierten
Schreiben sprach er diese Zweifel Webern gegenüber auch aus. *„. . . Ich sehe
meiner nächsten Zukunft auch mit Angst entgegen. Werde ich allen Wider-
ständen (Hertzka, die Verlagsinteressen, Dr. Schneider in Berlin, das Nir-
gendsanstoßen, sich nirgends verfeinden, wie sich das Hertzka vorstellt)
trotzen können. Vollständig concessionslos bleiben können? — Das ist das
Negative! Und gar das Positive: werde ich wirklich das leisten können,
was Noth tut . . . allein: die Aufsätze zusammenbringen, die so ein Heft,
und 14 Tage dar[a]uf wieder eines und so 20 mal im Jahr! — füllen. Meine
bisherige Tätigkeit hat fast kein Ergebnis gehabt. Glaub mir: ich habe
deswegen schon viele schlaflose Nächte gehabt und mir gewünscht, ich hätte
nichts mit dem Anbruch angefangen . . . Ja, d a s schreiben, was mir passt
und es dort unterbringen, wo es angenommen wird. Aber nun die gesamte
Verantwortung übernehmen in einem so schlüpfrigen — den Journalismus
streifenden Geist. Wahrlich, wenn ich nicht wüßte, wenn ich nicht vor der
Notwendigkeit stünde, mir eine Existenz zu schaffen, ich schriebe heute
noch dem Hertzka ab, komme, was da wolle, und bliebe den Winter über
hier [in Trahütten] und komponierte und instrumentierte die Oper (Wozzeck) fertig. So aber, wie gesagt, hab’ ich nunmehr meine nächste Zukunft
(oder die ganze?) auf eine ‚Carriere‘ stellen müssen (welch’ ekelhaftes Wort),
die ja gleichbedeutend ist mit Existenzmöglichkeit — und werfe mich also
ab 1. September der Öffentlichkeit in die Arme . . ."*[29])

Unter den Vorarbeiten sind auch Pläne für eine Schweizer Sondernummer des *Anbruch*. Berg hatte sich im Winter 1919/20 im Interesse des *Vereins für musikalische Privataufführungen* mit der zeitgenössischen Schweizer
Musik befaßt und wollte diese erworbenen Kenntnisse auswerten[30]).

In der zweiten Hälfte August arbeitete er an einem Beitrag, zu dem ihn
zwei Feuilletons in Wiener Zeitungen angeregt hatten[31]). Nach Reich

---

[28]) Siehe Anm. 27. Webern hat bekanntlich nicht im *Anbruch* geschrieben.
[29]) Berg an Webern, Brief v. 14. 8. 1920 (Wiener Stadtbibliothek).
[30]) Berg an Hertzka, Brief v. 18. 8. 1920 (Universal Edition).
[31]) Die Feuilletons hießen: „Nachlaß zum Wiener Musikfest", in: *Neue freie Presse*, Wien,
17. 7. 1920; „Gegen die moderne Musik", in: *Neues Wiener Journal*, Wien, 11. 7. 1920.

lautet der Titel seines Beitrages *Zwei Feuilletons. Ein Beitrag zum Kapitel
„Schönberg und die Kritik"*[32]). Ein offensichtlich von Reich nicht benutztes
Originalmanuskript — die für den Druck bestimmte Vorlage! — trägt den
Titel *Wiener Musikkritik*[33]). Berg berichtete im August 1920 an Kassowitz,
daß er an diesem Artikel arbeite[34]). *„Wie widerlich erscheint mir jenes im
Vergleich zu diesem [d. i. Komponieren]. Aber es muß sein ... Es wird ein
‚Zwei Feuilletons' betitelter Artikel, wo ich die Musikkritik im allgemeinen,
aber [Julius] Korngold, [Max] Kalbeck und die [Elsa] Bienenfeld im
speciellen angreife ..."* Diese im Grunde berechtigten Angriffe hielten
Hertzka davon ab, den Artikel anzunehmen. Sie hätten Berg bei der Wiener
Kritik nur geschadet. Über Paul Pisk erfuhr Berg von Hertzkas Bedenken.
So bat er ihn, den Beitrag in einer anderen Zeitschrift veröffentlichen zu
dürfen. Er war fest entschlossen, *„diese Sorte niedrigster Journalisten, ...
diese Schädlinge mit ihren versteckten Gemeinheiten und Bosheiten (anzu-
prangern)"*[35]). Hertzka war vor allem wegen der Angriffe gegen Korngold
aufgebracht und bewog Berg, den Beitrag nochmals umzuarbeiten. Die ge-
änderte Fassung sollte in der von Hermann Scherchen gegründeten Zeitschrift *Melos* erscheinen. Zuvor erbat sich Schönberg Einsicht in das Manuskript und äußerte sich dann wie folgt dazu: *„Ich halte es nicht für gut,
daß Du Dich mit den Journalisten herumschlägst. Es verschärft den Hass,
verringert die Verachtung, nützt somit den Journalisten und schadet Dir!
Ich bin nicht praktisch! Aber man müßte rein jede (Minute?) dem Kampf
mit den Journalisten widmen. Und wohin das führt, zeigt Kraus, der einen
Gefangenen gemacht hat, der ihn nicht ausläßt. Schließlich ist Kraus heute
nicht mehr Herr seiner Zeit und kann sich seine Stoffe auch nicht mehr,
weder von seinen Neigungen, noch von seinen Abneigungen eingeben lassen,
sondern erhält sie zwangsläufig, durch die Angriffe, gegen die er sich jetzt
zu wehren hat ..."*[36]) Berg sandte den Beitrag dennoch an *Melos*, erhielt
ihn aber im Juni desselben Jahres zurück[37]). So blieb der Aufsatz zeit seines
Lebens ungedruckt.

Am 1. September 1920 sollte Berg die Redaktion der *Musikblätter des
Anbruch* übernehmen. Ein diesbezüglicher Vermerk findet sich auch in den
Mitteilungen Nr. 18 des Vereins für musikalische Privataufführungen[38]).
Ein körperlicher Zusammenbruch vereitelte aber alle weiteren Pläne, und
so mußte Berg der Universal Edition am 29. September 1920 mitteilen, daß
er seinen Verpflichtungen beim *Anbruch* auf Anraten der Ärzte nicht nachkommen könnte[39]). Er schlug Paul Pisk als Nachfolger vor, der für ihn be-

---

[32]) Reich, S. 207—214.
[33]) Original im Schönberg-Nachlaß. Es handelt sich um die als Druckvorlage gedachte
Reinschrift.
[34]) Berg an Kassowitz, Brief v. 23. 8. 1920 (Original vormals W. Hassfurther, Wien).
[35]) Berg an Hertzka, Brief v. 17. 12. 1920 (Universal Edition).
[36]) Schönberg an Berg, Brief v. 16. 1. 1921 (Berg-Nachlaß, Wien).
[37]) Briefe an seine Frau, Nr. 358.
[38]) Wiener Stadtbibliothek.   [39]) Vgl. S. 142.

reits verschiedene Arbeiten geleistet hatte. Die *„Marschroute des Anbruch"* wäre ja durch Hertzka, Schneider, durch Schönbergs Ideen und seine eigenen Pläne vorgezeichnet[40]). An Hertzka schrieb er, daß ihm die Ärzte für Monate jede Tätigkeit untersagt hätten, die viel Zeit, Regelmäßigkeit, Pünktlichkeit und Verantwortlichkeit verlangen würde. Bis er dann wieder eingearbeitet wäre, vergingen Wochen. Schließlich hatte er im Sommer zwei volle Monate gebraucht, um sich vorzubereiten. So schlug er ihm vor, den Vertrag einvernehmlich zu lösen[41]).

Im November 1920 ging es Berg gesundheitlich bereits wieder besser und er befaßte sich mit Arbeitsplänen, die auf Schönbergs Anregungen zurückgingen. In einem Schreiben Schönbergs aus dieser Zeit heißt es: *„Ich wollte Dir sagen; wenn du wieder eine Analyse eines meiner Werke (z. Bsp. II. Quartett oder Orchesterstücke) machst, so ausgezeichnet ‚Kammersymphonie' und ‚Pelleas' sind, solltest du doch sie nicht bloß so anlegen, daß sie fast nur an der Hand der Partitur verständlich ist, sondern, bei der Aufführung wenigstens, auch ohne Noten verstanden werden kann. In dieser Hinsicht ist ja der Gurreliederführer ausgezeichnet, wenn auch zuviel ‚wissenschaftlicher Text' . . . Aber dem fehlt alle Anschaulichkeit. Wenn du nun hier ein Mittelding finden könntest: Bezeichnungen, die nicht soviel Gedächtnis beanspruchen und rascher zu dechiffrieren sind und dazu viele, teils analysierende Beispiele, die du ja ausgezeichnet machst, teils bloß citierend — und im Text einen Unterschied zwischen Beschreibung und Analyse, etwa die letzteren in kleinerem Druck und eigenen Absätzen, zusammengefaßt und verbunden mit (einer) aufklappbaren Notenbeispieltafel, diese aber in der Weise, daß mehrere im ganzen Heft sind, etwa nach je 6—8 Seiten eine, auf beiden Seiten bedruckt, so daß die Vorderseite für die vorangehenden, die Rückseite für die folgenden Seiten anzuwenden ist, so könnte ohne viel Kosten, etwas noch besseres herauskommen und du wärst nicht auf so wenige Beispiele beschränkt. In einem Heft von 20 Seiten könnten 2 Tafeln, eine davon doppelseitig sein. Die ersten nach ca. 8 Seiten (für 3—8 und 9—15) die 2. am Schluß für den Rest . . . Anfangs des nächsten Jahres spielt das Rebner-Quartett hier (Zandvoort) eines meiner Streichquartette: Ich weiß nicht welches. Vielleicht entschließt sich Hertzka, deren Analyse herauszugeben . . .“[42])*

Schönberg ließ hier durchblicken, daß er mit Bergs bisherigen Führern zu seinen Werken nicht ganz einverstanden war. Entweder waren sie ihm zu unübersichtlich oder nur anhand der Partitur zu verwenden. Berg griff sogleich den Gedanken an einen Führer zu Schönbergs *Streichquartetten* auf, kam aber wegen anderer Arbeiten nicht dazu. Im November erhielt er vom Verlag Halbreither in München ein Angebot, ein Buch über Schönberg

[40]) Berg an Kalmus, Brief v. 29. 9. 1920 (Universal Edition).
[41]) Berg an Hertzka, Brief v. 28. 11. 1920 (Universal Edition).
[42]) Schönberg an Berg, Brief v. 12. 11. 1920 (Berg-Nachlaß, Wien).

zu schreiben[43]). Schönberg war über diese Nachricht sehr erfeut: *„Dass du einen Antrag auf ein Buch über mich bekommen hast, freut mich sehr … Dass du nur über die Musik schreiben willst, deckt sich mit meinen Wünschen. Ich meine: alles Biographische ist bei mir höchst uninteressant und ich finde die Veröffentlichung irgendwelcher Details für peinlich. Ein paar Ortsangaben, Daten der Kompositionen, mehr ist kaum zu sagen … Von Interesse wäre es, an der Hand von Noten, meine Entwicklung darzustellen. Ich bin überzeugt, du weißt von selbst das Richtige."[44])* Am 12. Dezember konnte Berg an Schönberg berichten, daß der Vertrag darüber unterzeichnet wäre und das Buch am 1. März druckfertig vorliegen würde[45]).

„An dem Buch über Dich arbeite ich täglich; aber es erfordert viel Vorarbeit, bevor etwas sichtbar wird, was mehr als Notizen darstellt. Es wäre eigentlich ein Stoff für ein viele hundert Seiten umfassendes Werk. Und es ist schwer, nur das wichtigste davon zusammenzufassen … Sehr beschäftigt mich, all den Blödsinn von Atonalität, Impressionismus und Expressionismus richtig zu stellen …"[46]) Es ging ihm in dem Buch darum, die *„Entwicklung von Schönbergs Musik lückenlos zu beweisen"[47])*. Schönbergs musikalisches Schaffen war der zentrale Punkt dieser Publikation, und damit sollte sie sich wesentlich von jener von Wellesz abheben, die bei Tal in München erschien[48]) und worin in erster Linie Schönbergs Lebensweg dargestellt wurde[49]). Berg sammelte umfangreiches Material und skizzierte mehreres zu den einzelnen Kapiteln, aber kam zu keiner zusammenhängenden Niederschrift. Er selbst berichtete Schönberg, daß er damit *„nicht recht vom Fleck (käme)"[50])*. Der letzte Hinweis findet sich im Jänner 1923, als Schönberg die Universal Edition beauftragte, Berg den Klavierauszug der Erwartung zu senden, da dieser an einem Buch über ihn arbeite[51]). Im Berg-Nachlaß hat sich ein großes Konvolut mit Aufzeichnungen dazu gefunden, und dieses wird eines Tages der Schönberg-Forschung sicherlich gute Dienste leisten[52]).

---

[43]) Berg an Schönberg, Brief v. 26. 11. 1920 (Library of Congress).
[44]) Schönberg an Berg, Brief v. 8. 12. 1920 (Berg-Nachlaß, Wien).
[45]) Berg an Schönberg, Brief v. 12. 12. 1920 (Library of Congress).
[46]) Berg an Schönberg, Brief v. 26. 12. 1920 (Library of Congress).
[47]) Berg an Schönberg, Brief v. 12. 2. 1921 (Library of Congress).
[48]) Vgl. Anm. 8. E. Wellesz hatte das Buch bei Thal anstelle von Berg geschrieben.
[49]) *„(Wellesz' Buch) ist im Ganzen überraschend gut. Einige Unrichtigkeiten sollten noch verbessert werden. Das schwächste sind die Analysen, die gar keine Vorstellung geben. Davor mußt du dich hüten! Lieber von jedem Werk einen einzelnen Fall herausheben und über den etwas kurzes, charakteristisches sagen. Gut ist, daß er (Wellesz) viel über Technisches redet. Dadurch entfällt alles Sentimentale und Schwulstige. So kann man auch den Leuten allmählich, das eine oder das andere musikalisch begreiflich machen. Insbesondere wenn man sie über die Melodie aufklärt. Was ich eigentlich sage: Ich werde froh sein, wenn in absehbarer Zeit die Oberfläche verstanden wird"* (Schönberg an Berg, Brief v. 25. 1. 1921. Library of Congress).
[50]) Berg an Schönberg, Brief v. 28. 6. 1921 (Berg-Nachlaß, Wien).
[51]) Schönberg an Rothe, Brief v. 1. 1. 1923 (Universal Edition).
[52]) Das Konvolut wurde noch nicht gesichtet.

Die Arbeit am Schönberg-Buch wurde offensichtlich unterbrochen, als Berg mit der Herstellung des Registers zur zweiten Auflage der Schönbergschen *Harmonielehre* beauftragt wurde. Schönberg arbeitete im Sommer 1920 an einer verbesserten Auflage des Lehrbuches. Im Juli des darauffolgenden Jahres erbat Berg sich den Umbruch[53]). Er wollte sich bei der Anlage des Registers von seinem Schüler Fritz Mahler helfen lassen, der erst vor kurzem die Harmonielehre studiert hatte und darüber genaueste Kenntnis besaß. Andere schienen ihm nicht verläßlich genug[54]). Schönberg hatte dagegen nichts einzuwenden. *„Beim Register kannst du dir sehr gut helfen lassen. Ich habe auf beiliegendem Zettel das Schema dafür aufgestellt ... Ich weiß nicht, wie deine alten Notizen zum Register aussehen. Aber wenn du etwa in einem alten Exemplar die Schlagwörter unterstrichen hast, so wäre das sehr günstig. Denn diese Unterstreichung ins neue Exemplar zu übertragen ist wenig Mühe und wäre die größere Hälfte der Arbeit überhaupt. Jedenfalls: das alte Register war so ausgezeichnet, daß eine Änderung vollkommen überflüssig ist. Alles Mechanische daran könnte irgendein sorgfältiger Arbeiter machen. Deine Arbeit ist nur das Neue und eventuell — Kontrolle!“*[55]) Berg gefiel die Neuauflage der *Harmonielehre* ausgezeichnet: *„Durch Hinzufügen der Richtlinien hat die Klarheit des Buches, die praktische Verwendbarkeit ... unendlich gewonnen.“*[56]) Das gesamte Register wurde, wie schon 1911, für die Druckvorlage handschriftlich ausgeführt[57]). Korrekturen las neben Berg auch Erwin Stein.

Im Februar 1924 erschien in der führenden deutschen Musikzeitschrift *Die Musik* ein Beitrag Bergs mit dem Titel *Die musikalischen Formen in meiner Oper ,Wozzeck'*. Dieser Aufsatz war gegen den Artikel des Wiener Theorielehrers und Komponisten Emil Petschnig gerichtet, der zuvor in derselben Zeitschrift gegen Berg polemisiert hatte[57a]).

Im Sommer 1924 arbeitete Berg an einem Artikel für ein Sonderheft des *Anbruchs*, das Schönberg 50. Geburtstag gewidmet war[58]). Mit dem Thema *Warum ist Schönbergs Musik so schwer verständlich?* hatte er sich viel vorgenommen: erstmals ergriff er damit öffentlich das Wort, um einer gerne diskutierten Problematik auf den Grund zu gehen. Berg war neben Webern und Erwin Stein mit dem Werk Schönbergs besonders vertraut. So ist es verständlich, daß er Schönbergs *Streichquartett d-Moll* zum Ausgangspunkt seiner Betrachtungen nahm. Dieses Werk zeigt zum erstenmal den charakteristischen Schönbergschen Stil, die Meisterschaft in der Anwendung

---

[53]) Berg an Universal Edition, Brief v. 30. 7. 1921 (Universal Edition).
[54]) Berg an Schönberg, Brief v. 4. 8. 1921 (Library of Congress).
[55]) Schönberg an Berg, Brief v. 9. 8. 1921 (Berg-Nachlaß, Wien).
[56]) Berg an Schönberg, Brief v. 12. 6. 1922 (Library of Congress).
[57]) Lt. Schönberg an Berg, Brief v. 18. 7. 1922 (Berg-Nachlaß, Wien).
[57a])Bergs Beitrag ist in *Die Musik XVI* (1924), Nr. 5, S. 587—589, abgedruckt; Petschnigs Beitrag nennt sich „Atonales Opernschaffen", in: *Die Musik XVI* (1923/24), Nr. 5, S. 340.
[58]) Berg an Webern, Brief v. 24. 7. 1924 (Wiener Stadtbibliothek).

thematischer, kontrapunktischer und rhythmischer Elemente. Eine ganz außergewöhnliche Polyphonie tritt hier zutage, die vom Hörer Fähigkeiten verlangt, die anfangs nur von wenigen erbracht werden konnten: es gab hier keine untergeordneten Stimmen, sondern gleichwertige Stimmen, deren Bewegungsablauf sich mit einer noch nicht dagewesenen Freiheit vollzog. Das Ohr der Zuhörer war auf diese Fülle der musikalischen Ereignisse, die rasch wechselnden Akkorde nicht eingestellt, und die Folge war, daß man im musikalischen Reichtum nur Verworrenheit erblickte. Berg versuchte, diesen Vorgang zu analysieren. Er wandte sich gegen den Vorwurf der Kunstlosigkeit, wobei er auch Schönbergs sogenannte „atonale" Werke aus der Mittelperiode einbezog, und erbrachte den Beweis der höchsten Kunst, der diese Werke angehören. Die Schwierigkeit des Verstehens der Schönbergschen Musik sah er in der komplizierten Struktur, in der *„Fülle der in diesem harmonischen Stil ebenso und überall zur Anwendung gelangten Kunstmittel"*, in der *„Heranziehung aller, durch die Musik von Jahrhunderten gegebenen kompositorischen Möglichkeiten, mit einem Wort, in ihrem unermeßlichen Reichtum"*[59]). In Bergs Händen lag auch ein Teil der Redaktionsarbeit der Schönberg-Nummer. Er lud Freunde Schönbergs, wie beispielsweise Adolf Loos, zur Mitarbeit ein und las sorgfältig die eingesandten Beiträge[60]). Auch Webern war an der Herausgabe beteiligt. Berg sandte seinen Beitrag am 8. August an die Universal Edition, bat aber Webern, ihn vor der Drucklegung noch einzusehen. *„Bitte ihn rücksichtslos zu redigieren! Auch stilistisch (oh, wie hab ich mich geplagt!) und orthographisch..."*[61]) Nach Ablieferung seines Beitrages besprach er mit Webern die Gestaltung des Heftes, so u. a. die Reihung der Artikel, die er davon abhängig machen wollte, was Schönberg selbst in seiner Festschrift schreiben wollte(!)[62]). Die vielen Fragen, mit denen er sich befaßte, kommen in einem Schreiben an Webern zur Sprache: *„... Schönberg-Heft: Dein Standpunkt betreffs Winternitz-Aufsatz der einzig mögliche*[63]). *Solche Leute, die nichts zu sagen wissen, haben wenigstens restlos ihre Verehrung darzubringen; weshalb ich z. Bsp. für die Aufnahme des sonst belanglosen Geredes des Klenau war... [Paul] Stefans Idee: Zitate aus ‚Probleme des Kunstunterrichts'*[64]) *zu bringen, finde ich nicht schlecht. Harmonielehre, weniger gut: Ich glaub in letzterem Fall müßte man auf dem Standpunkt stehen, daß dieses Buch allgemein bekannt ist (was bei ersterem nicht der Fall ist). Freilich hängt es von der Auswahl ab: es steht auch in der Harmonielehre so unendlich viel, was im Rahmen eines Theoriebuchs gleichsam versteckt ist, sodaß man es an's Licht ziehen müßte... Reihenfolge der Aufsätze:*

---

[59]) Aus Bergs Beitrag im Sonderheft des *Anbruch* (1924).
[60]) Vgl. Anm. 58.
[61]) Berg an Webern, Brief v. 8. 8. 1924 (Wiener Stadtbibliothek).
[62]) Schönberg schrieb tatsächlich die einleitenden Worte.
[63]) Der Sachverhalt konnte nicht geklärt werden.
[64]) Erstabdruck des Schönbergschen Aufsatzes im *Musikalischen Taschenbuch*, 2. Jg., Wien 1911.

*Ganz wichtig: Einerseits nach Rang (Alter), andererseits nicht abflauen.
Also in der Wertung eine Art Symmetrie (so wie Kraus oft die Fackeln [!]
gestaltet) (Gedicht, Glossen, Hauptartikel, Glossen, Gedicht) oder
(1. Hauptartikel, Glossen, Notizen, Glossen, 2. Hauptartikel) Insofern
könnte man sogar Schönbergs Artikel in die Mitte setzen). Aber das ist
sehr heiklich zu behandeln: man müßte erkennen, daß das der Ehrenplatz
ist. Also z. Bsp. anderer Druck oder zwischen die 2 Faksimiles[65]). Aber
wirklich disponieren kann man erst, bis man alle Artikel gesehen hat . . ."[66])*
Von Bergs Hand haben sich noch die Korrekturen zum Umbruch seines
Artikels erhalten. Da er sich in Trahütten aufhielt, bat er Webern, die
Korrekturen zu lesen, und sandte ihm eine Fehlerliste[67]).

Seiner Verehrung für Schönberg gab er auch in einem kurzen Beitrag
Ausdruck, den er zum 50. Jubiläum der Universal Edition verfaßte und
der im Jahrbuch von 1926 erschien. Nach seinen Worten ist der Beitrag
eine *Antwort auf die Frage: ,Ausblick auf die kommenden 25 Jahre Musik'.
Das ganze mehr launig gehalten als gelehrt, wobei der unumstößliche Glaube
an die e i n z i g m ö g l i c h e Antwort: nämlich ,Schönberg', trotz i n
a l l e m E r n s t zutage tritt."[68])*

Erste Anerkennung als Komponist

Seit dem Eklat im März 1913[1]) hatte man in Wien — und nicht nur in
Wien — von Berg als Komponist keine Notiz mehr genommen. Seine Werke
waren weder gedruckt worden, noch wurden sie gespielt. An neuen Werken
von seiner Hand gab es im übrigen in dem Zeitraum von 1914 bis 1920
nichts, was verlegt werden konnte. Im *Verein für musikalische Privataufführungen* brachte man zwar Kompositionen von ihm[2]), aber davon wußte
die Öffentlichkeit so gut wie nichts.

1919 begann man sich plötzlich in Dresden für sein Schaffen zu interessieren[3]). *Quartett, Sonate* und selbst die *Orchesterstücke* wurden zum
Gegenstand einer regen Korrespondenz mit Erwin Schulhoff und auf dessen
Empfehlung mit dem Berliner Jatho-Verlag. In welcher Weise Berg sich
engagierte und warum diese Pläne letztlich scheiterten, hat Ivan Vojtech
in einer Veröffentlichung dargelegt[4]).

Berg beschloß daraufhin, die Sache selbst in die Hand zu nehmen und
einzelne Werke auf eigene Kosten drucken zu lassen: *„Ich habe mir durch*

---

[65]) Im Schönberg-Heft befindet sich eine Photographie von Otto Schlosser, die Schönberg
um 1924 zeigt, und eine Reproduktion einer Zeichnung von Rudolf Herrmann.
[66]) Berg an Webern, Brief v. 18. 8. 1924 (Wiener Stadtbibliothek).
[67]) Original in Wiener Stadtbibliothek.
[68]) Berg an Webern, Brief v. 18. 9. 1925 (Wiener Stadtbibliothek).
[1]) Vgl. S. 96 f.   [2]) Vgl. S. 137.
[3]) Vgl. Berg an Webern, Brief v. 18. 6. 1919 (Wiener Stadtbibliothek).
[4]) I. Vojtech, Arnold Schönberg — Anton Webern. Alban Berg — Unbekannte Briefe an
Erwin Schulhoff, in: *Miscellanea musicologica* XVIII, Prag (1965).

den Verkauf von ein paar antiquen Sachen aus meinem Hausrath Geld
verschafft und dieses Geld für die Herausgabe meines Quartetts (op. 3) und
der Clarinettenstücke verwendet. So daß also im Herbst 4 Sachen von mir
verlegt vorliegen: Außer diesen 2 genannten, die neu aufgelegten mit zahl-
reichen Retouchen versehene Sonate und Lieder. Ich halte es — da ich mich
nunmehr entschlossen habe, entschließen mußte, in eine Art Öffentlichkeit
zu treten [als Redakteur des *Anbruch*], — *für nothwendig, daß von mir, der*
ich doch schließlich auch Komponist bin, auch Kompositionen vorliegen . . .
Also glaub nicht . . ., daß es aus Ehrgeiz geschah, wenn ich selbst etwas von
mir verlege und nicht geduldig warte, bis von selbst etwas erscheint."[5]) An
Schönberg schrieb er mit gleichem Datum, daß er dies *„als eines der Mittel*
betrachte, meine Stelle in der Öffentlichkeit . . . nach allen Seiten hin zu
fundieren". Er glaube nicht daran, daß Hertzka von ihm *„etwas verlegen*
werde (nach 10 Jahren!), obgleich Schönberg sich bis zum Zerstreiten dafür
eingesetzt und obwohl (er) seinerzeit angeboten hatte, die Stichkosten der
Sonate selbst zu tragen"[6]). Seine Intentionen sollten jedoch dem Publikum
verborgen bleiben: *„Daß mein op. 3 und 5 von mir selbst verlegt werden,*
ist kein Geheimnis mehr . . . Natürlich braucht das das sogen. große Publi-
kum nicht zu wissen, daß dies auf meine Rechnung geschieht, weil solches
den Komponisten und die Komposition gleich in Mißkredit bringen
würde."[7])

Die Herausgabe verursachte ihm viele Unannehmlichkeiten, so daß er mit
seinen Kompositionsplänen nicht wie beabsichtigt vorankam[8]). Im übrigen
kostete die Herstellung *„wahnsinniges Geld"*, weswegen er Teile des Erlöses
vom Berghof-Verkauf dafür verwenden mußte[9]). Sein Schüler Gottfried
Kassowitz wurde mit Kopisten- und Korrekturarbeiten betraut und hatte
persönlich zur Stecherei Waldheim den Kontakt zu halten[10]). Im übrigen
hat er bei der Herausgabe davon Abstand genommen, die seinerzeit bei
op. 1 und *op.* 2 eingeführte und von ihm selbst erfundene Bretzenschrift als
Titelschrift zu verwenden, sondern begnügte sich mit einer Antiqua. Vor-
bild hiefür waren ihm die Schriften von Karl Kraus und Adolf Loos und
insbesondere Loos' *Richtlinien für ein Kunstamt*[11]).

Waren es auch *„ältere"* Werke, erreichte Berg mit der Herausgabe doch
den Zweck, daß man nun danach zu fragen begann. Im Juni des darauffolgenden Jahres standen beispielsweise die *Klarinettenstücke* in Paris auf
dem Programm[12]), im Sommer folgte Donaueschingen mit der *Klavier-*

---

[5]) Berg an Webern, Brief v. 14. 8. 1920 (Wiener Stadtbibliothek).

[6]) Berg an Schönberg, Brief v. 14. 8. 1920 (Library of Congress).

[7]) Berg an Kassowitz, Brief v. 23. 8. 1920 (Original vormals W. Hassfurther, Wien).

[8]) Berg arbeitete zu dieser Zeit an der Oper *Wozzeck*.

[9]) Berg an Kassowitz, Brief v. 9. 8. 1920 (Original vormals W. Hassfurther, Wien).

[10]) Dies ist aus den Briefen an Kassowitz vom Sommer 1920 zu entnehmen (Original vormals bei W. Hassfurther, Wien).

[11]) Berg an Kassowitz, Brief v. 13. 8. 1920 (Original vormals W. Hassfurther, Wien).

[12]) Berg an Kassowitz, Brief v. 28. 5. 1921 (Original vormals W. Hassfurther, Wien).

sonate, und Scherchen kündigte an, eine Aufführung des *Quartetts,* über das er an der Berliner Hochschule Vorträge hielt, zu veranlassen[13]).

Am 5. Juni 1923 kam Berg in einem *Novitätenabend* im Rahmen der Konzerte der Österreichischen Musikwoche in Berlin zu Wort. Sein Freund Webern leitete die erste Aufführung der zwei Stücke *Präludium* und *Reigen* aus den *Orchesterstücken op. 6*[14]). Berg war bei der Aufführung anwesend und hatte die Proben überwacht. *„Die erste Probe ist vorüber"* — schrieb er am 2. Juni Schönberg — *„und sie ist sehr gut verlaufen."* Berg ließ das erste Stück durchspielen und ging dann auf einige besonders schwierige Stellen näher ein, *„so daß es schon ein Gesicht bekommen hat. Jedenfalls sah ich, daß alles sehr gut ausführbar ist: freilich von einem so fabelhaften Orchester wie dieses. Die schwierigsten Phrasen werden mit Reinheit und unbedingter Richtigkeit der Töne gespielt, daß ich das nie für möglich gehalten hätte. Die Abtönung und Herausarbeitung der einzelnen Töne kostet viel Mühe, gelang aber wie gesagt beim I. Stück schon annähernd. Anders das II. Stück, das zu meiner Überraschung auf das 1. Durchspielen hin weniger „sicher" instrumentiert erschien. Hier hat aber Webern noch gar nichts gefeilt ... Das III. Stück klang schon beim Durchspielen deutlich, es mußte aber infolge Probeschluß abgebrochen werden ... Das Resumé ist, daß wahrscheinlich nur 2 Stücke gemacht werden."*[15])

Man einigte sich dann auch tatsächlich, den *Marsch* wegzulassen. Das Konzert brachte Berg einen recht guten Erfolg. *„Vorgewärmt (Zemlinsky, Bittner ...) empfing das Publikum meine 2 Stücke mit größter Ruhe und allem Anschein nach mit wärmsten Interesse. Webern hielt aber auch das Publikum ebenso wie das Orchester ganz in seinem Bann."*[16]) Webern selbst war über den Erfolg sehr erfreut: *„Ganz glücklich hat mich gemacht, daß Bergs Stücke — leider nur I und II — so gut herausgekommen sind und einen so schönen Erfolg hatten ... (Der) Widerspruch war ganz unbedeutend. Das Orchester hat ganz großartig gespielt."*[17])

Der große Durchbruch gelang dann mit der Aufführung des *Streichquartetts* durch das Havemann-Quartett im Rahmen des Salzburger Kammermusikfestes am 2. August 1923. Die Aufführung war nach Bergs Worten *„fabelhaft"*[18]). An Webern schrieb er: *„Mein Quartett wurde wunderbar gespielt (ohne daß ich viel probiert habe) und erzielte einen starken Eindruck. Und nicht den geringsten Widerspruch."*[19]) Berg wurde zu der Entdeckung des Festes. Zudem kam er erstmals in Berührung mit anderen profilierten und bereits etablierten Komponisten und Dirigenten seiner Zeit. Sein Bericht an Webern gibt darüber Aufschluß, zeigt aber zugleich auch

---

[13]) Briefe an seine Frau, Nr. 364.
[14]) Programmzettel in Wiener Stadtbibliothek.
[15]) Berg an Schönberg, Brief v. 2. 6. 1923 (Library of Congress).
[16]) Berg an Schönberg, Brief v. 6. 6. 1923 (Library of Congress).
[17]) Webern an Schönberg, Brief v. 6. 6. 1923 (Library of Congress).
[18]) Berg an Schönberg, Brief v. 3. 8. 1923 (Library of Congress).
[19]) Berg an Webern, Brief v. 3. 8. 1923 (Wiener Stadtbibliothek).

seine kritische Einstellung zum Schaffen seiner Zeitgenossen: *„Ich wollte Dir schon immer ausführlich über Salzburg ... schreiben, aber es ist so viel zu erzählen, daß ich es aus Scheu vor tagelangem Schreiben, immer unterließ und mich nur auf das allerwichtigste beschränkte ... Eigentlich verlief das ganze Kammermusikfest ganz ungetrübt — bis auf die Kompositionen der Ausländer, die recht armselig waren. Selbst Milhaud, Bliss od. Honegger etc. sind schwach und unerfreulich. Nun gar erst die andern: Janitscharenmusik oder klägliches Psalmodieren: dies die einzigen 2 Austrugs [!!] arten dieser Leute. Welcher Stil übrigens auch auf die deutsche Musik abfärbt. Am Schluß des Festes konnte ich diese Art von Humor (falsche Bässe) und dieses quälige Melodielose-Sich-Fort-Wursteln nicht mehr hören. Aber so unerfreulich das war: etwas Gutes hatte es doch: Wie hob sich da mein Selbstbewußtsein. Wie beruhigt können wir sein! Was für Meister sind wir doch dagegen! Übrigens gab's auch Erfreuliches: Krenek z. Bsp.! Und interessantes: Ein Engländer Walton, Busoni, Bartok, Und Gefälliges: Ravell, Casella, Kodaly. —*

Die Menschen dort waren alle recht lieb und verträglich. Außer mit Schmid, Loos, Zemlinsky, Jalowetz, Rufer, mit denen ich natürlich meist beinander war, verkehrte ich auch viel mit andern und lernte mit der Zeit natürlich auch alle Anwesenden kennen ... Einen komischen Anblick boten die Kritiker, die in großen Scharen (2 auf jeden Komponisten) angerückt kamen. Bekker, Weismann, Pisling, Korngold (in Dress.) Graf etc etc. Übrigens habe ich meist günstige, einige sogar s e h r günstige Kritiken bekommen. Die Aufführung war aber auch wirklich so, daß man davon leicht einen Eindruck haben konnte. Besonders klanglich war es so gut, und was die Klarheit betrifft ... Havemanns werden das Quartett in vielen deutschen Städten spielen, auch Stockholm und Kopenhagen, vielleicht auch Wien. Auch sonst Erfreuliches: 1.) Das Brüsseler Pro Arte Quartett interessiert sich dafür und auch das Hindemithquartett ... 2.) Scherchen will Ende Sept. in einem Berliner Konzert Bruchstücke aus dem Wozzeck aufführen. — 3.) Auch für meine andern Sachen zeigte sich Interesse. z. Bsp. Ligue of Composers (New York), dann die Finnische Sektion ...“[20])

Daß Berg mit diesem Erfolg in die vorderste Reihe der Komponisten gestellt wurde und die ihm gebührende Anerkennung fand, läßt sich allein schon an den weiteren Stationen des *Quartetts* ablesen. In der Berliner Hochschule spielte es das Havemann-Quartett[21]), in Paris war es das Pro Arte Quartett[22]). In Wien erklang das *Quartett* erst als öffentlich im Rahmen des Kammermusikfestes durch das Kolisch-Quartett am 4. Oktober 1924[23]).

---

[20]) Berg an Webern, Brief v. 19. 8. 1923 (Wiener Stadtbibliothek).
[21]) *Anbruch* VI (1924), Nr. 3, S. 122.
[22]) Berg an Kassowitz, Brief v. 20. 1. 1924 (Original vormals W. Hassfurther, Wien).
[23]) Programmzettel in Wiener Stadtbibliothek.

Man interessierte sich nun auch für das weitere Schaffen Bergs. Hermann Scherchen gab Berg in Salzburg die Anregung, drei Stücke aus der Oper *Wozzeck* konzertant einzurichten, die dann beim Internationalen Musikfest in Frankfurt im Juni 1924 einen ungeheuren Erfolg auslösten[24]. Daraufhin wurde der Wunsch laut, die ganze Oper kennenzulernen, was schließlich durch Erich Kleiber in der Berliner Staatsoper am 14. Dezember 1925 geschah. Und Kleiber wiederum war es zu danken, daß er aufgrund seiner Konzerttourneen, bei denen er auch Werke von Berg im Repertoire führte, diesem weltweite Anerkennung verschaffte.

---

[24]) Hilmar, a. a. O., S. 45.

ANHANG 1

Ehevertrag und Wechselseitiges Testament

zu A 42/00
—————
2

Kundgemacht schon 5./4. 1900

/   L.S.   Dr. Emanuel Sterzinger kk Notar als Gerichts komm.

Nach dem zwischen Herrn Konrad BERG einerseits und dem Fräulein Johanna BRAUN mit ausdrücklicher Zustimmung ihres zum Zeichen dessen hier mitunterfertigten Vaters, des kk Hofjuweliers Herrn Franz BRAUN hier andererseits, eine eheliche Verbindung verabredet und beschlossen wurde, so errichten die genannten Brautleute hiermit gegenwärtigen Ehevertrag und vereinbaren unter sich zusätzlich die Erbfolge in Nachstehendem:

§ 1) Die benannten Verlobten werden ihre aus inniger Neigung und Liebe beschlossene eheliche Verbindung nach kirchlichem Ritus ehestens vollziehen und versprechen sich, bis an ihr Lebensende unverbrüchliche Liebe und eheliche Treue.

§ 2) Das Fräulein Braut wird eine standesgemäße Ausstattung an Einrichtung, Wäsche und Silberzeug etc. im Werthe von 4000 fl. d. i. viertausend Gulden owhg in die Ehe bringen.

§ 3) Der Bräutigam, Herr Konrad BERG, widerlegt dieses ihr Heiratsgut mit dem Betrage von 8000 fl, schreibe Achttausend Gulden owhg.

§ 4) Die Ausstattung und alles dasjenige Vermögen, welches die Braut durch Erbschaft, Schenkung oder auf welche immer rechtliche Art vor oder während der Ehe erwerben wird, soll während ihrer Lebenszeit ihr freies und uneingeschränktes Eigenthum verbleiben. Desgleichen behält sich der Herr Bräutigam das volle Dispositionsrecht über sein dermaliges und das künftig zu erwerbende oder sonst anzuhoffende Vermögen auf Lebenszeit bevor, indem er sich verpflichtet, alle mit der ehelichen Gemeinschaft verbundenen Lasten und Auslagen während der Dauer der vorhabenden ehelichen Verbindung aus Eigenem zu bestreiten. Schließlich gibt der Bräutigam, Herr Konrad BERG, seine Einwilligung, womit gegenwärtige Ehepakten zu Gunsten seiner Braut und künftigen Gattin auf seine Kosten in das Handelsregister eingetragen werden und die bezügliche Verlautbarung erfolge. Herr Franz BRAUN erklärt sich mit den Bestimmungen dieses und des vorigen Paragraphen bezüglich seiner Tochter, Fräulein Johanna BRAUN nach jeder Richtung einverstanden.

§ 5) Ernennen und setzen sich beide Brautleute wechselweise zu Universal-Erben des Nachlasses des früher verstorbenen Eheteiles ein.

§ 6) Für den Fall, daß aus dieser Ehe ein oder mehrere Kinder entsprießen sollten, wird jedoch vereinbart, daß den bei Ableben eines Eheteiles vorhandenen Kindern aus dieser Ehe der Pflichttheil aus dem Nachlass des verstorbenen Eheteiles zuzukommen hat.
In diesem Falle hat der überlebende Ehegatte jedoch nur den Anspruch auf den Fruchtgenuß von der Hälfte des Nachlasses des anderen Ehegatten, erwirbt aber für den Fall, als die aus der Ehe mit dem verstorbenen Ehegatten erzeugten Kinder ohne Hinterlassung von erbfähigen Nachkommen mit Tod abgehen sollten, das Eigentum dieser Nachlaßhälfte.

§ 7) Der überlebende Ehegatte soll aber des ihm im vorigen Paragraphen eingeräumten Rechtes auf die Fruchtnießung der Hälfte des Nachlasses des ihm vorgestorbenen Ehegatten verlustig, wenn er im Falle als Kinder aus der Ehe mit dem vorgestorbenen Ehegatten oder sukzessionsfähige Nachkommen derselben vorhanden sind, zu einer neuen Ehe schreitet.
In diesem Falle erhalten diese Kinder resp. deren Nachkommen sofort das unbeschränkte Eigenthum auf diese Nachlaßhälfte des vorverstorbenen Ehegatten.

§ 8) Sollte einer der Brautleute vor der kirchlichen Trauung mit Tod abgehen, so soll der gegenwärtige Vertrag und resp. dieses wechselseitige Testament in keinerlei Beziehung von Wirkung sein.

Urkund dessen wurde dieser Ehevertrag, bzw., dieses wechselseitige Testament in zwei gleichlautenden Exemplaren errichtet, von beiden Theilen und drei Herren Zeugen nach Vorlesung des Inhaltes und ausdrücklicher Erklärung der Brautleute, daß er ihrem Willen vollkommen gemäß sei und die darin vorkommenden Bestimmungen über die Erbfolge ihren beiderseitigen letzten Willen enthalten, gefertigt und jedem Theile ein Exemplar ausgehändigt.

WIEN, am 25. Oktober 1871

Conrad BERG mit Johanna BRAUN und Franz BRAUN als Brautvater,
Eduard HORKY als erbetener gleichzeitig anwesender Vertrags- und Testamentszeuge
Dr. Ludwig SCHMIDT als erbetener gleichzeitig anwesender Vertrags- und Testamentszeuge,
Moriz MEYER als erbetener, gleichzeitig anwesender Vertrags- und Testamentszeuge.
G. Z. 9501, daß die mir persönlich bekannten Partheien und zwar Herr Conrad BERG, Verlagsbuchhändler in Wien, Herr Franz BRAUN, kk Hofjuwelier in Wien und dessen Tochter Johanna BRAUN vorstehenden Ehevertrag und wechselseitiges Testament in Gegenwart der mitgefertigten Herren Zeugen eigenhändig gefertigt haben, beglaubige ich mit meiner Amtsfertigung und Siegelbeidrückung.

Wien, am 25. Oktober 1871. Dr. August BACH kk Notar.

Vorstehender Ehevertrag wird rücksichtlich der mj.
Johanna BRAUN kuratelsbehördlich genehmigt.
Vom kk. Bezirksgericht der inneren Stadt
WIEN am 28. November 1871
L. S (Unterschrift unleserlich)

Lehrer, Lehrgegenstände und Klassifikation nach den Hauptkatalogen im Besitz des Bundesrealgymnasiums (ehemals Wiener K. K. Comunal-Oberrealschule bzw. Staats-Oberrealschule) Wien I, Schottenbastei 7—9

Schuljahr 1895/96: Klasse I B

Direktor: Dr. Franz Wallenstein   Deutsch, Französisch: Rudolf Dittes
Klassenvorstand: Julius Hoffmann   Mathematik: Leopold Petrik
Religion: Leopold Metzger   Erdkunde, Naturgeschichte: Julius Hoffmann

Sitten:	lobenswert		
Fleiß:	ausdauernd		
Religion:	lobenswert	—	befriedigend[1])
Deutsch:	befriedigend	—	befriedigend
Französisch:	lobenswert	—	lobenswert
Mathematik:	lobenswert	—	lobenswert
Erdkunde:	lobenswert	—	vorzüglich
Naturgeschichte:	lobenswert	—	vorzüglich
Versäumte Schulstunden:	85	—	31

(1. Klasse mit Vorzug)

[1]) Klassifikation im ersten bzw. zweiten Semester.

Schuljahr 1896/97: Klasse II B

Direktor: Dr. Franz Wallenstein
Klassenvorstand: Julius Hoffmann   Mathematik: Leopold Petrik
Religion: Leopold Metzger   Erdkunde: Franz Sebald
Deutsch: Robert Marschner   Geometrisch Zeichnen: Ludwig Dörfler
Französisch: Robert Marschner   Freihandzeichnen: Adolf Korber
Geschichte: Franz Sebald   Turnen: Jaro Pawel

Sitten:	lobenswert		
Fleiß:	befriedigend		
Religion:	genügend	—	befriedigend
Deutsch:	befriedigend	—	genügend
Französisch:	befriedigend	—	genügend
Geschichte:	befriedigend	—	befriedigend
Mathematik:	lobenswert	—	befriedigend
Erdkunde:	befriedigend	—	befriedigend
Geometrisch Zeichnen:	lobenswert	—	befriedigend
Freihandzeichnen:	befriedigend	—	genügend
Turnen:	befriedigend	—	befriedigend
Äußere Form:	minder sorgfältig		
Versäumte Schulstunden:	53	—	48

Schuljahr 1897/98: Klasse III B

Direktor: Dr. Franz Wallenstein
Klassenvorstand: Franz Sebald   Erdkunde: Franz Sebald
Religion: Leopold Metzger   Physik: Leopold Petrik
Deutsch, Französisch: Franz Wollmann   Geometrisch Zeichnen: Ludwig Dörfler
Geschichte: Franz Sebald   Freihandzeichnen: Adolf Korber
Mathematik: Franz Wallenstein   Turnen: Jaro Pawel

Religion:	befriedigend	—	befriedigend
Deutsch:	genügend	—	befriedigend
Französisch:	befriedigend	—	genügend
Geschichte:	genügend	—	genügend
Mathematik:	genügend	—	genügend
Erdkunde:	befriedigend	—	genügend
Physik:	genügend	—	befriedigend
Geometrisch Zeichnen:	befriedigend	—	nicht genügend
	(Wiederholungsprüfung: genügend)		
Freihandzeichnen:	genügend	—	genügend
Turnen:	befriedigend	—	befriedigend

Versäumte Schulstunden: 30   —   52

Schuljahr 1898/99: Klasse IV B

Direktor: Dr. Franz Wallenstein
Klassenvorstand: Franz Sebald   Mathematik, Physik: Julius Friess
Religion: Leopold Metzger   Chemie: Johann Kail
Deutsch, Französisch: Moritz Hertrich   Geometrie: Wenzel Hofmann
Geschichte: Franz Sebald   Freihandzeichnen: Karl Linsbauer

Fleiß:	befriedigend	—	befriedigend
Deutsch:	befriedigend	—	befriedigend
Religion:	lobenswert	—	lobenswert
Französisch:	genügend	—	genügend
Geschichte:	befriedigend	—	befriedigend
Mathematik:	befriedigend	—	genügend
Erdkunde:	lobenswert	—	lobenswert
Physik:	befriedigend	—	befriedigend
Chemie:	genügend	—	genügend
Geometrie:	befriedigend	—	befriedigend
Freihandzeichnen:	befriedigend	—	befriedigend

Versäumte Schulstunden: 56   —   84

Schuljahr 1899/1900: V. Klasse

Direktor: Dr. Franz Wallenstein
Klassenvorstand: Johann Kail   Geschichte: Franz Sebald
Religion: Leopold Metzger   Mathematik: Franz Wallenstein
Deutsch: Emil Stern   Naturgeschichte, Chemie: Johann Kail
Französisch: Franz Pejscha   Geometrie: Wenzel Hofmann
Englisch: Engelbert Nader   Freihandzeichnen: Karl Linsbauer

Fleiß:	befriedigend	—	befriedigend
Religion:	befriedigend	—	genügend
Deutsch:	nicht genügend	—	genügend
Französisch:	genügend	—	genügend
Englisch:	genügend	—	genügend
Geschichte:	vorzüglich	—	genügend
Mathematik:	genügend	—	genügend
Naturgeschichte:	befriedigend	—	befriedigend
Chemie:	lobenswert	—	befriedigend
Geometrie:	genügend	—	nicht genügend
	(nach Wiederholungsprüfung: genügend)		
Freihandzeichnen:	lobenswert	—	befriedigend
Praktische Übungen im Labor:	vorzüglich	—	vorzüglich

Versäumte Schulstunden: 70   — 103

Schuljahr 1900/1901: VI. Klasse

Direktor: Dr. Franz Wallenstein   Mathematik: Franz Wallenstein
Klassenvorstand: Johann Kail   Naturgeschichte: Johann Kail
Religion: Leopold Metzger   Chemie: Johann Kail
Deutsch: Emil Stern   Physik: Leopold Petrik
Französisch: Franz Pejscha   Geometrie: Wenzel Hofmann
Englisch: Engelbert Nader   Freihandzeichnen: Karl Linsbauer
Geschichte: Franz Sebald   Turnen: Jaro Pawel

Fleiß:	hinreichend
Religion:	genügend
Deutsch:	genügend
Französisch:	genügend
Englisch:	nicht genügend
Geschichte:	lobenswert
Mathematik:	genügend
Naturgeschichte:	befriedigend
Chemie:	befriedigend
Geometrie:	genügend
Freihandzeichnen:	befriedigend
Turnen:	befreit
Praktische Übungen im Labor:	lobenswert

2. Semester:
ungeprüft vor Schluß ausgetreten

Versäumte Schulstunden: 56

Schuljahr 1901/1902: VI. Klasse (Wiederholungsjahr)

Direktor: Dr. Franz Wallenstein
Klassenvorstand: Wenzel Hofmann
Religion: Leopold Metzger
Deutsch: Jaro Pawel
Französisch: Franz Pejscha
Englisch: Engelbert Nader
Geschichte: Leopold Hofmann

Mathematik: Wenzel Hofmann
Naturgeschichte: Julius Hoffmann
Chemie: Julius Hoffmann
Physik: Julius Friess
Geometrie: Wenzel Hofmann
Freihandzeichnen: Adolf Korber
Turnen: Jaro Pawel

Sitten:	lobenswert	
Fleiß:	hinreichend	
Religion:	vorzüglich	— befriedigend
Deutsch:	befriedigend	— befriedigend
Französisch:	genügend	— genügend
Englisch:	genügend	— genügend
Geschichte:	befriedigend	— genügend
Mathematik:	genügend	— genügend
Naturgeschichte:	genügend	— genügend
Chemie:	befriedigend	— genügend
Physik:	genügend	— genügend
Geometrie:	lobenswert	— befriedigend
Freihandzeichnen:	genügend	— genügend
Turnen:	lobenswert	— lobenswert
Versäumte Schulstunden:	86	— 291

2. Semester „krankheitshalber nicht abgeschlossen vor den Ferien 1. 7. 1902
Nach den Ferien abgeschlossen 20. 9. 1902"

Schuljahr 1902/1903: VII. Klasse

Direktor: Dr. Franz Wallenstein
Klassenvorstand: Wenzel Hofmann
Religion: Franz Wallenstein
Deutsch: Engelbert Nader
Französisch: Franz Pejscha
Englisch: Engelbert Nader

Geschichte: Leopold Hofmann
Mathematik: Wenzel Hofmann
Naturgeschichte: Julius Hoffmann
Physik: Julius Friess
Geometrie: Wenzel Hofmann
Turnen: Jaro Pawel

Religion:	lobenswert	— befriedigend
Deutsch:	genügend	— nicht genügend
Französisch:	genügend	— genügend
Englisch:	genügend	— genügend
Geschichte:	genügend	— genügend
Mathematik:	genügend	— nicht genügend
Naturgeschichte:	befriedigend	— genügend
Physik:	genügend	— genügend
Geometrie:	lobenswert	— befriedigend
Turnen:	befreit	
Versäumte Schulstunden:	29	— 48

= „2. Zeugnisklasse (Verpflichtung zur Wiederholung)"

Schuljahr 1903/1904: VII. Klasse

Direktor: Dr. Franz Wallenstein
Klassenvorstand: Ludwig Dörfler   Geschichte: Franz Sebald
Religion: Leopold Metzger   Mathematik: Ludwig Dörfler
Deutsch: Emil Stern   Naturgeschichte: Julius Hoffmann
Französisch: Franz Zickero   Physik: Leopold Petrik
Englisch: Emil Stern   Geometrie: Ludwig Dörfler

Religion: befriedigend — lobenswert
Deutsch: befriedigend — genügend
Französisch: genügend   — genügend
Englisch: genügend   — befriedigend
Geschichte: befriedigend — lobenswert
Mathematik: genügend   — genügend
Naturgeschichte: befriedigend — genügend
Physik: genügend   — genügend
Geometrie: genügend   — genügend

Versäumte Schulstunden: 65   —   46

Protokoll der Maturitätsprüfung (Mai 1904)

2. Mai: Deutsch. Thema: „Wissenschaft ist Macht"
3. Mai: Deutsch-Französisch. Thema: Michelet „Die Schwalben"
4. Mai: Mathematik. 3 Gruppen
5. Mai: Englisch. Thema: Gardiner, Historical Biographies (Franz. u. engl. Schulbiblio-
        thek, hrsg. v. Otto E. A. Dickmann, Band 32): „Thomas Moore who was born
        in 1478"
6. Mai: Darstellende Geometrie
7. Mai: Deutsch-Französisch

Klassifikation: Deutsch: genügend
                 Deutsch-Französisch: genügend
                 Französisch-Deutsch: befriedigend
                 Englisch: befriedigend
                 Darstellende Geometrie: genügend

Mündliche Prüfung am 8. Juli 1904

Prüfungsfächer: Französisch, Geschichte, Mathematik, Physik

Endgültige Klassifikation: Sitten: lobenswert
                            Religion: lobenswert
                            Deutsch: genügend
                            Französisch: befriedigend
                            Englisch: befriedigend
                            Geschichte: genügend
                            Mathematik: genügend
                            Naturgeschichte: genügend
                            Physik: genügend
                            Chemie: befriedigend
                            Darstellende Geometrie: befriedigend
                            Freihandzeichnen: befriedigend
                            Turnen: dispensiert

Verzeichnis der von Berg studierten „Orchester- und Kammermusikwerke
auf Klavier zu 4 und 2 Händen" aus den Jahren vor 1904

Komponist, Titel	Auszug aus Bergs eigenhändigen Bemerkungen
B a c h, Johann Sebastian 3 erste Suiten [?] Hirtenmusik aus dem Weihnachtsoratorium (BWV 248 II. Teil/10)	„eigenartig schön"
B a c h, Carl Philipp Emanuel I. Sinfonie	
B a r g i e l, Woldemar Suite C-Dur op. 7	
B e e t h o v e n, Ludwig van Serenade op. 8 3 Violinsonaten op. 12 II. Klavierkonzert op. 19 Septett op. 20	„wunderschön, noch jugendlich [!] aber schon tief"
3 Violinsonaten op. 30 Missa solemnis op. 123	
B e r l i o z, Hector 2 Symphonien (L'épisode de la vie d'un artiste; Roméo et Juliette) Benvenuto Cellini op. 23 Symphonie funèbre et triomphale	„läuft, aber gräßlich fad, geradezu unbegreiflich"
B i z e t, Georges Ouverture Patrie	„keine besonders gute Schilderung, zu schmerzhaft und doch fad"
II. Konzertsuite Roma	„gilt dasselbe wie [Patrie] und noch ... undankbarer"
Suite L'Arlesienne	„[zählt zu den] besten unter den mir bekannten Orchesterwerken"
B o i e l d i e u, François-Adrien	„das ganze Werk scandalös"
B o i t o, Arrigo Mephistofele	
B r a h m s, Johannes Ein deutsches Requiem	„das ist Musik. Wahrlich höhere Offenbarung"
Akademische Festouvertüre op. 80 Tragische Ouvertüre op. 81 I. Symphonie II. Symphonie III. Symphonie IV. Symphonie	 „wunderschön" „ein wenig schöner als die II. Als ich sie wieder studiert, gefällt sie mir noch besser als die [I]."

Komponist, Titel	Auszug aus Bergs eigenhändigen Bemerkungen
Sextett op. 18	
Sextett op. 36	
Variationen über ein Thema von Haydn op. 56	
Klavierquintett op. 25	
Quintett op. 115	
Klavierquartett op. 3	
Quartett op. 26	
Quartett g-Moll op. 25	„besonders fad, Andante: der beste Theil, Finale an sich gut"
Quartett op. 31 N. 2	
Klaviertrio op. 8	„innig und damals schon bedeutend. Es ist kein Sturm und Drang, sondern ein einziges Aufklären. So gefällt es mir ... Sehr gut gefallen mir die Volksmelodien ... ob sie ganz von ihm sind?? Darin erinnert er auch schon an Mahler"
Trio op. 101	„echt[es] Brahmsstück ... schwierige Taktfolgen ... herrliche Musik"
Ungarische Tänze, I. Heft	„das schönste von allen 3 Heften. Wirklich schön"
Ungarische Tänze, II. Heft	„einige sehr falsch!"
Ungarische Tänze, III. Heft	„fad"
Schicksalslied	
Neue Liebeslieder	
B r u c h, Max	
Schwedische Tänze	
Capriccio op. 2	„anscheinend ganz nett"
B r u c k n e r, Anton	
IV. Symphonie	
VI. Symphonie	„Scherzo ein kompliziertes Stück"
VII. Symphonie	„nicht so mäßig, noch nach Wagner"
IX. Symphonie	
Streichquintett	
B r ü l l, Ignaz	
Ouvertüre Landfriede	
Serenade op. 36	
B ü l o w, Hans v.	
Funerale [?]	
B u n g e r t, August	
Deutsche Reigen	
C h e r u b i n i, Luigi	
3 Streichquartette	„schwer, doch schön"
Ouvertüre Lodoiska	
D v o ř á k, Antonín	
Der Wassermann. Sinfonische Dichtung	„schön, aber am Clavier nicht dem entsprechend ... Stil erinnert an Préludes von Liszt"

Komponist, Titel	Auszug aus Bergs eigenhändigen Bemerkungen
Legenden op. 59 I. Band	„sehr schön, nicht zu schwer"
Legenden op. 59 II. Band	„Lange nicht so schön wie I. Band und schwieriger"
Ouvertüre Carneval	
Symphonie D-Dur	„schwer, fad"
Das goldene Spinnrad	
Die Mittagshexe	
Konzert für Violoncello	
Serenade op. 22	
Serenade op. 44	„sehr schön. 4. Satz — Ich glaube, daß das Hauptthema nicht von Dvorak ist"
Klavierquintett op. 81	
Quartett op. 39	„ein junges Werk. Nicht Dvoraks Originalität"
III. Quartett	„schwer, aber schön"
Quartett op. 96	
II. Trio f-Moll	„schwer und häßlich"
II. Menuett in 5 Partien	„nichts besonderes"
Slawische Rhapsodie op. 45 N. 3	
Slawische Tänze, III. Heft	„gegen die 2 früheren Hefte ein Rückschritt in Bezug auf Schönheit und Originalität. Ein Fortschritt in der Compliciertheit. Mit Ausnahme des sehr schönen No. 16 alle anderen sehr undankbar"
Waldtaube op. 110	
Hussitenlied op. 67	
E s s e r, Ferdinand	
Suite op. 70	
F i b i c h, Zdeněk	
I. Symphonie	
II. Symphonie	
VI. Symphonie	
Komensky-Ouvertüre	
F u c h s, Robert	
Symphonie C-Dur op. 7	„sehr lieb, dankbar, nicht zu tief ... (Schule: Mozart, Schumann etc.)"
I. Serenade op. 9	„nichts besonderes"
II. Serenade	
IV. Serenade	
Wiener Walzer	„gräßliche Walzer"
12 Ländler op. 50	
3 kleine Stücke für 4 Hände	
G a d e, Niels Wilhelm	
Frühlingsphantasie	
Klaviertrio op. 42	
G o d a r d, Benjamin Louis Paul	
Pièces symphoniques	

Komponist, Titel	Auszug aus Bergs eigenhändigen Bemerkungen
G o e t z , Hermann	
Symphonie F-Dur	„an Wagners Meistersinger angelehnt ... Ich habe diese Symphonie nochmals durchgespielt ... durchwegs schön"
G o l d m a r k , Karl	
Heimchen am Herd, Oper	„nach flüchtigem Durchblicken scheint es sehr nett zu sein. Auch nicht zu tief"
Geisterchor und Geisterreigen aus Merlin	
Königin von Saba	
Ouvertüre Sakuntala	
Ländliche Hochzeit	„sehr schöne Theile"
Ouvertüre Im Frühling op. 36	
Ouvertüre Sappho op. 44	
Der gefesselte Prometheus op. 38	
Penthesilea op. 31	
Zrinyi, Sinf. Dichtung	
In Italien op. 49	
Ouvertüre zu Götz von Berlichingen	
3 Stücke [?]	
G o l d n e r , Wilhelm	
Pontiff Tabiklar	
Waldscenen op. 58	
I. Suite	
G o u v y , Ludwig Theodor	
Scherzo op. 79	
6 Stücke op. 83	
G r ä d e n e r , Hermann	
Sinfonietta op. 14	
Quintett op. 23	„antiker Komponist (lebt noch), ganz schön ... kunstvoll"
Quartett F-Dur	
G r i e g , Edvard	
Peer Gynt	„geht sehr auf die Stimmung darauf ein"
Klavierkonzert	„schön, aber schwer. Man weiß nicht, welcher Satz der schönste!!"
Symphonische Tänze	
Norwegische Tänze op. 35	
2 Pièces Symphoniques	
2 Nordische Weisen op. 63	„nicht Grieg! aber sehr schön. Melodiös und nordisch"
2 elegische Melodien	
37 Walzer Capricen	
II., III. Violinsonate	
H a b e r t , Johannes	
Walzerbilder	
H ä n d e l , Georg Friedrich	
Wassermusik	
II. Konzert für Streichorchester	„reizend, besonders Finale"
Konzert für Orgel [?]	

Komponist, Titel	Auszug aus Bergs eigenhändigen Bemerkungen
Hausegger, Siegmund Dionysische Fantasie	
Haydn, Joseph Quintette [?]	„sehr liebe, nette flüssige Musik"
Hepworth, William Orchestersuite op. 19	„ganz nett"
Herbeck, Johann Symphonie d-Moll op. 20	
Herzogenberg, Heinrich Variationen [?]	„einen sehr guten Eindruck"
Heuberger, Richard Der Opernball	„undankbar"
Hiller, Ferdinand Drei Fantasiestücke	
Hofmann, Heinrich Karl Johann Italienische Liebesnovelle op. 19 Eckehard Danses Parisiennes V. Symphonie op. 22	
Holländer, Alexis Deutsche Tänze op. 54	„nicht übel!! zwar sehr Schumann, aber das ist ja herrlich"
Hummel, Johann Nepomuk Septett op. 74	
Humperdinck, Engelbert Maurische Rhapsodie	
D'Indy, Vincent Chansons et dances op. 50	„nie zu vergessen!!"
Kalliwoda, Johann Wenzel 2 Valses célèbres	„läuft, aber fad (schad um die Musik)"
Kienzl, Wilhelm Don Quichote	„Tragikomödie, wunderschön, herrlich (der schnelle Theil wie das Scherzo in Beethovens VI. Symphonie)"
Tanzfest aus Don Quichote	
Kirchner, Hermann [?] Quartett G-Dur op. 20	
Lachner, Franz II. Suite op. 115	
Liszt, Franz Prometheus Torquato Tasso	„mir nicht unsympatisch" „eine bessere symph. D[ichtung] Liszts, auch nicht zu schwer"

Komponist, Titel	Auszug aus Bergs eigenhändigen Bemerkungen
Hamlet	„wie Tasso, nur tragischer"
Die Ideale	„nicht so schön wie Tasso und Hamlet, da es nicht einheitlich ist ... Leider Programmmusik. Sehr viel Wagner!!!"
Mazeppa Hunnenschlacht Bülow-Marsch III. Rhapsodie XIV. Rhapsodie XV. Rhapsodie	„sehr kurz und unbedeutend"
M a h l e r, Gustav Klagende Lied	„wenn man es gehört hat (wie ich) so gefällt es einem sehr gut. Keine enorme Technik und doch für 20 Jahre ein Kunstwerk"
II. Symphonie IV. Symphonie	„schwer. I. Theil noch am dankbarsten" „1. Theil sehr dankbar, 2. Theil einfach zu schwer! 3. Theil sehr dankbar, 4. Theil ganz nett"
Des Knaben Wunderhorn	
M a i l l a r t, Louis Glöckchen des Eremiten	„nicht mein Geschmack"
M a s s e n e t, Jules Werther	
M e n d e l s s o h n - B a r t h o l d y, Felix Octett op. 20 Streichquartett op. 80 Variationen op. 83	„halberweise sehr schön"
M o s z k o w s k i, Moritz I. Suite d'Orchestre II. Suite d'Orchestre Aus aller Herren Länder Spanische Tänze op. 12 5 Walzer op. 8 Krakowaicka Polnische Volkstänze Norwegische Tänze	
M o t t l, Felix Österreichische Tänze	
M o z a r t, Wolfgang Amadeus Requiem Die Zauberflöte	„die Ouvertüre herrlich schwungvoll. Die Ouvert[üre] zum 2. Akt schön, aber gar nicht Wagner oder Meyerbeer [!!]"

Komponist, Titel	Auszug aus Bergs eigenhändigen Bemerkungen
Quartett Es-Dur op. 13	„fad"
3 Sonaten [?]	„so geistlos!!!! fad!!!!"
4 Sonaten zu 4 Händen [?]	„Mozart schrieb auch oft, wenn er keine Eingebung hatte, der tiefe Geist fehlte ihm, und so entstanden dann solche ungenialen und geistlosen Werke wie die 3te Sonate. Hat er hingegen Eingebung, so entstanden wirklich geniale Werke wie die 4te Sonate"
N a p r a w n i k, Eduard Franzewitsch	
Der Dämon op. 32	„sehr interessant (Berlioz! Wagner), einige sehr schöne, auch traumhafte Stellen"
P a d e r e w s k i, Ignacy	
Tatra-Album op. 12	
P f i t z n e r, Hans	
Die Rose vom Liebesgarten	„antgetan! Schöne Stellen, wie sie mir nach 1ter Lesung erschienen"
R a b l, Walter	
Quartett Es-Dur op. 1	„einige wirklich wertvolle Stellen (ob sie von ihm sind?!) . . . alles andere dankbar"
R a f f, Joseph Joachim	
Lenore	„ganz schön. In Sätzen das Drama aufgeschlüsselt"
Ein' feste Burg op. 127	„mittelmäßig"
Der Winter op. 214	
R e i n e c k e, Carl	
Impromptu op. 94	
Von der Wiege bis zum Grabe op. 202	
R h e i n b e r g e r, Joseph Gabriel	
Ouvertüre zu Christophorus	„sehr schön"
Demetrius	
Wallenstein op. 10	
R i c c i u s, Karl August Gustav	
Allegro appassionato op. 61	
R j m s k i - K o r s a k o w, Nikolai	
Scheherazade	
R u b i n s t e i n, Anton	
Ouverture solennelle	
Ocean-Symphonie	„so wie Tschaikowskys Pathetique"
V. Klavierkonzert	„nicht spielbar und anscheinend grässlich"
Trio	„wunderbar"
Iwan der Schreckliche	„das ist wirklich schön"
Don Quichote	
S c h a r w e n k a, Ludwig Philipp	
5 Tanzscenen (Nr. 1)	„ganz lieb, . . . nur zu armselig"
Menuett B-Dur	„nichts besonderes"
Suite de Danse	

Komponist, Titel	Bemerkungen Auszug aus Bergs eigenhändigen
S c h i l l i n g s , Max v. Vorspiel zum II. Akt von Der Pfeifertag Sinfonischer Prolog König Ödipus	„schlecht. Fad"
S c h u b e r t , Franz Octett Fantasie op. 103 Ouvertüre zu Rosamunde Deutsche Tänze und 2 Ecossaises op. 33 Fantasie op. 15 Fantasie op. 78 Moments musicaux op. 94 Quartett f-Moll op. 114	 „wie Beethoven Septett, echt Schubert" „ist nicht unentwegt so berühmt" „einzig enttäuscht, geradezu commun"
S c h u m a n n , Robert IV. Symphonie Manfred-Ouvertüre Ouvertüre, Scherzo, Finale Fest-Ouvertüre op. 123 Hermann und Dorothea op. 136 Faust Bilder aus dem Osten op. 66 Quintett op. 44 Quartett op. 47 Trio op. 63	 „sehr schön, nicht zu schwer" „nicht mein Lieblingswerk" „herrlich schön, läuft, nur Scherzo bißchen schwer"
S c h y t t e , Ludvig Spanische Nächte	
S m e t a n a , Friedrich Richard III Hakon Jarl Sárka Aus Böhmens Hain und Flur Die Moldau Streichquartett Aus meinem Leben Trio op. 15	 „wunderschön" „das Andante religioso beginnt auch schön, aber mords fad" „nicht mein Fall und trivial" „scandalös" „eines der schönsten Trios, das ich kenne (von denen nach Beethoven)"
S p o h r , Louis Die Weihe der Töne op. 86 Doppelsymphonie op. 121	 „sehr schwer"
S t r a u s s , Richard Don Juan Don Quichote Ein Heldenleben Macbeth	 „kräftig herrlich" „entsetzlich schwer, unspielbar und nicht zu beurtheilen" „ultramodern" „schöne Stellen"

Komponist, Titel	Auszug aus Bergs eigenhändigen Bemerkungen
Tod und Verklärung	„gerade noch spielbar, ganz nett, nichts besonderes"
Till Eulenspiegel	„das aller schönste, nicht besonders schwer, raffiniert witzig"
Enoch Arden	„das schönste von Strauß"
Sinfonie in f-Moll	„dieses Werk nicht nur der Form, auch dem Stil und Musik nach, nach alten Schule … sehr fad"
Feuersnot	
Guntram	
Also sprach Zarathustra	
Aus Italien	
S u k, Josef	
Streichquartett op. 11	
S v e n d s e n, Johan	
Romeo und Julia	
Streichquartett op. 11	
Octett op. 3	„fad"
Rhapsodie	
T s c h a i k o w s k i, Peter Iljitsch	
Eugen Onegin, II. Zwischenakt, Walzer	„reizend (Mein Lieblingswalzer)"
Francesca da Rimini	
Hamlet	
III. Symphonie	„zu schwer"
IV. Symphonie	
V. Symphonie	
VI. Symphonie	„nicht spielbar"
V e r d i, Giuseppe	
Der Troubadour	
V o l k m a n n, Robert	
Visegrad	„matt und zu oberflächlich, unausgebildetes Talent, erinnert an Schumann"
Festouvertüre	
Ouvertüre zu Richard III	„ganz schön, doch nicht bedeutend"
I. Symphonie	
II. Symphonie	
Quartett op. 9 N. 1	
W a g n e r, Richard	
Faust-Ouvertüre	„feuriges junges … Werk, 2händig zu schwer"
Kaiser-Marsch	„Wagner hat sich hier zu viel erlaubt, so geschmacklos, ein einziges Hauptmotif das einem gänzlich unabgeschlossen erscheint, und immer wieder ertönt, dann (Stellen von) Liszts Tasso und Heil. Elisabeth — empörend"
Huldigungsmarsch	„wie herrlich ist das!!!!"
Siegfried-Idyll	„schön"

Komponist, Titel	Auszug aus Bergs eigenhändigen Bemerkungen
W a g n e r, Siegfried	
Bärenhäuter-Ouvertüre	„kräftig, jugendlich, ziemlich schwer"
W e b e r, Carl Maria v.	
6 Klavierstücke zu 4 Händen op. 10	
W e i n g a r t n e r, Felix	
König Lear	„nicht zu schwer"
Symphonie G-Dur op. 23	
Vorspiel aus der Oper Malawika	
W i l m, Nicolai v.	
Eine Nordlandschaft, Suite für Klavier zu 4 Händen (orig.)	„wunderschön, das schönste, was ich bis jetzt in Suitenform gehört. Äußerst dankbar. No. IV und VI die besten"
Suite No. 2 c-Moll op. 30	„es fehlt die Tiefe und Innigkeit"
Kleinrussische Lieder und Tänze op. 76	„herrlicher Wilm"

Vertrag zwischen Alban Berg und der Universal Edition über die Herausgabe des Klavierauszugs zu Arnold Schönbergs „Gurreliedern"

Abtretung des Urheberrechtes

Hierdurch übertrage ich zugleich für meine Erben und Rechtsnachfolger der Firma:
Universal-Edition A.G. Wien-Leipzig
und deren Rechtsnachfolgern
das unbeschränkte und übertragbare Urheberrecht an meinem Arrangement:
Klavier-Auszug mit Text der Gurrelieder von Arnold Schönberg
mit der Befugnis der ausschließlichen Vervielfältigung und gewerbsmäßigen Verbreitung
jeder Art für alle Zeiten, für alle Auflagen und für alle Länder, gleichviel, ob mit denselben literarische Verträge bestehen oder nicht, kurz, mit allen Rechten, die das Gesetz
dem Urheber eines solchen Werkes einräumt oder vorbehält, auch in Zukunft einräumen
oder vorbehalten wird, insbesondere auch mit allen bestehenden oder künftigen Rechten
bez. der Benutzung auf mechanischen Musikinstrumenten oder ähnlichen Vorrichtungen
und zum Zwecke der kinematographischen Wiedergabe.

Ich erkläre, daß ich in dem angegebenen Umfange allein über das Urheberrecht an dem
Werke zu verfügen berechtigt bin und daß ich jenes weder ganz noch teilweise anderweitig übertragen habe. Die Verlagsfirma ist allein berechtigt, sachgemäße Zusätze, Kürzungen und Änderungen vorzunehmen oder vornehmen zu lassen, sowie die üblichen
Bearbeitungen, Auszüge und Einrichtungen für einzelne oder mehrere Instrumente oder
Stimmen, sowie Übertragungen in andre Tonarten, Übersetzungen in andre Sprachen und
Umarbeitungen in dramatischer oder erzählender Form herauszugeben. Ich überlasse ihr
die Bestimmung über den Zeitpunkt der Herausgabe, die Festsetzung und spätere Veränderung des Verkaufspreises und verzichte auf das Recht, Melodien erkennbar dem
Werke zu entnehmen und einer neuen Arbeit zugrunde zu legen.

Das Aufführungsrecht ist in dem abgetretenen Urheberrecht inbegriffen. Die Verlagsfirma hat das Recht das Aufführungsrecht an Dritte abzutreten.

Wird die Schutzfrist des Urheberrechtes gesetzlich verlängert, oder wird der Schutz
auf neue Formen der Benützung des Werkes ausgedehnt, so bleibt dieser Vertrag für die
Dauer der Verlängerung und für die Erweiterung des Schutzes in Kraft.

Die Niederschrift des Werkes verbleibt im Besitze der Verlagshandlung als deren
Eigentum.

Ich bestätige den richtigen Empfang des für die Abtretung meines Urheberrechtes vereinbarten Honorares von K 200,— i. W. zweihundert Kronen und bin zu jeder Zeit bereit,
auf Verlangen meine eigenhändige Namensunterschrift gerichtlich oder notariell beglaubigen zu lassen. Ich verpflichte mich alle erforderlichen Korrekturen und ev. notwendigen
Aenderungen ohne separates Entgelt vorzunehmen.

Wien am 10. Jänner 1912

Alban Berg e. h.

Verlag des Vereins der Deutschen
Musikalienhändler zu Leipzig.
NACHDRUCK VERBOTEN.
        B.

ANHANG 5

Prospekt des Vereins für musikalische Privataufführungen, September 1919
[verfaßt von Alban Berg]

Verein für musikalische Privataufführungen in Wien.
Präsident und musikalischer Leiter: Arnold Schönberg.

Der im November 1918 von Arnold Schönberg gegründete Verein bezweckt: Künstlern und Kunstfreunden eine wirkliche und genaue Kenntnis moderner Musik zu verschaffen. Es ist keineswegs Aufgabe des Vereines, Propaganda für irgend eine Richtung zu machen, oder den aufgeführten Autoren zu nützen, sondern bloß: seinen Mitgliedern dadurch zu dienen, daß an Stelle des bisherigen unklaren und problematischen Verhältnisses zur modernen Musik Klarheit trete. Es ist also kein Verein für die Komponisten, sondern ausschließlich für das Publikum. Stellt sich Gefallen und Freude an manchem der aufgeführten Werke ein, also auch eine Förderung von Werk und Autor, so ist das nur ein Nebenresultat. Darauf aber kann bei der Zusammenstellung der Programme ebenso wie auf ein nicht zu vermeidendes Gegenteil keine Rücksicht genommen werden. Denn unser Zweck ist einzig, möglichst vollkommen darzustellen.

Für die Tätigkeit der Vereinsleitung sind folgende Grundsätze maßgebend:

1. Bei der Wahl der zur Aufführung gelangenden Werke wird keine Stilart bevorzugt. Von Mahler und Strauß bis zu den Jüngsten soll die gesamte moderne Musik u. zw. alles was Namen oder Physiognomie und Charakter hat, dargebracht werden. Während also selbst Komponisten älteren Stils aufgeführt werden können, wenn sie bekannt sind, kommen neue nur in Betracht, wenn sie Physiognomie haben.

   Im allgemeinen ist der Verein bestrebt, den Mitgliedern das an solchen Werken darzutun, die geeignet sind, das Schaffen eines Komponisten von seiner charakteristischen und zunächst womöglich auch ansprechendsten Seite zu zeigen. Es kämen daher nebst Liedern, Klavierstücken, Kammermusik und kleineren Chorsachen, auch Orchesterwerke in Betracht, welche — da der Verein heute noch nicht die Mittel besitzt, sie in der Originalgestalt aufzuführen — vorderhand nur in hiezu besonders geeigneten Arrangements zu 4 bis 8 Händen reproduziert werden können, auf deren konzertmäßige Wiedergabe aber großes Gewicht gelegt wird.

2. Die Einstudierung der Werke erfolgt mit einer im heutigen Konzertleben nicht zu findenden Sorgfalt und Gründlichkeit. Muß dort nämlich im allgemeinen mit einer von vornherein festgesetzten und immer zu gering bemessenen Probenzahl schlecht und recht das Auslangen gefunden werden, so ist für die Zahl der Proben im Verein immer nur die Erzielung der größtmöglichen Deutlichkeit und die Erfüllung aller aus dem Werke zu entnehmenden Intentionen des Autors maßgebend. Bevor nicht diese Grundbedingungen einer guten Wiedergabe gegeben sind: Klarheit und Präzision, kann und darf im Verein ein Werk nicht aufgeführt werden.

3. Die Aufführung der solcherart einstudierten Werke erfolgt in den wöchentlichen Vereinsabenden, welche als Konzerte aufzufassen sind. In der kommenden Saison (Mitte September 1919 bis Mitte Juni 1920) werden diese Konzerte
   jeden Freitag Abend im Kleinen Konzerthaus-Saal
   stattfinden.

   Die Einführung der wöchentlichen Veranstaltungen ermöglicht einerseits die Bewältigung eines ungewöhnlich großen Repertoires innerhalb einer kurzen Zeit, andererseits ist dem Verein damit ein weiteres Mittel gegeben, den aufgeführten Werken zum richtigen Verständnis zu verhelfen, nämlich:

4. Das der oftmaligen Wiederholung. Jedes Werk wird meist nicht einmal, sondern so oft in verschiedenen Konzerten gebracht, daß es verstanden werden kann, im allgemeinen zwei bis viermal.

5. Derselbe Zweck wird durch die Abhaltung einführender Besprechungen der aufgeführten Werke erreicht werden. Diese werden bei genügender Anmeldung fallweise außerhalb der Konzertabende stattfinden.

6. Die Aufführungen selbst sind dem korrumpierenden Einflusse der Öffentlichkeit entrückt. Die Mitglieder sollen hier nicht zur Beurteilung angeregt werden. Es wäre im Gegenteil erwünscht, sich vorschnelles Urteilen abzugewöhnen, um den Hauptzweck zu erreichen: Kenntnisnahme. Öffentliche Beurteilung lenkt von diesem Zweck ab, daher sind

   a) die Aufführungen in jeder Hinsicht nicht öffentlich. Gäste (auswärtige ausgenommen) sind ausgeschlossen. Besprechungen der Aufführungen in Zeitungen sowie jede Reklame für Werke oder Personen unzulässig.

   b) Bei den Aufführungen sind alle Beifalls-, Mißfalls- und Dankesbezeugungen ausgeschlossen. Der einzige Erfolg, den der Autor hier haben soll, ist der, der ihm der wichtigste sein müßte: sich verständlich machen zu können.

   c) Die Aufführenden sind vorerst solche, die sich dem Verein aus Interesse an der Sache zur Verfügung stellen. Durch strenge Auswahl wird jenes Virtuosentum ausgeschaltet, dem das aufzuführende Werk nicht Selbstzweck ist.

   d) Das Programm der einzelnen Konzerte wird vorher nicht bekanntgegeben, um einen gleichmäßigen Besuch zu sichern.

Alle diese Grundsätze, vor einem Jahre noch Idee, haben in der ersten Konzertsaison des Vereines ihre Anwendung gefunden und sich dabei aufs Beste bewährt.

In der kurzen Spielzeit von 6 Monaten wurden 45 Werke, davon viele zum erstenmale aufgeführt.

Hievon wurden einmal
wiederholt   30 Werke
zweimal wiederholt 17   "
dreimal wiederholt   3   "

somit in 26 Konzerten 45 Werke und 95 Nummern.

Die Namen der vorgeführten Komponisten sind: Béla Bartok, Alban Berg (mit 3 Werken), Julius Bittner, Ferruc[c]io Busoni, Claude Debussy (4), Fidelio Finke, Josef Hauer (4), E. W. Korngold, Gustav Mahler (3), J. G. Mraczek, Hans Pfitzner, Maurice Ravel, Max Reger (5), Franz Schreker [!], Alexander Skrjabin (2), Richard Strauß (2), Igor Strawinsky (4), Josef Suk (2), Anton Webern (2), Karl Weigl, Egon Wellesz und Alexander Zemlinsky (3).

Außer den hier genannten Autoren sind für die kommende Saison folgende in Aussicht genommen: Rudolf Braun, Gustave Charpentier, Frederic[k] Delius, Paul Dukas, Robert Fuchs, Leo[s] Janacek, Alexander Jemnitz, Walter Klein, Egon Kornauth, J. Labor, Josef Marx, Vitezlav Novak, Otokar Ostrčil, Felix Petyrek, Karl Prohaska, Rudolf Réti, Josef Rosenstock, Erik Sarti [sic], Franz Schmidt, Cyrill Scott, Rudi Stefan, Carol Szymanowski und Felix Weingartner.

Mitwirkende waren bisher bezw. werden in kommender Saison sein:
Gesang: Frau Stefanie Bruck-Zimmer, Frau Hedi Jracema-Brügelmann (Wiener Operntheater), Frau Margarete Bum, Frau Emmy Heim und Frl. Felicie Mihacsek (Wiener Operntheater), Herr Arthur Fleischer (Volksoper).
Klavier: Frl. Cesia Dische, Frl. Grete Hinterhofer, Frl. Olga Nowakovic, Frl. Claire Schwaiger, Frl. Hildegard Spengler (Prag), Frl. Stella Wang und Frau Etta Werndorf.
Die Herren: Ernst Bachrich, Felix Petyrek, Dr. Paul Pisk, Dr. Rudolf Réti, Josef Rosenstock, Rudolf Serkin, Eduard Steuermann und Albert Tadlewski.
Geige: Frl. Erna Alberdingk, Frl. Anna Fried. Die Herren: Prof. Gottfried Feist, Hugo Gottesmann und Rudolf Kolisch.
Bratsche: Herr Hugo Kauder.
Violoncello: Die Herren: Otto Stieglitz (Wiener Operntheater) und Wilhelm Winkler (Volksoper).
Kontrabaß: Herr Karl Fiala.

Flöte: Herr Viktor Zimmermann. Oboe: Herr Simon Danzer.
Klarinette: Die Herren: Karl Gaudriot (Wiener Operntheater), Franz Prem und Gustav
Vogelhut. Fagott: Herr Rudolf Burghauser.
Das Quartett Bene-Jary: Frau Paula Bene-Jary, Frl. Annie Baradieser, Frl. Anna Fried
und Frau Marie Lazanski.
Das Feist-Quartett: Die Herren Prof. Gottfried Feist, Franz Polesny, Ernst Moravec,
Wilhelm Winkler.
Die Streichquartett-Vereinigung der Herren Hugo Gottesmann, Theodor Billig, Hugo
Kauder und Rudolf Mayr.
Die Einstudierung der Werke besorgten Arnold Schönberg und die Vortragsmeister
Dr. Anton Webern, Alban Berg, Eduard Steuermann u. a.

Die Mitgliederaufnahme erfolgt sowohl nach schriftlicher oder persönlicher Anmeldung jeden Montag und Donnerstag von 11 bis 12 Uhr in der unten angeführten Vereins-
kanzlei, und eine halbe Stunde vor jedem Konzert beim Eingang in den Kleinen Konzerthaussaal durch den Sekretär. Das Mitglied verpflichtet sich auf ein Jahr, vom Eintritts-
monat an gerechnet.

Die Mitgliedsbeiträge stufen sich je nach der gewählten Sitzkategorie in 4 Klassen ab.
Er ist im Allgemeinen auf einmal im Vorhinein zu bezahlen. Ratenzahlungen werden nur
ausnahmsweise bewilligt. Diese Einführung deckt sich mit der Neigung des Publikums,
eine den persönlichen Vermögensverhältnissen entsprechende Sitzkategorie zu wählen.
Dabei wird natürlich vorausgesetzt, daß Wohlhabendere die ersten 2 Klassen wählen, da
die wenigen noch freien Plätze der 3. und 4. Klasse für Unbemittelte reserviert bleiben
müssen.

Klasse	Gesamt-betrag	Grund-gebühr	3 Monats-raten	9 Monats-raten
I.	K 300	K 75	à K 75	à K 25
II.	„ 180	„ 45	„ „ 45	„ „ 15
III.	„ 120	„ 30	„ „ 30	„ „ 10
IV.	„ 60	„ 15	„ „ 15	„ „ 5

Ausnahmsweise wird Unbemittelten auch wöchentliche Zahlung gestattet.

Die Grundgebühr wird beim Eintritt entrichtet.
Die Programme werden zum Selbstkostenpreis verkauft.
Das erste Konzert in dieser Saison findet Freitag, den 19. September l. J. um 7 Uhr
abends im Kleinen Konzerthaussaal statt.
Alle Zuschriften sind zu richten an die: Kanzlei des Vereines für musikalische Privat-
aufführungen, Wien IX. Türkenstraße 17, III. Stock. Telephon Nr. 13193.

Wien, Anfang September 1919   Die Vereinsleitung

ANHANG 6

Vertrag mit der Universal Edition über Bergs Redaktionsarbeit beim „Anbruch"

Zwischen Herrn Alban B e r g und der Universal-Edition A.G. ist Folgendes vereinbart worden:

1) Herr Alban Berg wird ab 1. September 1920 die Leitung der Wiener Redaktion der „Musikblätter des Anbruch" übernehmen.

Seine Tätigkeit wird insbesondere umfassen:

a) Die Beschaffung des textlichen Materials und der musikalischen Beilagen, soweit dieselben nicht von dem für Berlin derzeit noch fungierenden Redakteur, Dr. Otto Schneider beigestellt werden.

b) Erledigung aller laufenden Redaktionsagenden, wie insbesondere Korrekturen, Korrespondenzen oder Konferenzen mit den Mitarbeitern.

c) Auswahl der Mitarbeiter und Referenten im Inlande.

d) Leitung der redaktionellen Mitarbeitersitzungen.

e) Anregungen und Vorschläge zur Ausgestaltung des Blattes und zur Erweiterung des Abonnennten und Leserkreises.

2) Die redaktionelle Leitung hat im vollen gegenseitigem [!] Einverständnis zwischen Herrn Alban Berg und der Universal-Edition zu erfolgen.

3) Herr Berg verpflichtet sich, ohne Zustimmung des Verlages für keine andere Musikzeitschrift in irgend einer Form tätig zu sein.

4) Herr Alban Berg erhält für seine redaktionelle Tätigkeit ein Monatsgehalt von K 500.— i. W. Kronen Fünfhundert. Ueberdies werden ihm seine Beiträge, an welchen er im übrigen sein literarisches Eigentumsrecht für die Herausgabe in Buchform behält, auf Grund der allgemeinen Honorarbedingungen honoriert. Die für Zwecke der Redaktionstätigkeit ausgelegten Fahrtspesen auf der elektrischen Strassenbahn werden Herrn Berg von der Universal-Edition ausserdem vergütet. Sollte es sich ergeben, dass die Tätigkeit des Herrn Berg weit grössere Zeit beansprucht, als vorgesehen wurde und dass auch die Leistungen einen nach aussenhin sichtbaren Erfolg ergeben, so wird die Universal-Edition die Bezüge erhöhen.

Der Vertrag ist vorläufig auf die Dauer eines Jahres abgeschlossen. Falls derselbe nicht drei Monate vor Ablauf von einem der beiden Beteiligten gekündigt wird, gilt er für ein weiteres Jahr.

Herr Berg ist berechtigt in den Monaten Juli, August von Wien fern zu sein, hat jedoch dafür Sorge zu tragen, daß die beiden in diesen Monaten erscheinenden Nummern ordnungsgemäss herausgebracht werden können.

Wien, 24. Juni 1920

Alban Berg eh. h.

Verzeichnis der im Text zitierten Werke Bergs

Namensregister